土耳其完全旅行指南

COMPLETE TRAVEL GUIDE TO TURKEY

《土耳其完全旅行指南》编委会

人民交通出版社
China Communications Press

亲爱的读者们：

早在20世纪70年代初，土中两国就建立了良好的交外交关系，友谊源远流长。土耳其和中国分别位于古丝绸之路的东西两端，政治、文化和贸易方面的交往历史悠久。近年来，两国人民之间的往来也积极影响着两国关系。自2001年起，中国游客不断访问土耳其，两国之间不断增长的往来人数使得土耳其人民和中国人民走得更近。

土耳其以其独特的魅力吸引着中国游客并逐渐成为中国游客最喜爱的旅游目的地国家之一。悠久的历史、无可比拟的地中海风情、香气醉人的土耳其特色咖啡、殷勤好客的土耳其人、跳着回旋舞的托钵僧，世界七大奇迹中的月亮神阿耳特弥斯女神庙和摩索拉斯国王陵墓，瑰丽、神秘、诡异并存，这无一不是您想要奔赴土耳其开启绚丽旅行的缘由。

土耳其的气质就像一枚硬币的两面，一面是古老的历史，一面是纯美的童话。世界上唯一横跨两大洲的城市——伊斯坦布尔会让您倍感东西方文化的混搭。沐浴土耳其艳阳，晒成一身古铜色，乘上飘逸的红色热气球，自由地翱翔在透彻的蓝天中，举目眺望那片数千年不改初衷的蔚蓝大海；再或者欣赏那些扭动着妖娆的身躯、跳着惊艳肚皮舞的土耳其女子们，心被梦幻般迷惑，脚步被流逝的时间羁绊。行走土耳其，回味远古的美丽故事，编织自己的浪漫情怀。土耳其文化新闻处以真挚的热情欢迎您！

土耳其大使馆文化新闻处

地址：北京朝阳区亮马桥路50号北京燕莎中心写字楼S118

电话：+86 10 64638032/34

传真：+86 10 64638035

电子信箱：info@turkishtourism.com.cn

网页：www.traveltoturkey.com.cn

Istanbul designated as European Capital of Culture in 2010

2010年“欧洲文化之都”—伊斯坦布尔欢迎你

2009年10月6日，怡珂女士(Ms.İlknur Yiğit)抱着对中国文化的向往与热爱，出任土耳其驻华大使馆文化新闻处参赞一职。伊斯坦布尔被定为2010年“欧洲文化之都”，在为期一年的时间内，伊斯坦布尔将先后开展518个文化推广项目。作为新上任的文化新闻参赞，怡珂女士期望能尽其所能促进中土两国旅游、文化等各方面的交流与发展。

伊斯坦布尔具有悠久的文化传承，始建于公元前660年，当时称拜占庭。公元324年，罗马帝国君士坦丁大帝从罗马迁都于此改，名君士坦丁堡。1453年土耳其人将它作为奥斯曼帝国首都，始称伊斯坦布尔。1923年土耳其迁都安卡拉，伊斯坦布尔成为正式名称。

怡珂女士(Ms.İlknur Yiğit)生于土耳其的伊兹密尔市，她优雅，庄重，因为工作原因，周游世界宣传推广土耳其文化旅游。怡珂女士(Ms.İlknur Yiğit)对土耳其的文化、历史如数家珍。她也一直努力将爱琴海和地中海文化展现给大家，地中海国家和伊斯坦布尔无论是文化、艺术，还是历史都有千丝万缕的难以割舍的关系。她希望更多的中国读者能了解，伊斯坦布尔历史上曾经是欧洲、亚洲、非洲的文明之都。

“这些罗马、拜占庭帝国和奥斯曼帝国在土耳其的各个景点，都是人类历史重要的文化遗产。今天土耳其境内的景点，它们曾经是历史上各个帝国首都重要的组成部分，你来到土耳其就等于来到了罗马帝国、拜占庭帝国和奥斯曼帝国。这是世界上绝无仅有的旅行体验。”

怡珂女士(Ms.İlknur Yiğit)正着力规划2011－2012年“土耳其文化旅游中国年”，不过对于她来说，中国非常吸引人，她也期待着了解中国的一切。

Turkey with its unique geography, rich culture and history, warm and hospitable people can rightly be called a treasure chest.

It gives me a special pride to introduce Complete Travel Guide to Turkey, which will work like a map in your treasure hunt.

I am sure Global Travel's publication, which has been prepared under the able guidance of our Culture Counselor Ms. İlknur Yiğit , will answer many of your questions and whet your appetite to write your own story of Turkey.

Through this guide you will have the chance of choosing the jewels you wish to wear among a vast array of choices.

Welcome to Turkey and enjoy your treasure hunt.

土耳其以其独特的地理位置，丰富的文化底蕴，历史内涵以及热情好客的人民，为世人所瞩目，这里犹如一个真正的宝藏。

今天，我非常自豪地向大家介绍这本《土耳其完全旅行指南》，我相信它就像一张探索土耳其的寻宝地图，带您揭开土耳其的神秘面纱。

我相信这本由我们的文化参赞欧胜瑞先生指导、大地行传媒出版的旅游指南将会回答您在游览中的一切疑问，帮助您开启愉悦的土耳其之旅。您还可以通过这一指南有机会选择喜爱的珠宝。

欢迎来到土耳其享受您的寻宝之旅。

Murat Salim ESENLİ

目录 CONTENTS

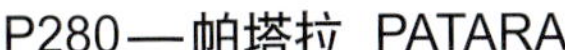

伊斯坦布尔
ISTANBUL

伊斯坦布尔 ISTANBUL

概况

伊斯坦布尔是土耳其政治文化中心，人口在1200万～1900万之间是土耳其人口最密集的城市，也是欧洲最大的城市之一。它位于黑海和马尔马拉海之间狭窄的博斯普鲁斯海峡两边，跨越欧洲和亚洲。伊斯坦布尔这个名字本身也包含了跨越欧亚的意思。

历史

伊斯坦布尔始建于公元前660年，当时称拜占庭。公元324年，罗马帝国君士坦丁大帝从罗马迁都于此，改名君士坦丁堡。公元395年，罗马帝国分裂后君士坦丁堡成为东罗马帝国（又称拜占庭帝国）的首都。公元1453年，土耳其苏丹穆罕默德二世攻占此城，灭亡了东罗马，这里又成了奥斯曼帝国的首都，并改名为伊斯坦布尔，1923年土耳其共和国成立，并迁都安卡拉，但伊斯坦布尔则被保留下来。悠久的历史，独特的地理位置，以及如今古朴与时尚相融的现代生活，使伊斯坦布尔成为众多旅行家向往的目的地之一。随着工业地不断发展，旅游业也更加兴旺，今天的伊斯坦布尔继续在两个大陆间的交汇点创造着属于自己的历史。

地理位置

伊斯坦布尔被博斯普鲁斯海峡从南向北一分为二，跨越欧亚两洲。金角湾（Golden Horn Haliç）的出海口平分西部并与马尔马拉海形成南部分界线。多数风景都集中在苏丹艾哈迈德（Sultanahmet）半岛上的老城，并一直延伸到博斯普鲁斯海峡西部。海峡向北的加拉塔（Galata）、贝约卢（Beyoğlu）和塔克辛（Taksim）区域是现代伊斯坦布尔的心脏。Üsküdar是在亚洲一面的主要城市区域，这里游人较少。伊斯坦布尔还通过博斯普鲁斯海峡连接黑海及地中海，是世界上唯一横跨欧亚两洲的城市。

交通

飞机

乘飞机到达伊斯坦布尔机场（Atatürk，IST），机场位于市中心西20公里处。从机场有很多进入伊斯坦布尔市区的方式：坐出租车（大约30美元，相当于土耳其的30土耳其里拉），乘机场特快巴士服务（由当地机场巴士运营，称为"HAVAS"，每半小时发一次车，开往塔克辛地区大约5美元），您还可以乘坐地铁到Aksaray然后再乘坐电车到Kabataş，并且经过Sultanahmet、Eminönu和Tophane，约需1.3～2.6土耳其里拉。

在伊斯坦布尔，还有一个较小的机场是Sabiha Gökçen国际机场（SAW），位于城市的亚洲一面。这里主要是包机和欧洲廉价航空公司的大本营。"HAVAS"公共汽车连接这个机场和城中心塔克辛地区（大约9.5土耳其里拉）。一个更加便宜的选择是乘坐公共汽车E10，70分钟内可到达Kadikoy（3土耳其里拉）。从那里再乘轮渡到Eminonu或Karakoy。

注意

机场的食物和饮料的价格可能会比城里的高出5倍甚至更多。如果游客是低预算旅行而且要在机场停留一段时间，自带食物比较节省。

火车

到站列车：横跨欧洲的国际列车到达Sirkeci车站，接近苏丹艾哈迈德（Sultanahmet）老城区。横跨亚洲的国际列车到达Haydarpasa车站。如到达两者之间，可以乘坐渡轮跨越博斯普鲁斯海峡。

出站列车：有每日通宵火车到索非亚（保加利亚）、贝尔格莱德、布达佩斯（匈牙利）、布加勒斯特（罗马尼亚），在Chisinau（摩尔多瓦）停靠次数不多。每日2次的火车到达Thessaloniki（希腊），较慢的早班列车几乎要花费一整天的时间，而较快的列车会价格会较贵。从Haydarpasa车站还有每周到Aleppo

（叙利亚）和德黑兰（伊朗）的火车。每周三向德黑兰出发，这也是去往土耳其东部的好方式。

日程表和铁路旅行的价格表可以从土耳其共和国铁路网站获取。

自驾车

伊斯坦布尔的交通非常拥堵，给人一种拥挤的感觉。城市当前拥有超过150万辆汽车，高速公路和新建筑还在不断增多。

这座城市横跨两个不同的大陆，被博斯普鲁斯海峡分开，并由两座大桥连接。南面的桥距离马尔马拉海较近，称为“博斯普鲁斯海峡大桥”。离黑海较近的大桥是“Fatih Sultan Mehmet大桥”，比前一座大桥要长。两座大桥都要收通行费，因此必须支付一定费用才能通行。

2006年新规定出台之后，博斯普鲁斯海峡大桥不再收取现金通行费，而是通过电子卡人工收取费用（KGS）或由持卡者自动在上车前刷卡交费（OGS）。如果司机没有上述两种卡，就要走“Fatih Sultan Mehmet大桥”了。在平日里司机应该可以意识到两座桥上的交通有多堵塞，因为大多数公众在亚洲一边生活，在欧洲一边工作。

在伊斯坦布尔停放汽车很困难，当前收费也相当昂贵。如果司机不熟悉这座城市，那么这里少见的路牌会带来更大的麻烦。如果游客开车到达伊斯坦布尔，并且对路线不熟悉，最好把车停放在安全的地方，然后乘坐公共交通四处转转。

出租车

出租车是一个便捷的交通工具。起价是1.73土耳其里拉，然后每1/10公里加0.1土耳其里拉。从塔克辛地区到苏丹艾哈迈德（Sultanahmet）老城区的单程旅行约花费7～10土耳其里拉。

> 注意
>
> 要乘坐“黄色”出租车，因为其他颜色的出租车是其他城市的，他们用另外的计价系统。出租车有固定价格；夜间乘坐会比白天贵上50%，午夜的价格会一直持续直到早上6点。如果在白天乘坐，确定车费起价是1.73土耳其里拉。

一般不需要小费。偶尔司机也会拒绝使用咪表，到时设法和他谈个好价钱就成了。

合租车

Dolmuş（土耳其语是填满的意思）是一辆共享的出租车或小巴，按固定路线行驶，比城市公共汽车要贵，但比一般的出租车要便宜很多。Dolmuş可运载8位乘客，因为车身是黄色油漆，像出租车一样并在顶端印有Dolmuş标识，所以它们很容易辨认。车子只在满载时才会启动。

如果想要司机停车，要说İnecek var（有人要下车），或者是Müsait yerde（在方便的地方给停一下车）。

*Dolmuş*主要和最重要的路线如下：

塔克辛 — *Eminonu*（塔克辛站，*Ataturk*文化中心附近，在塔克辛广场）
塔克辛 — *Kadiköy*
塔克辛 — *Aksaray*（塔克辛站，*Tarlabasi*大道，接近塔克辛广场）
Kadikoy — *Bostanci*（*Bostanci*站，*Bostanci*摆渡港口前面）
塔克辛 — *Tesvikiye*（塔克辛站，*Patisserie Gezi*前面，在塔克辛广场）
Besiktas — *Nisantasi*（*Besiktas*站，*Besiktas*前面，*Uskudar*渡船港口）

公共汽车

庞大的交通总站（Esenler Otogar）是公共汽车和长途汽车终点站，位于欧洲的一面，大约在市中心东边10公里处。小巴或出租车可以轻松地带着游客进入中心城区。地铁也在这里停靠。"Harem"是公共汽车在亚洲一面的主要停靠点，游客可以不费力地从欧洲一面乘坐渡轮到达亚洲一面。

伊斯坦布尔有2种公共汽车。它们分别是由私营的公汽和归城市所有的IETT。游客可以通过车辆的颜色来区分它们。私人运营的是蓝绿色的带有非电子目的地标识的公共汽车，而IETT运营的公共汽车有多种风格包括红蓝色的、新绿色的和红色的双层巴士。Akbil如同一个电子钱包，比较普遍，在车站附近的亭子中就能购买到，票价为1.30土耳其里拉，这种车票只可乘坐IETT的公共汽车；现金支付可适用于私人运营的公共汽车。

相对较快的线路，游客还可以选择T4公共汽车，它连接Sultanahmet和塔克辛广场（到Beyoglu 和Istiklal Caddesi夜总会）。最后一班从塔克辛开出的公共汽车是23：30。

渡轮

国际渡轮

从海外运载旅游团停靠在土耳其Karakoy港口。港口坐船是到达Sultanahmet 和塔克辛地区最理想的方式。

伊斯坦布尔渡轮

唯一的伊斯坦布尔渡轮，是在欧洲和亚洲之间的城区中穿行的海上巴士或者中型私人渡船。一次航行大约需要20分钟，1.30土耳其里拉，途中可以看到博斯普鲁斯海峡风景。

注意

即使是在风平浪静的日子里，当渡轮到达码头时轮船也可能偶然会弹起。如果乘客这时起身可能会跌倒，因此一定要等到渡轮停稳后再起身下船。

伊斯坦布尔渡轮航行路线：

Karakoy-Haydarpasa-Kadikoy
Kadikoy-Eminonu
Uskudar-Eminonu
Uskudar-Karakoy-Eminonu-Eyup (The Golden Horn 路线)
Kadikoy-Besiktas
Kabatas-Uskudar-Harem
Istinye-Emirgan-Kanlica-Anadolu Hisari-Kandilli-Bebek-Arnavutkoy-Cengelkoy (完整的博斯普鲁斯海峡路线)
Anadolu Kavagi-Rumeli Kavagi-Sariyer
Eminonu-Kavaklar（特别的博斯普鲁斯海峡路线——向旅游者推荐）
Sirkeci-Adalar-Yalova-Cinarcik（王子岛路线）

海上巴士行驶上述路线。

在亚洲和欧洲之间行驶的4条主要私有渡轮路线如下：

Besiktas - Uskudar
Kabatas - Uskudar（接近 *Kabatas* 的有轨电车和索道系统）
Eminonu - Uskudar（接近 *Eminonu* 的有轨电车）
Eminonu - Kadikoy（接近 *Eminonu* 的有轨电车）

快速渡轮是个不错的选择，它以时速55公里在几个站点间运行，比如Yenikapi—Yalova，游客（在Yalova码头下船，有公共汽车连接）不到3个小时就可以到达布尔萨。虽然价格较高一些，但时间缩短了，赶时间的人还是比较值得的。

地铁

伊斯坦布尔的第一个地下系统可追溯到19世纪，1875年索道地铁“Tunel”建成，在Karakoy到Istıklal线路上运营，全程573米。

到了20世纪90年代，一条现代电

车线路在欧洲一边的城区修建，到现在已经延伸到城市中心区，以及亚洲一边穿越博斯普鲁斯海峡，通过“马尔马拉”隧道，没有哪座城市有像伊斯坦布尔那么多的文化遗迹，因而Marmaray地铁工程，作为公共交通系统成为土耳其最富挑战性的基础设施项目之一。

伊斯坦布尔的地铁包括两条线路，北线是一个较短的部分，当前连接着塔克辛地区和Levent区。还有一个铁路系统连接着塔克辛和Kabatas区域，在这里游客可以乘坐轮渡穿越到亚洲一面。南线对游客来说是最有用的，它连接着Aksaray到Ataturk机场，途经公交总站（Otogar）。

电车

1992年，第 辆快速电车在Sirkecl和 Topkapi之间标准的铁轨上开始运行。在1994年3月，线路从Topkapi延长到Zeytinburnu；1996年4月，另一端从Sirkeci延伸到Eminönü。2005 年1月30 日，从Sirkeci延伸到Kabataş，44年后它再一次横渡金角湾。电车沿线有24 站共14公里，共有55 辆ABB制造的电车在线路上运行，全程需要42分钟，每日可运送155000名乘客。

Hizli 电车车站是：Zeytinburnu，Mithatpaşa，Akşemsettin，Seyitnizam，Mcrkezefendi，Cevizlibağ，Topkapı，Pazartekke，Çapa，Fındıkzade，Haseki，Yusufpaşa，Aksaray，Laleli（Üniversite），Beyazıt（Kapalıçarşı），Çemberlitaş，Sultanahmet，Gülhane，Sirkeci，Eminönü（渡轮码头），Karaköy，Tophane，Fındıklı，Kabataş.

在塔克辛和Kabatas之间，有一段2006年6月开通的现代地下铁路，并连接到塔克辛地铁。它在Aksaray站连接南部的地铁线（到Otogar和Ataturk机场），地铁线和电车线之间需要步行一小段路。

如果游客在伊斯坦布尔停留1～2天以上，购买Akbil是个不错的想法，在有Eminonu标识的Akbil 售货亭中可以买到。它就像一把小钥匙，有了它游客就可以乘坐公共汽车、电车、地铁，甚至渡轮。一张Akbil可以免费换乘，它分为日票、一周票、两周票以及月票。

游览

伊斯坦布尔欧亚两岸有许多历史性景点。最精彩的详见伊斯坦布尔10大必去之地。

欧洲部分

加拉塔旋转舞大厅（Galata Whirling Dervish Hall Galata Mevlevihanesi）

神秘的Mevlevi旋转舞表演厅，1925年被关闭。如今，大厦成为博物馆（Museum of Divan Literature）。最佳的参观时间是星期天下午15：00～17：00，届时有伊斯兰教苦行僧仪式演出。因为空间有限，需提前购票。游客还可以看一看隔壁的小陵园，墓碑上雕刻的土耳其毡帽表明了墓主人在伊斯兰教苦行僧中的等级。

地址：Galipdede Caddesi（在Tünel's Galata站附近）

Ortakoy 地区

博斯普鲁斯海峡海岸线就在Ortakoy清真寺旁边，这里到处是相当不错的咖啡馆。

考古博物馆（The Museum of Archeology）

考古博物馆紧挨着Sultanahmet清真寺。这里有苏美尔人珍贵的收藏品，是游客必看的景点之一。

现代艺术博物馆（Museum of Modern Art）

一个三层楼的高大厂房改建的博物馆，里面还有一个咖啡馆。

加拉塔（Galata Tower）

乘坐电梯到加拉塔顶，走到栏杆处可以一览整个伊斯坦布尔的美景，包括整个苏丹艾哈迈德（Sultanahmet）半岛老城区、托普卡帕宫、蓝色清真寺和圣索菲亚博物馆，这里的美丽风景还曾出现在多部电影中。

拜占庭式(Chora Church)

这是一座有着1000多年历史的拜占庭式教堂，以其珍贵的马赛克壁画以及画中所展现的迷人风情而著名。早期的教堂壁画已经被石膏覆盖了将近500年，在20世纪中期壁画被揭开，到现在部分壁画已经被修复。

亚洲部分

Beylerbeyi Palace

Beylerbeyi Palace在博斯普鲁斯海峡大桥的木头支架之下，公元1861–1865年由Sultan Abdulaziz修建。

Camlica Hill

这里是伊斯坦布尔高山之一(海拔268米)，很多广播天线安装在这里。在小山的山顶有一个带咖啡馆的公园，能让游客们感受到奥斯曼风情。

王子岛（The Princes' Islands）

王子岛在伊斯坦布尔东南部，由8座海岛构成。Buyukada是其中最大的海岛，也是其中最高的海岛，海拔202米，在那里还保留有修道院的废墟。

其他7座海岛分别是：Heybeliada、Burgazada、Kinaliada、Yassiada、Sivriada、Tavsan Adasi 和Yassiada。Buyukada 和Heybeliada岛上旅馆不多，但其中一些小酒馆很精致，深受游人的喜爱。

游玩

徒步旅行

在苏丹艾哈迈德（Sultanahmet）老城区南部靠海的地方是Yeni Marmara（Cayiroglu Sokak）地区，在这里游客可以选择坐在阳台上欣赏美丽的风景，也可以选择在Beyoglu到Ortakahve（Buyukparmakkapi）之间（甚至更大范围的区域）进行徒步旅行，并且通过这种方式来了解当地人的生活方式。

这里有一些徒步旅行的建议，但很多情况下还是要游客自己来决定。

游览博物馆

从圣索菲亚博物馆（Haghia Sophia）到托普卡帕宫（Topkapı博物馆）要花费3～5个小时，沿圣索菲亚（Haghia Sophia）的大道步行比较适合，这条线路游客可以看到一些精美修复的房子，然后来到蓝色清真寺和方尖碑广场(Meydani)，沿路是非常好的伊斯兰艺术博物馆。往下走游客会发现小Haghia Sophia，一个漂亮的公园。然后上坡到Sokollu Mehmet清真寺建筑群，清真寺内顶端的瓷砖非常美丽。

乘坐电车或步行都可以到达Eminönü(在这里有去往亚洲和穿越博斯普鲁斯海峡的渡船)。在这里游客可以参观它后面的新清真寺，然后是旁边的埃及集市，往里可以看到镶嵌有精美瓷砖的Rüstem Pasha清真寺。Rüstem Pasha清真寺在一个老服装市场附近凸出的平台上，在这里游客可以向当地人询问方向，然后乘坐出租车或公共汽车到Eyüp清真寺建筑群，往前大约1.6～4.8公里可到金角湾（Golden Horn）参观Eyüp复合建筑群。在此之后，如果游客还有毅力，那就再走回去，总路程大概8公里，如果选择沿城壁的路，游客还可以到达著名的Kariye教堂，欣赏到教堂的马赛克镶嵌工艺，然后到Selimiye 清真寺，在这里可以看到金角湾（Golden Horn）的景色，然后是Fatih清真寺，还有修复得很好的Sehzade清真寺以及Süleymaniye。如果游客还有力气的话，可以继续游览附近的大学复合建筑，那里离Beyazit 清真寺也很近。后面的书市也很好。

回到Eminönü区，需要乘船（那些大渡轮）到Üsküdar。这里游客可以游览一座座的清真寺。从延伸到内陆的市场沿海岸步行，可以在浮动小船吃到鱼粉，这是一条不错的游览线路。返程时可以坐渡轮，渡轮上会有千人。傍晚渡轮班次会减少，游客需要注意。

来到火车站乘坐Sirkeci-Halkali市郊火车，在Yenikapi站下车，这里离Yedikule很近。Yedikule是一座保存完好的堡垒，从它的城墙上可以看到美丽的风景。火车大约每15分钟一辆。行驶时间是20～30分钟。游客还可以从Yedikule返回城市。虽然不是“必须的”，但很有乐趣。

游览完以上的景点以后，屋顶的集市也不容错过，像Beyazit 和书市。附近的Nuruosmaniye 清真寺和它的复合建筑也值得参观一下。游览完“有屋顶”的部分，放松一下徒步下坡，朝Eminönü方向走，这里是“没有屋顶的集市”。然后横跨Galata大桥看一看北边的风景，然后继续往前走来到塔克辛，这里的商店经营的都是国际品牌。

土耳其公共浴

参观土耳其浴室（Hamams）是来到土耳其游览的一项基本内容，甚至很多游客在离开土耳其之前还想再看一眼。

Suleymaniye Bath

公元1550 年，著名建筑师Sinan为他自己修造了这个公共浴室，并使用这个浴室洗澡。Suleymaniye hamam是土耳其唯一一个混合公共浴室，在这里没有性别之分，因此一家人可以在一起享受洗浴的快乐。如果在前台提前预订，这里还提供两次巴士接送服务。门票31.50 欧元。

地址：Sultan Suleyman

电话：+90（212）520 3410

Cağaloğlu Bath

Cağaloğlu公共浴室修建于公元1741 年，是奥斯曼帝国时期最后的公共浴室。它修建在伊斯坦布尔Eminönü区，有分开的男女部分。Cağaloğlu公共浴室很受欢迎，参观的游人很多。（门票20欧元）

电话：+90（212）522 2424

Cemberlitas Bath

Cemberlitas Bath公共浴室位于Cemberlitas 广场，在伊斯坦布尔最伟大的纪念碑中间，由Architect Sinan于公元1584年 修建，分为两个部分——女部和男部。票价15欧元。(自助28土耳其里拉，土耳其按摩40土耳其里拉，土耳其按摩和精油按摩68土耳其里拉)

电话：+90（212）511 2535

Gaia Fitness Centre & Spa Gai 健身温泉中心

地址：伊斯坦布尔凯悦大酒店，Taskisla Caddesi，塔克辛

电话：+90（212）368 1234

Hooka /Narghile

从前的水烟(Narghile)也叫土耳其水烟。抽水烟是伊斯坦布尔休闲生活的一部分，今天当地人仍然把它视为生活中的一大乐趣。如果想要试一试，在Yaniceriler Caddesi的大多数地方都可以买到水烟，在大集市附近的Corlulu Ali Pasa和Koca Sinan Pasa Turbesi也能找到这样的可以抽水烟的咖啡馆。

购物

在伊斯坦布尔使用的货币是土耳其里拉，欧元、美元在游客常去的地方也被接受。货币兑换处和银行在伊斯坦布尔非常多，而且常常提供不收佣金的兑换服务。游客携带外币到土耳其最好在银行或货币兑换处兑换，但在离开土耳其时要把剩下的土耳其里拉换成外币就非常困难，因此最好是从自动取款机（ATM）提取现金随用随取。在大多数主要商城入口处还有通常在机场和博物馆所见到的安全检查站。在伊斯坦布尔，商店星期天不营业。

大巴扎

（Grand Bazaar , Kapali Çarşi）

伊斯坦布尔大巴扎拥有大约4000家沿街排列的商户，它被认为是世界上最古老的商城，覆盖多个街区。街道旁边以labrynth为代表的老建筑是至今保存最完好的一部分。商店按出售的商品分区，如银饰商店在一起，地毯商店在一起，鞋店聚集在一起。其中一些店面是游客经常光顾的，在里面可以购买一些具有土耳其特色的东西。

Polisajci Brothers Antique Show

在这里游客可以看到奥斯曼时期古色古香的金属器皿——铜碗、水罐等等，这些东西曾经被用于土耳其浴室和厨房。

地址：37-39 Yaglikcilar Sokak，Ic Cebeci Han

电话：+90（212）526 1831

Derviş

在Turko-Californian商店，有未加工的丝绸和棉制衣物。这里的商品质地优良，手工镶边，非常具有收藏价值。

地址：33-35 Keseciler Sokak

电话：+90（212）514 4525

Chalabi

Chalabi是大集市里最老的家庭古董商，经营来自古老的奥斯曼家庭的家具和银首饰，还有一些其它东方珍宝，不过价格也比较昂贵，可以讨价还价。

地址：6 Sandal Bedesten Sokak

电话：+90（212）522 8171

Deli Kizin Yeri

Deli Kizin Yeri由The Crazy Lady一个在土耳其退休

的美国人自己创立，专门研究制作普通实用的包装商品以及以传统土耳其为主题的工艺品和织品，由当地艺术家生产。商品一般包括桌布、钱包、门钩环、塑料袋固定器、餐巾圆环、茶具、土耳其风情的泰迪熊玩偶、行李标签、围裙、枕头以及有限的衣物。

地址：82 Halıcılar Çarşısı

电话：+90（212）526 1251

Deli Kizin Yeri Junior

Deli Kizin Yeri Junior是大集市的第一家也是唯一一家儿童商店，这里满是土耳其开发智力的玩具和游戏产品，适合各个年龄阶段的孩子，孩子一定会喜欢！

地址：42 Halicilar Çarşisi

电话：+90（212）757 4229

地毯（Rugs & Kilims）与其他传统工艺品

Mevlana 地毯商店

Mevlana 地毯商店是纽约时代周刊推荐的唯一一家地毯类商店。

地址：Torun sok，1 Sultanahmet，伊斯坦布尔

电话：+90（212）517 1260

传真：+90（212）517 7476

Bazaar 55 Rug House

Bazaar 55 Rug House是一家非常值得信任的地毯商店。

地址：Akbiyik Cad . 55, Sultanahmet，伊斯坦布尔

电话：+90（212）638 2289

Mehmet Cetinkaya 画廊

Mehmet Cetinkaya 画廊陈列着精美的纺织品，游客在这里可以享受到一份视觉大餐。

Kucuk Ayasofya Caddesi，7 Tavukhane Sokak

电话：+90（212）517 6808

Chalcedony（玉髓）

Chalcedony是土耳其唯一土产的宝石，在伊斯坦布尔的许多首饰店内有售。商店经营未加工的岩石、半加工的光滑石头、成品淡蓝色珠宝以及普通玉髓。

地址：2 Ayasofya Caferiye Sokak

电话：+90（212）527 6376

还有一些偏远的地区提供最佳景点，但不是传统旅游路线，游客不妨寻幽探秘一番。

ArkeoPera

ArkeoPera是土耳其最好的古文物研究书店，店主知道土耳其每一个文物挖掘点。

地址：Yenicarsi Caddesi，16/A Petek Han，Galatasaray

电话：+90（212）293 0378

Gonul Paksoy

Gonul Paksoy专门为皇室制作服装，其古色古香的面料精致、优雅，带着奥斯曼时期的风格。

地址：6/A Atiye Sokak，Tesvikiye

电话：+90（212）236 0209

Isnik Foundation

Isnik Foundation提供neo-Isnik陶器。

地址：7 Oksuz Cocuk Sokak，Kurucesme

电话：+90（212）287 3243

Sedef Mum

这里工艺复杂、雕刻细腻，透着尊贵气息的蜡烛和精美的陶器都是馈赠亲友的礼物。

地址：50 Irmak Caddesi，Dolapdere

电话：+90（212）253 5793

餐饮

冰淇凌（Dondurmasi）

品尝街道旁货摊上出售的当地冰淇凌（Dondurmasi）是一件不能错过的事情，其味道十分地道。冰淇凌通常与兰花根混合在一起，兰花根非常耐嚼并有着纤维质地，感觉十分独特，一定要尝一尝!

饮品（Ayran）

Ayran是一份以酸奶为基础的当地饮料，半冰冻，酸，多泡沫，比奶制品更稀薄，尤其是街头小贩卖的Ayran，是消夏解暑的好饮料。

土耳其蜜饯和蜜制芝麻糖（lokum，helvah）

当地人称呼其为Turkish Delight或Lokum，是在土耳其必买的零食小吃。游客最好是购买新鲜的而不是已经被装在盒子中的；样式也可以很多而不要只买古板的玫瑰或柠檬味道的糖果带回家。购买土耳其蜜饯（lokum）最佳的地方是伊斯坦布尔的商店。Istiklal Caddesi以卖土耳其甜点为特色，均按公斤卖，包括蜜饯和蜜制芝麻糖。这里的开心果也特别好。

土耳其茶（çay）

土耳其茶是全国性的饮品。在土耳其东部黑海沿海陡峭翠绿的山脉斜坡上，布满了一片片茶园，当地人将其采摘，烘制所成土耳其茶。传统上，土耳其饮茶方式是先用一个小罐茶叶和一大壶开水，然后把少量的浓茶放进郁金香形状的玻璃杯中，再放上适量的热水，把茶沏成想要的浓度即可。土耳其人通常还会加些方糖（从不加牛奶或柠檬，但游客可以要求加牛奶或柠檬）。在哪里都可以喝到新鲜热茶是在土耳其美妙生活的奢华享受。Elma 1Cay：苹果茶，像热的苹果汁（EHL mah chah-yee），味道绝佳。

低预算

Doner

Doner是当地的一种快餐店（Doner Restaurant），是快速便宜的饮食店中较好的一种。Istiklal 大道的入口有许多小doncr餐馆，24小时提供服务。

Meshur Köfteci（Selim Usta）

在Sultanahmet 电车车站附近（下坡150米）一个三层的餐馆。Meshur的意思是“著名的”，这里也的确名副其实。他们的特色食物是肉丸，与Piyaz（豆沙拉）和Ayran（酸奶饮品）一起食用。这里的服务快速周到，价格也适中。

Simit Sarayi

Simit Sarayi是一家快餐连锁店，在这里游客可以买到鲜美的酥皮点心。

中预算

Nevizade

进入Çiçek Pasaji，就能发现Nevi-zade，它位于Istiklal 大道后面，是Istiklal大道上最著名的餐馆之一。Nevizade是meyhane样式的狭窄的餐馆，

Rumeli Café

Rumeli Café在一条安静的街道上，紧挨着苏丹艾哈迈德老城区的所有景点。Rumeli Café主要提供传统的奥斯曼土耳其菜式，菜单上有许多羔羊肉，服务生很友好，室内和人行道旁都摆放有桌子。每人20-～35土耳其里拉（食物有主食，开胃菜和一份饮料）。

地址：Ticarethane Sokak No:8（在Divanyolu Caddesi附近，与the Basilica Cistern一个街区）

电话：+90（212）512 0008

Set Kebap

Set Kebap位于Levent地区，这里拥有极好的餐桌和美味的亚达那烤腌羊肉串（Adana Kebab）。服务生会讲一点儿英语。

地址：Nispetiye Cad. No:13

Kosebasi Kebap

Kosebasi Kebap提供定价的传统土耳其烤腌羊肉串。Levent是主店，另外在伊斯坦布尔还有7家分店。这里还有一些其他的饮食店供选择，如Hai Sushi ，是一家寿司餐馆；Sosa，这里可以买到价格合理的沙拉；Lebi Derya，一家不错的咖啡馆餐馆，在这里可以看到博斯普鲁斯海峡和Topkapi 宫殿壮丽的风景；Zencefil，一家提供Beyoglu健康家常菜的素食咖啡馆。

高预算

Balikci Yuksel

在Balikci Yuksel可以享受到非常棒的海鲜大餐，每人大约50美元。游客还能吃到当季最佳的鱼以及其他菜肴。

电话：+90 (212) 663 9742

四季酒店（The Four Seasons Hotel）

四季酒店装饰华丽，但价格昂贵，星期天的早午餐是以土耳其菜肴和国际菜式为特色的自助餐，也可以零点，绝对物有所值。在这里游客可以享受到一次奥斯曼饮食文化的完美体验。营业时间：11：30～15：00。

电话：+90（212）638 8200

Park Fora

Park Fora位于Kuruçeşme公园，在这里，游客可以在大海边一边欣赏博斯普鲁斯海峡和博斯普鲁斯海峡大桥的美丽风光，一边吃到非常棒的海鲜。侍应生懂英语。价格范围为每人50～150 土耳其里拉。

Beyti餐馆

Beyti餐馆是伊斯坦布尔简约而不简单的餐馆之一，这里的腌肉深受用餐者的青睐。价位为每人50～150土耳其里拉，星期一关闭。

酒吧

Beyoğlu以其夜生活而闻名，到处是咖啡馆和现场音乐酒吧。这里的人们来自各个阶层和不同种族。Nişantaşi是年轻的企业家和艺术家喜欢光临的地方，价格比塔克辛要高。Reassürans Pasaji地区有许多酒吧和咖啡馆，星期六的晚上非常热闹。Taps是一个酒吧、餐馆和酿酒厂三者合一的地方。这里常常人很多，而且还吸引了不少移民。

Cheers

Cheers为游客提供镇上最便宜的啤酒。营业时间：10：00～02：00。

地址：Akbiyik Caddesi 20，在Sultanahmet区

电话：+90（532）409 6359

The Cagaloglu Hamami Café

The Cagaloglu Hamami Café咖啡馆以前是一家公共澡堂，澡堂大约在公元1741 年建造，在这里游客可以听到传统的土耳其音乐。

地址：Prof. K.I. Gurkan Caddesi，Gagaloglu

Sal

Sal深受游客喜爱，在这里可以一边喝着raki酒，一边观看音乐家表演，感受真实的土耳其。低矮的咖啡桌需要游客注意，不要碰到膝盖。

地址：Buyukparmakkapi Sokak 18

电话：+90（212）243 4196

Indigo

现场音乐。这里是当地中产阶级人士经常光顾的地方。

地址：Akarsu Sokak 309，Galatasaray

电话：+90（212）245 1307

Babylon

属于流行的酒吧，有爵士乐和世界音乐的演出。很多艺术爱好者欣然来此消遣。

地址：Seyhbender Sokak 3

电话：+90（212）292 7368

Mojo

摇滚乐酒吧，很多当地的年轻人聚集在此，价格适中。

地址：Buyukparmakkapi Sokak 25

电话：+90（212）243 2927

Caravan Rock Bar

有摇滚乐演出，环境很好，很热闹。

地址：Duduodalari 19，Balik Pazari

Dulcinea

周一～周六营业，直到很晚。这里有深受游客欢迎的酒吧、咖啡馆、餐馆和美术画廊，在星期五和星期六这里还有演奏trance 和techno音乐的俱乐部之夜。

地址：Meselik Sokak 20

Jazz Café

Jazz Café是一座两层建筑的俱乐部，周二～周四这里有爵士乐、布鲁斯音乐等的现场表演。

地址：Hasnun Galip Sokak 20

Gramofon

营业时间：09：00～02：00 。白天是一间咖啡馆，一个可以停留的上等地方，周一～周五可以现场倾听爵士乐。

地址：Tunel Meydani 3

电话：+90（212）293 0786

Q Jazz Club

营业时间：10：00～04：00 。爵士乐爱好者不要错过这个17 世纪地窖样式的酒吧，它很迎合爵士迷的口味。

地址：Ciragan Caddesi 84，Besiktas

电话：+90（212）236 2121

Biz Jazz Bar

营业时间：14：00～04：00。是一家舒适酒吧，每晚都有现场音乐。

地址：Topcu Caddesi 18，Talimhane 塔克辛

Riddim

Riddim在塔克辛广场附近，是凉爽的Hip-Hop音乐俱乐部。

两个伊斯坦布尔最热闹的俱乐部都在Ortakoy。

咖啡馆

Sark Kahvesi

Sark Kahvesi是市场上最著名的咖啡馆，这里到处都是玩西洋双陆棋的商人。土耳其咖啡1.5土耳其里拉。

地址：Yaglikcilar Caddesi 134（在大集市）

Melekler Kahvesi

Melekler Kahvesi是一个位于塔克辛的后街小巷咖啡馆，非常受年轻人喜爱。游客可以在这里玩拼字一类的游戏，再喝上一杯土耳其咖啡（6土耳其里拉），在喝过土耳其咖啡之后，算命者会通过咖啡渣占卜未来（免费）。

地址：Ayhan Işık Sk No:36 塔克辛

电话：+90（212）251 3101

住宿

Harbiye是最佳停留地，它在欧洲一边新城的主要中心地区，这里有许多国际标准的公寓、酒店，以及专门针对低预算游客的出租房与价格适中的旅店。从Harbiye到Nişantaşı和Taxim只需要大约5分钟，游客待在Harbiye还可以参观Nişantaşı和Taxim的各种活动。

塔克辛是欧洲一边新城的中心，当地人和旅游者都会来此购物、娱乐，这里有很多国际标准的酒吧、俱乐部供人们消遣，也为低预算的游客提供许多价格适中的旅馆。

苏丹艾哈迈德（Sultanahmet）老城区是欧洲一边旧城的中心。这里有大量流浪猫，因此在苏丹艾哈迈德老城区一些地区的三四月份，不时的猫叫很可能把游客从睡梦中惊醒，惊醒美梦的还可能有叫早电话和来自蓝色清真寺宣礼的钟声。不过，这种感觉也很奇妙。

低预算

东方旅馆（Hostel Orient）

东方旅馆（Hostel Orient）是位于艾哈迈德老城区的一家旅馆，不过这里的员工有些不友善。咖啡馆和酒吧在楼上，屋顶的休闲区可以俯瞰到金角湾、圣索菲亚大教堂、蓝色清真寺、拓普卡珀宫以及伊斯坦布尔最古老的清真寺（它小一点，有一个尖塔，朝向Topkapi沿街）。这里的房间漂亮便宜，但楼下旅行社的价格就像酒吧中的啤酒一样高。在酒吧中，每星期有两三场晚会，游客可以看到肚皮舞表演。8床位/4床位的宿舍每人18/20土耳其里拉/晚，单间40～70土耳其里拉/晚。

地址：Yeni Akbiyik Cad 13，Sultanahmet

电话：+90（212）517 9493

传真：+90（212）518 3894

伊斯坦布尔辛巴达旅馆(Istanbul Hostel Sinbad)

伊斯坦布尔辛巴达旅馆（Istanbul Hostel Sinbad）为背包客提供低预算膳宿。这里膳食不错氛围也很好。旅馆还为学生和持卡者提供折扣以及免费的早餐。辛巴达共有22个房间，99个宿舍床位，其中六个是女性宿舍，还有单间、双人间、三人间、四人间。

地址：Kucuk Ayasofya Mh., Demirci Resit Sk，Sultan

Bahaus Guesthouse

Bahaus Guesthouse在Akbiyik Caddesi附近，离Orient hostel不远，员工很友好。宿舍房间大约在10美元。早餐除外，屋顶的酒吧啤酒3.5土耳其里拉，电脑 (Windows 98)有些陈旧，但是上网免费，网络连接还不错。

地址：Bayramfirin Sokak No：11 Sulta-nahmet

电话：+90（212）638 6534

传真：+90（212）517 6697

Mavi Guesthouse

这里员工很友好，位置接近四季酒店和许多其他的背包客旅馆，大约慢走两分钟可到蓝色清真寺和圣索菲亚博物馆。旅馆安排机场接送（大约12土耳其里拉）。早餐免费，上网收费很低，提供免费的笔记本电脑无线网络连接。旅馆有一间小而舒适的电视房等等。6床位/4床位宿舍房10/11欧元/晚，20/33欧元/晚。

地址：Kutlugün Sokak No：3 (near Ishakpasa Caddesi) Sultanahmet

电话：+90（212）517 7287

传真：+90（212）516 5878

Hostel World House

从塔克辛的Istiklal酒吧和餐馆步行到Hostel World House只需2分钟。旅馆很新而且漂亮，很受长期住客的喜爱。可以免费上网。8/6/4床位的宿舍房为10/12/14欧元/晚，旺季单间35～40欧元/晚。

地址：Galipdede Caddesi No:85，Beyoğlu,

电话：+90（212）293 5520

Star Holiday Hotel

这里员工非常友好，早餐免费，游客可在漂亮的天台上用餐(正好在蓝色清真寺前)！房间有空调、电视和迷你酒吧。旺季单人间/双人间价格为40/50欧元/晚。

地址：Divanyolu Street No:10，Sultanahmet

电话：+90（212）512 2961

传真：+90（212）512 3154

Yeni Otel

Yeni Otel在小巷中，离Sirkeci站100米，朝Sultanahmet方向走，在第一条街道向左转。员工不会说英文。浴室是共用的，提供热水。双人间20土耳其里拉/晚。

Mavi Onur Hotel

这里房间价格有11欧元/床位的宿舍房，还有42欧元/晚的三人房（旺季价格）。

地址：Küçük Ayasofya Mahallesi | Aksakal Sokak no. 28 ，34410 Sultanahmet

电话：+90（212）458 0690

传真：+90（212）458 0692

中预算

Kariye Hotel

Kariye Hotel与世界著名的Chora教堂相邻，旅店是一座19世纪修复的高雅大厦。它是一块安静之地，能让游客逃离伊斯坦布尔市区的熙攘与匆忙。旺季，单人间/双人间价格为70/80欧元/晚。

Kariye Camii Sokak No:6，Edirnekapi

电话：+90（212）534 8414

传真：+90（212）521 6631

Pera Rose Hotel

Pera Rose Hotel是一家漂亮的小旅店，从塔克辛广场步行10分钟即到，挨着英国领事馆。单人间80～100美元/晚。

地址：Mesrutiyet Caddesi No 201，Tepebaşı，Beyoğlu

Sultanhan Hotel

这座5层的酒店有40间客房，所有的房间都是奥斯曼风格的装饰。内有网络连接、卫星电视和迷你酒吧。旺季单人间/双人间价格为190/230欧元/晚。

地址：Piyerloti Caddesi No:15/17 Sultanhamet

电话：+90（212）516 3232

传真：+90（212）516 5995

奥斯曼帝国酒店 (Ottoman Hotel Imperial)

这里有着无与伦比的圣索菲亚博物馆、苏丹艾哈迈德广场以及奥斯曼

和土耳其烹饪的组合，其精巧装修的客房呈现了奥斯曼艺术风格，让游客体验真正的奥斯曼帝国酒店。这里有餐馆和酒吧，服务周到，能满足大多数休闲和商务游客的需求。旺季房间单人间/双人间起价100/120欧元/晚。

地址：Caferiye Sokak No:6/1 Sultanhamet

电话：+90（212）513 6151

蓝色房子酒店（Blue House Hotel）

蓝色房子酒店（Blue House Hotel ）于1997年7月开始营业，位于老城中心，与著名的蓝色清真寺几步之遥。旺季单人间/双人间价格为120/140欧元/晚。

地址：(Mavi Ev), Dalbasti Sokak No：14，Sultanahmet

电话：+90（212）638 9010

传真：+90（212）638 9017

佐伊皇后（Empress Zoe）

佐伊皇后（Empress Zoe）坐落在远离苏丹艾哈迈德老城区安静的小街上，可以从天台上看到圣索菲亚博物馆的美丽风景，是一家奇妙的酒店。斯巴达丹的房间为土耳其风格装饰，十分优雅。所有现代化设备包括浴室、空调、保险箱。房间价格50欧元/晚，套房100 欧元/晚，包含早餐。

地址：Adliye Sokak No:10 (near Akbiyik Caddesi)，Sultanahmet

电话：+90（212）518 2504

传真：+90（212）518 5699

Ibrahim Pasha

Ibrahim Pasha是一处有趣的精品旅店，仅距蓝色清真寺和圣索菲亚博物馆几步之遥。旅店在远离主大厅的餐厅区供应免费且丰富的土耳其早餐。从旅店的天台可以看到很多苏丹艾哈迈德老城区的风景——美不胜收。舒适的房间带有空调，还有Wi-Fi接入。员工很细心，有礼貌，对客人热情周到，强烈推荐。标准房间价格125欧元/晚。

地址：Terzihane Sok. No. 5, Adliye Yani，Sultanahmet

电话：+90（212）518 0394

传真：+90（212）518 4457

Dersaadet Hotel

从蓝色清真寺和圣索菲亚博物馆到精品旅店的所在街区，只需步行5～10分钟。这里房间为19世纪奥斯曼风格装饰，带有空调、电视和保险箱，所有客人都可以使用大厅中的高速Wi-Fi网络。从屋顶的天台向外看，可以看到马尔马拉海和蓝色清真寺的一部分。房间费用包含早餐。旺季单人间/双人间价格为

95/105欧元/晚，套房120～240欧元/晚。（现金支付有10%折扣）
地址：Kapiağasi Sokak No：5，Sultanahmet (one block below Kucukayasofya Caddesi)
电话：+90（212）458 0760
传真：+90（212）518 4918

Hotel Niles Istanbul

Hotel Niles Istanbul是一处由奥斯曼大厦改建的酒店，与大集市仅5分钟的步行距离。房间带有空调、电视、迷你酒吧和Wi-Fi接入，休息室中有高速网络。在屋顶的天台上提供免费早餐，从这里可以俯瞰马尔马拉海景。旺季单人间/双人间价格为55/65欧元/晚（持卡消费有10%的折扣）
地址：Dibekli Cami Sokak No:19，Beyazit
电话：+90（212）517 3239
传真：+90（212）516 0732

Istanbul Suites

伊斯坦布尔套房酒店（Istanbul Suites）位于城市中心，与塔克辛、Nişantaşi和地下铁只有五分钟的步行距离。里面的房间均为现代化装饰，可长期租住也可短租。
地址：Harbiye Çayiri Sokak No:111, Harbiye
电话：+90（212）224 5310

高预算

凯宾斯基酒店（Ciragan Palace Kempinski）

凯宾斯基酒店位于博斯普鲁斯海峡沿岸，Ortakoy主广场南面，这座酒店是苏丹最后一个居住地。房间内有空调、电视、迷你酒吧和保险存款箱。酒店内还有一些餐馆、休闲室、游泳池、按摩浴、土耳其

浴、体育馆和其他设施。房间价格为450美元苏丹或者更高。
地址：Çiragan Caddesi No：32，Besiktas
电话：+90（212）326 4646
传真：+90（212）259 6687

伊斯坦布尔四季酒店（Four Seasons Hotel Istanbul）

伊斯坦布尔四季酒店是由历史上苏丹艾哈迈德（Sultanahmet）老城区的监狱改建而成的。酒店可以看到极好的圣索菲亚博物馆景色，但没有泳池。标准间起价在420美元苏丹左右。
地址：Sultanahmet，Tevkifhane Sokak No:1，Sultanahmet-Eminönü
电话：+90（212）638 8200
传真：+90（212）638 8210

A'jia酒店

A'jia酒店是一家独特的精品酒店，位于城市的亚洲一面，面对博斯普鲁斯海峡，房间内有空调、电视、

保险箱、Wi-Fi。房间价格范围为250-850欧元/晚。

地址：Çubuklu Caddesi No:27，Kanlica

电话：+90（216）413 9300

传真：+90（216）413 9355

伊斯坦布尔马尔马拉酒店（The Marmara Istanbul）

伊斯坦布尔马尔马拉酒店是位于城市中心塔克辛广场的一家豪华酒店。房间内有空调、电视、保险箱、Wi-Fi，酒店还提供一定数量的商务设备、体育场馆、户外泳池、桑拿、按摩浴和土耳其浴。标准间起价在200欧元/晚左右，套间起价385欧元/晚。

伊斯坦布尔希尔顿酒店（Hilton Istanbul）

伊斯坦布尔希尔顿酒店提供商务中心，健身设备，游泳池和土耳其浴，房间内有高速网络接口。基本房间起价175欧元/晚，大多数房间价格在250～350欧元/晚之间。

地址：Cumhuriyet Caddesi，Harbiye

电话：+90（212）315 6000

传真：+90（212）240 4165

伊斯坦布尔洲际酒店（Ceylan Intercontinental Istanbul）

伊斯坦布尔洲际酒店坐落于城市中心，其独特的位置确保所有房间都可以看到博斯普鲁斯海峡以及城市的壮丽景色。

地址：Asker Ocağı Cad. No:1。

电话：+90（212）368 4444

传真：+90（212）368 4499

伊斯坦布尔博斯普鲁斯瑞士酒店（Swissôtel The Bosphorus Istanbul）

伊斯坦布尔博斯普鲁斯瑞士酒店位于多尔马巴赫切宫（Dolmabahce）后面的小山上，曾经是土耳其帝国苏丹的最后居所。伊斯坦布尔博斯普鲁斯瑞士酒店可以俯临博斯普鲁斯海峡全景，亚洲海岸和伊斯坦布尔老城。

地址：Bayıldım Caddesi No:2 Maçka，Beşikta

电话：+90（212）326 1100

传真：+90（212）326 1122

凯悦酒店（Hyatt Regency）

凯悦酒店位于塔克辛，可以俯瞰城市风景和博斯普鲁斯海峡。酒店有正餐餐厅、屋外泳池、土耳其浴、健身和商务中心。酒店中的一些房间可以看到博斯普鲁斯海峡的风景。

地址：Taskisla Caddesi，塔克辛

电话：+90（212）368 1234

传真：+90（212）368 1000

网络

高速网络：最近几年，带有Wi-Fi网络接口的咖啡馆、餐馆和购物中心的数量不断增多，他们中的大多数仍然是免费的。很多网络咖啡馆都是高速宽带连接（ADSL），相对于欧洲来说一点都不贵(大约每小时0.50～1.50欧元)。在Leyla，Cihangir Kahvedan，Cihangir这些区域的咖啡馆提供免费无线网络（Wi-Fi）。

星巴克（Starbucks）和Gloria Jean's咖啡店遍及整个城市。大多数咖啡馆和餐馆在Istiklal Caddesi、Beyoglu一带。面朝Aya Sofia和Sultanahmet的Basilica入口后面有一个楼上餐馆，这里较便宜每小时3土耳其里拉。

安全

在土耳其旅行是安全的。事实上，以下情况您在世界各地都会遇到，我们只是给大家提个醒而已。一般而言，不要向人提及游客身份，如果在街上人们问及从哪里来是因为他们已经完全肯定游客本人不是来自伊斯坦布尔。提供信息须谨慎，不要理睬那些上来搭话的陌生人。

还有，使用昂贵的土耳其里拉纸币(50土耳其里拉或更多）要谨慎。要在有警察守卫的地方——像博物馆的售票厅内“兑换”现金，或者是在所住的旅店去换些钱。他们会很乐意提供服务。

像大多数的欧洲国家一样，在伊斯坦布尔的人口密集区域，要注意衣袋和旅行文件，要想尽各种办法把它们保存好。不要过分相信到处都是警察的安全感觉。

另外，在十分拥挤的区域，要注意外露的手臂和胳膊，小心不要被点燃的烟烫到。

欺诈

塔克辛(Taksim)酒吧/俱乐部欺诈

游客要注意：这些高价饮品价格欺诈大都发生在Aksaray、Beyazit和塔克辛区域的夜间俱乐部。这些俱乐部，常常依照原菜单的复制品索要过高的价格，欺骗游客。

游客还要警惕年轻的男子或男女夫妇的行为，他们可能会在街道上找人搭话然后邀请路人到一家“他们知道的不错的夜间俱乐部”。这很明显是某一诡计的前奏。这些使诡计的人可能会先邀请客人吃饭以打消客人对他们的怀疑。

土耳其里拉/欧元欺诈

这是一种频繁的伎俩，经常发生在小旅馆中，其先土耳其里拉标价然后当游客付钱时声称要以欧元支付。如果旅店拒绝提前支付而更愿意游客“离开时再结帐”那可就要提高警惕了。这样的旅店的诡计是会为游客提供非常优秀的服务和膳宿，因为他们知道大多数客人最后也会毫无埋怨的支付一切，最后这些旅馆还会被称为优秀旅馆的典范。

在任何欺诈中，如果游客拒绝支付高价或者试图叫警察（拨打155）诉苦，那么俱乐部经理可能会实施身体上的胁迫。

出租车司机欺诈

不幸地是，许多出租车司机都试图欺骗乘客。不要给司机过大面额的纸币，比如，如果实际乘车费用只花费了25土耳其里拉，而游客支付给司机50土耳其里拉，司机就会迅速把50土耳其里拉装进兜里而不找余额。然后从兜中再拿出一个5土耳其里拉的纸币，好像乘客给他的只是5土耳其里拉，然后等待乘客支付给他其余的20土耳其里拉。乘客最好是保持坐在他的车中向他一样不动，只要坐在那里不动，他就不能继续前进，最终他会放弃并找给乘客剩下的余额。

出租车司机还有可能使出欺诈是，当他接过乘客给的20土耳其里拉后，他会怀疑的注视着钱，然后告诉乘客钱是假的，然后他会要求换一张，这就会很麻烦。不要再给他另一张（如果游客确定钱不是假的），因为当乘客给他另一张时，他所还的那一张就已经不是原来的那一张了，而且还的这张才是真正的假钞。如果乘客给了他另一张，就等于付了双倍的价钱。更重要的是，如果游客使用口袋中这张假钞而被发现，游客也会因持有假币而被送进监牢，后果不堪设想。

一般而言，在乘坐出租车前，要紧记出租车司机的驾照牌号。伊斯坦布尔的出租车牌号都是以“34 T...”开头的。

单身女性旅行

女性游客不要自己到处乱逛，穿着也不要过分暴露，最好由男性同伴陪伴或是一群女性陪伴（特别是土耳其女性）这样可以确保安全——如果游客发现有人过于亲密的跟随，一定要注意了，可以立即叫警察；如果警察和保安就在不远处，游客可以向他们走去使尾随者自行离开；如果他们走上前来，就大声叫喊：“Ayıp!”——“无礼！”“Birak beni!”——“离我远点！”由于处在公众的羞辱下，他们可能会自动离开。

保持健康

类似于许多欧洲国家，这里大多数自来水是可以饮用的，但游客喝的地方不同，可能会出现不健康的状况。尽管自来水本身是干净的，但许多当地的水槽可能不太符合要求，因此建议尽可能还是不要随便喝自来水。当地人更喜欢瓶装水，在餐馆中也有提供。

吃的和喝的东西大多数是符合国际标准的。一些土耳其食物会使用多种香料，这可能会影响到某些不习惯这些成分的国际游客，但大多数情况下适合任何人。

当游客购买某一物品时，特别是在街边摊贩处，一定要运用常识。如"Firin Sutlac"（一种米饭布丁）在炎热的天气下很容易变坏，同样牡蛎偶尔也会在街边有卖。

想要躲避伊斯坦布尔市区的烟味实在有些困难，因此，对于烟味敏感的人一定要注意。

应对

紧记：游客在伊斯坦布尔的旅馆和餐馆要像在市场上购物一样头脑清醒——在结账时一定要看清账单，对清消费帐目之后再交费。他们通常会节约成本从而变相提高游客的消费价格。他们会介绍一些伊斯坦布尔旅游指南，如果游客避免去那些指南中罗列的地方，而是去一些中预算和便宜的餐馆以及旅馆，才可能会享受真正不错的时光！

离开

Kilyos位于欧洲一面的黑海沿岸，在正常情况下从Kilyos开车半小时可到塔克辛。这个村庄拥有大概总共12个私有海滩和公共海滩，其中一些需要会员身份。尽管岛上有很多公共汽车和合租车（Dolmus）可以到达Kilyos，但最好的方式还是乘坐私家车。因为在夏天到这里的旅程会比平时长很多，有车会比较方便。

Sile（Şile）位于亚洲一面的黑海沿岸，从Sile到塔克辛需要45分钟车程。它是一个迅速发展的村庄，以鱼和特殊的棉织物Sile Bezi（Sile布）而著名。类似于Kilyos，Sile也有私有和公共海滩。然而，潮汐使得在这里游泳很难甚至有些危险。每年都会发生溺水事件。

The Princes' Islands，王子岛是位于伊斯坦布尔亚洲一面的一个岛屿群。"Buyukada"是其中最大和最著名的岛屿，这里每天不同时段有到Eminonu（欧洲一面）和Bostanci（亚洲一面）的渡轮。

Silivri是人们逃离繁忙生活，出来放松的地方。从Silivri驾车需要45分钟到达Levent区。

夏天这里是最受欢迎的地方，人们来到这里尽情享受阳光和沙滩。

伊斯坦布尔十大必去之地

这些是您一定要去看的风景。幸运地是，前六个都在Sultanahmet广场附近。您可以自己游览或者在半天，

圣索菲亚博物馆 (Ayasofya Hagia Sophia)

是在基督教界拥有1000 年历史之久的伟大教堂，并改变了西方建筑风格；神的智慧教堂(Hagia Sophia) 在伊斯坦布尔的Sultanahmet区域。

它宽阔、平坦的圆屋顶是六世纪大胆的工程学技艺，至今众多建筑师们仍然会对其创新之处感到震惊。希腊语称之为Hagia Sophia ，拉丁语中称之为Sancta Sophia，土耳其语称之为Ayasofya，由东罗马帝国皇帝在拜占庭于公元527—565年修建。

圣索菲亚被认为是基督教界最伟大的教堂。它的修建甚至超过了Theodosian 皇帝的子孙——Julia Anitzia建造的St Polyeuchtos 大教堂。Julia 把修建的教堂作为标志，象征着她作为拜占庭君主后代的财富、力量和正统。在罗马圣彼得大教堂修建的一千年后，St Polyeuchtos 大教堂至今仍是保留的最大教堂。(Julia 的教堂在地震中被毁坏。您

托普卡帕宫 (Topkapi)

是苏丹之家——土耳其苏丹的宫殿，浩大的奥斯曼帝国中心，奥斯曼帝国苏丹400 多年的家园。居住在这里的君主拥有上百个房间，上百个妻妾和仆人。

托普卡帕宫在任何的一个伊斯坦布尔旅游名单中都排在第一位，您最好一开门(通常09 ：00；周二关闭) 就直接进入后宫，这里由导游带领才可参观，而且很早就会被旅游团挤满。参观完后宫，您可漫步在宫殿四个闲适的庭院内。不要错过第3 个庭院里的财宝，那里有让人难以置信的钻石、珠宝和一些艺术品。

当您从托普卡帕宫，直奔圣索菲亚博物馆 (Ayasofya Hagia Sophia)，正好在隔壁就是蓝色清真寺，还有相邻的拜占庭式古希腊竞技场 。

现在能看到的是一些可怜的废墟。位于伊斯坦布尔市政厅（Belediye Sarayi）和Valens水渠（Bozdogan Kemeri）之间）

这是世界上给人印象最深刻的建筑之一。从公元1453年东罗马帝国开始到穆哈莫德征服者，在占领这个城市不久之后就把它作为了清真寺。它一直是伊斯坦布尔受人尊敬的清真寺，直到1935年，阿塔图尔克（Atatürk）认可它的历史意义，并宣告它成为博物馆，就像现在这样。

圣索菲亚是令人敬畏的。您来到伊斯坦布尔首要游览的地方。30000000金质小马赛克瓦片覆盖在内部，特别是圆顶上。现在被恢复，光耀显赫。在1500年前他们就已经引以为荣了。您务必爬上中层楼看一看精采的拜占庭式马赛克。

幸运地是，它正好就挨着托普卡帕宫、蓝色清真寺和拜占庭竞技场，向右横跨街道，就是沉没的地下水宫。

蓝色清真寺（Sultan Ahmet Camii）

与圣索菲亚相互呼应，有六座尖塔和蓝色内部瓷砖。是伊斯坦布尔苏丹艾哈迈德（Ahmet）一世清真寺（Sultan Ahmet Camii）。由于它内部瓦片是蓝色的，大部分都在上层，所以叫做蓝色清真寺。

清真寺（建于公元1603—1617年）是奥斯曼土耳其帝国建筑师Sedefkâr Mehmet Aga的名作。有六座尖塔和圆顶的伟大清真寺是非常值得参观的。它和圣索菲亚博物馆是姐妹参观地点，漫步几分钟即可见到。

从竞技场那边进入蓝色清真寺这一建筑学上的辉煌之作很受推崇（也就是说从西边进入），因为由此您可以欣赏到神秘的蓝色清真寺。您可以以不同方式

欣赏它，进入清真寺的南边（从竞技场进入是右边）。如果您从圣索菲亚博物馆那边进入，入口就是在清真寺的对面。

蓝色清真寺引人入胜的秘密将在您的旅行中凸现。这里是伊斯坦布尔的主要风景地之一，在这里很自由的多逗留几天，是非常很美好的。但是这里也是一个工作着的清真寺，因此在星期五或在日常祷告期间，会对非礼拜者关闭半小时。由于周五是穆斯林礼拜日，正午关闭时间会较长。

拜占庭式的竞技场（Hippodrome）

是拜占庭君士坦丁堡和奥斯曼土耳其帝国伊斯坦布尔的政治和娱乐中心。在奥斯曼土耳其帝国500 年的历史长河中，这里也出现过很多比赛和暴乱的场面。

纪念碑装饰的竞技场包括3500 年历史的埃及方尖碑，在公元390年由Theodosius君主带到君士坦丁堡。您还可以看到一个三头大毒蛇雕塑螺旋在古铜色基柱上，这是从希腊古城特尔斐带来的，2007 年被修复。在1901年德国皇帝威廉（Wilhelm）二世第一次参观期间，精心修建了一个喷泉作为礼物送给苏丹国王和他的子民。

Yerebatan Saray，沉没的地下宫殿水塔，在竞技场北端的小公园之下。在暗藏的水塔之上有一座石塔，它曾经是城市给排水系统一部分。在石塔旁边是The Milion，零英里纪念碑在路上称为Mese，罗马大道在君士坦丁堡和罗马之间，街道现在称为Divan Yolu 。

圣索菲亚博物馆（Ayasofya Hagia Sophia）从石塔横跨街道，托普卡珀宫在圣索菲亚博物馆较远的一边，而且伊斯坦布尔考古博物馆正好在托普卡珀宫

旁边，在小山下的Gülhane Parki城市公园称为跑马地（At Meydani），因它在奥斯曼土耳其时期的作用而得名。

穿过竞技场就是蓝色清真寺以及土耳其和伊斯兰教的艺术博物馆。

土耳其 & 伊斯兰教的美术馆（Turkish and Islamic Works Museum）

面对蓝色清真寺，是一个满载1000年历史的珍宝箱。伊斯坦布尔土耳其和伊斯兰美术馆（Türk-Islam Eserleri Müzesi）拥有奥斯曼土耳其帝国（14～20世纪）、塞尔柱王朝（11～13世纪）和更早8个世纪时期的珍品。最佳的艺术品是奥斯曼土耳其时期的宗教艺术品。

土耳其地毯、明亮的Kur'ans、书法（奥斯曼土耳其时期），镶嵌雕刻的木头、玻璃、瓷器和石头都很好的被展示。

土耳其陈列展——游牧人的帐篷、19世纪奥斯曼土耳其客厅和其他远远超出了您想象的收藏品。

博物馆被建在易卜拉欣帕夏宫（Ibrahim Pasha Palace），曾是一个奢华的居所，由Sülcyman苏丹和他亲密的朋友易卜拉欣帕夏于公元1523—1536年期间修复 。您所看到的只是原始结构的一部分，它的地基建于大约公元1500年。

土耳其和伊斯兰教的艺术博物馆的开放时间是09 ：00—17 ：00（星期一关闭），门票价格很低。

沉没的地下水宫（Yerebatan Saray）

在干旱的情况下，令人毛骨悚然的地下“沉没宫殿”中的336个大理石柱能收集80,000立方英尺的水。

伊斯坦布尔之下，沉睡着许多这样阴沉的拜占庭水塔。他们从君士坦丁堡变成伊斯坦布尔并保留至今。最宏伟的被称为大教堂水塔或沉没宫殿（Yerebatan Saray Sarniçi），它大小为 70 x 140 米，容水量约80000 立方体米，而且有336 个大理石柱。

记得詹姆士·邦德电影《俄罗斯之恋》的场面么？邦德荡着一条小船通过大理石圆柱林，这个场面就是在地下水宫拍摄的。90 年代期间，这里安装修建了人行道和大气照明设备。因此您可以看到它所有的古怪角落。这里甚至还有一个小咖啡馆提供饮料和快餐。

地下水宫在Sultanahmet 广场，竞技场东北方向的尾端，远离Divan Yolu大道。入口在Yerebatan Caddesi；出口在Alemdar Caddesi，对面就是圣索菲亚博物馆。参观需要30 分钟到一个小时。门票不贵。

大巴扎集市（Grand Bazaar，Kapali Çarşi）

是最后的中世纪“购物中心”，有4000 家商店，乐趣不在于您购买的东西而是在于浏览。伊斯坦布尔的大巴扎（Kapali Çarsi或者叫有屋顶的市场）是土耳其最大的屋顶集市，这里提供给您优秀的购物环境，商品琳琅满目：美丽的土耳其地毯、上釉的瓷器和陶器、铜和黄铜制品、皮革制成的服装、棉花和羊毛线、海泡石烟斗、雪花石制成的烟灰缸，还有各种各样的其它物品。

十二家餐馆在大巴扎里允许您在购物的午间用餐。注意，在星期天，这个市场像埃及（香料）市场一样全天关闭。

在您全身心投入到市场之前，一定要先磨练一下您砍价的技能。在人群中一定要当心扒手。

Divan Yolu 大道，从Sultanahmet 到Beyazit 广场的林荫大道（在大巴

扎旁边的大广场）提供许多有趣的风景，因此步行是比较宜人的。然而，从Sultanahmet 广场到达大巴扎（Kapali Carsi）最容易的方式是乘坐Zeytinburnu 有轨电车上行；在大巴扎（Kapali Carsi）下车。顺便说一句，乘坐出租汽车不是很好，当然也不便宜。因为您的出租汽车必须要通过一条曲折的单行道，这条路适合于步行者和附近区域的有轨电车。

如果您想真正地看一看伊斯坦布尔的市场，那么伊斯坦布尔集市徒步游览路线是从大巴扎下坡沿Uzunçarsi Caddesi（“长长的市场街道”）到达Rüstem Pasha清真寺，这里就是在Galata 大桥附近的金角湾，埃及香料市场也在这里。

埃及香料市场（Misir Çarsisi）

伊斯坦布尔的埃及市场（或称香料市场，Misir Çarsisi），创建于公元1664年异国情调的芬芳弥漫在这里。这里是食物、香料、咖啡、小吃和一些适合游览的综合地点。

香料、干果、坚果、土耳其乐事（lokum）和其它可食用的东西塞满了大多数的商店，现在首饰和其它高利润的商品也开始进驻此地。

不足为奇的是这里是最好的零售空间，它正好在Galata 大桥南部的末端，在金角湾（Golden Horn）的Eminönü区，正好挨着新清真寺(Yeni Cami)。

漫步穿过市场（免费，半小时，星期天关闭）。如果您有时间，还可以漫步于其他周围的小市场。

Hasircilar Caddesi，狭窄的集市街道，从市场大厦连接西边，显著的华美色彩，有更多卖香料，快餐和家庭用品

的商店。沿着Hasircilar 向西是Rüstem Pasha清真寺，是伊斯坦布尔美丽的建筑珍宝之一。

您可以进行伊斯坦布尔集市徒步游览，沿着Uzunçarsi Caddesi 从大巴扎下坡经过Tahtakale 市场区域到达Rüstem Pasha清真寺和Hasircilar Caddesi，最后在埃及市场结束——在一或二小时内，探索伊斯坦布尔伟大而著名的市场。

到达埃及市场最容易的方式是从Sultanahmet 广场乘坐Kabatas-Zeytinburnu有轨电车沿Divan Yolu大道来到Eminönü区。

19世纪浪漫的伊斯坦布尔——贝约卢（Beyoglu）

贝约卢（Beyoglu）是位于金角湾（Golden Horn）北岸的一个区，从Karaköy（Galata） 和Galata大桥到Taksim广场。

在19 世纪，这里是伊斯坦布尔（Constantinople时代）更新的，更加欧洲的部分。使馆都被修建在这里，外国客商在这里居住和工作，并在沿Grande Rue de Péra的时髦精品店购物，现在这里被叫做Istiklal Caddesi 。这里仍然有许多美丽的小犹太教堂。

Galatasaray 广场，中途沿Istiklal Caddesi，是第一个欧洲风格的高中（lycée），由奥斯曼土耳其帝国在19 世纪期间修建。这里还有著名的Çiçek Pasaji餐厅和酒馆。Tünel 广场，南端的Istiklal Caddesi 是伊斯兰教苦行僧会堂。

今天的贝约卢（Beyoglu）享受着文化和建筑的复兴。巨大的建筑现在是领事馆，商店再次时髦起来，Istiklal Caddesi（the Grande Rue）是一个流行的日夜充斥着手推购物车的步行商业街中心。步行商业街和它旁边的街道的夜生活值得一游：别致的咖啡，酒吧，小酒馆，餐馆和音乐俱乐部。Pera 博物馆

（Pera Müzesi）在贝约卢的Tepebasi区，在历史悠久的Pera Pera旅店附近，也是一块可免费参观的宝地。Tophane的博斯普鲁斯海峡北岸，在Beyoglu边缘，是伊斯坦布尔现代艺术博物馆

多尔马巴赫切宫（Dolmabahce Palace）

在博斯普鲁斯海峡沿岸，是苏丹奢华的新欧洲风格宫殿（1856年）。多尔马巴赫切宫在伊斯坦布尔的博斯普鲁斯海峡欧洲一边，是与19世纪奥斯曼土耳其帝国的壮丽和衰落相称的标志性建筑。

它作为苏丹的宫殿，巨大、奢华，有285个房间，43个大客厅，一盏4000公斤波希米亚玻璃枝形吊灯和博斯普鲁斯海峡沿岸几乎五分之二公里的占地面积。它是最伟大的奥斯曼土耳其帝国皇家宫殿（星期一&星期四关闭；可停留2～3小时；要求导游引导游览）。

宫殿是由奥斯曼亚美尼亚建筑师Karabet 和Nikogos Balian 为Abdulmecit苏丹设计的（公元1839—1861年）。公元1856年当它被完成之后，皇帝家族搬出中世纪风格的托普卡珀宫，到这个欧洲风格的宫殿中去生活。

凯末尔·阿塔图尔克（Kemal Atatürk 1881—1938年），土耳其共和国的创建者，1938 11月10日在这里去世。这里有他传神的照片。

到达那儿最便宜和最舒适的方式是乘坐Zeytinburnu—Findikli—Besiktas有轨电车，Sultanahmet广场向下走到Eminönü区，横跨金角湾（Golden Horn）到Karaköy（Galata），然后向北步行就差不多到宫殿了。您可以从Taksim广场下坡到多尔马巴赫切宫（大约1.6公里），但步行返回会很累，因此您可以选择乘坐出租汽车。

在您参观多尔马巴赫切宫当天，您还可以考虑到位于Tophane附近的伊斯坦布尔现代艺术博物馆参观。

土耳其珠宝的诱惑

由于土耳其地处欧洲和亚洲之间，土耳其成为东西方文化的大熔炉，这一因素带给珠宝设计以强烈的影响。土耳其的珠宝传统可追溯到公元前3000年。珠宝最早在安纳托利亚被生产。金也最早在这个区域被精炼，第一枚硬币也是在这里被铸造。

土耳其珠宝的历史和文化

阿拉贾克皇陵以及特洛伊古城出土的金银饰物说明，早在青铜器时代安纳托利亚的珠宝工艺就已相当先进。博阿兹柯伊出口的项链是赫梯艺术的杰作，戈尔迪乌姆发现的金项链和半月耳环则显示出古代弗里吉亚人高雅的品味和风格。

大多数的安纳托利亚珠宝都拥有其自己的特殊含义。“邪恶之眼”是一枚玻璃珠，它最早被制作于伊兹密尔—Görcle村庄。这些迷人的珠子至今在安纳托利亚仍然是由一些少数的玻璃大师运用古老的方法手工制作而成。许多土耳其人认为在脖子上佩戴“邪恶之眼”护身符可以驱赶恶运。女人们认为佩戴可爱的金银质地的银手——法蒂玛手印（hand of fatima）项链，可以给她们带来好运、耐心和富足。

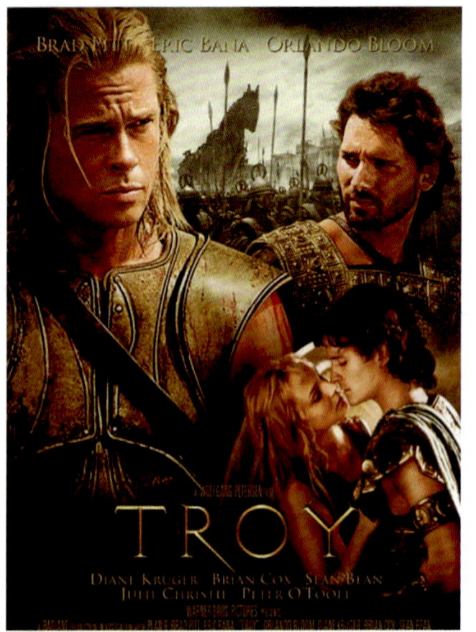

法蒂玛手印或许是对抗邪恶之眼的保护物中最重要的一项。命名自伊斯兰先知穆罕默德疼爱的女儿法蒂玛之名，

Ferlan Geylan 和 兄 弟 Muhanrrem 在纽约市拥有属于自己的奢华土耳其珠宝店。影响土耳其珠宝的三大因素是赫梯文化、拜占庭帝国和奥斯曼帝国文化。赫梯文化蓬勃发展于公元前2000年。有机珠宝的生产基于动物外形和宗教礼仪。

赫梯人居于安纳托利亚高原，即是现在的土耳其北部。我们是从考古遗迹和文献中认识赫梯人的，他们大约在公元前1900年由北面移居至安纳托利亚。大多数的珠宝都用金银制成，还有许多玻璃戒指和耳环。阿吉科项链的颗颗珠宝上都雕刻着人和动物的形象。这里的耳环形状各异，有些耳环坠子上镶着昂贵的宝石。除此以外，还陈列着许多用五颜六色的玻璃制作的手镯和一些黄金王冠。有一根由一只只双头鸟造型组成的项链是于1988年获得的，同时得到的还有一串耳环和一只罗马时期的戒指。这些珠宝都在安纳托利亚文明史博物馆展出。

这个手印对儿童与生产的妇女提供护卫，广泛流传于世界。人们对于法蒂玛手印的研究进入了一个强大而神秘却鲜为人知的世界，其古老的守护与魔法力量也许来自于伊斯兰信仰之前，也极有可能来自古老的埃及或苏美文化。手印本身似乎是数字五的代表形式，并且在近世被赋予宗教意味的名称。对散沫花染剂图案、数字命理学、邪恶之眼或卡巴拉有兴趣的读者都会受这个神秘象征物吸引而神往不已。

拜占庭文化的珠宝产生于第五和第六世纪，吸取建筑灵感。9～13世纪，在欧洲和近东地区，最好的珠宝都来自拜占庭帝国的首都君士坦丁堡（现在的伊斯坦布尔）。而17世纪以及之后的拜占庭帝国珠宝依旧是有机类珠宝，灵感来源于花朵，特别是郁金香。

雌雄同株、扑朔迷离的山茶花常被人视为禁忌的花朵，但也因此更得特立独行的香奈儿（Coco Chanel）的宠爱。而香奈儿的珠宝常常带有拜占庭式的宫庭风格，这灵感来源于她早年的游历生活。香奈儿（Coco Chanel）对当时的拜占庭式和威尼斯式的镀金工艺以及金线镶嵌的宝石工艺特别着迷，从而影响到现代香奈儿（Chanel）的珠宝设计。

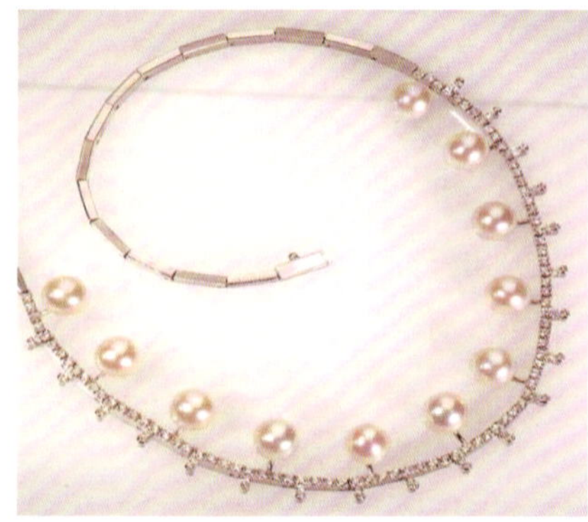

在早期伊斯兰时期，一些人拥有自己的珠宝首饰，因为他们认为珠宝是不会坏掉的。16世纪初，这个观点改变了，珠宝开始成为皇室权威的重要象征。再后来，女人们佩戴美丽珠宝以提升自己外观的习俗开始，几乎所有的土耳其妇女都开始以此来装饰自己。

Geylan说，“奥斯曼帝国最著名的珠宝是背箔珠宝——一种应用于制作珠宝的技术”。背箔（Foil-backed）的意思是指在钻石的底部镶一层薄薄的箔，覆盖在黄金之上。大部分这些珠宝以银镶嵌，背面是黄金。

土耳其黄金珠宝同样也是地位的象征，它可以兑换成现金或者是她们中意的新款。土耳其有一个长期的传统，人们会在婚礼、生日或者是割礼节赠送金币给彼此作为礼物，表示祝福。

土耳其黄金与珠宝对经济的贡献

土耳其被认为是全世界第三大黄金珠宝制造国，该民族引领着越来越多的土耳其珠宝制造商走向了技艺精湛的珠宝制作之路。土耳其珠宝设计的灵感主要来自其远古时代以及安纳托利亚数千年的文化与历史积淀。

伊斯坦布尔黄金交易所（İAB）副主席欧斯曼·萨拉克（Osman Saraç），谈论了土耳其黄金和珠宝行业的当前形势。

萨拉克表示，据能源部数据，土耳其全境拥有政府许可经营的矿场大约有700吨黄金储量。萨拉克还提到，土耳其珠宝出口贸易在过去10年中得到了大幅度的增长。"土耳其在有关黄金和钻石贸易的国家名单中'晋级'了。"他补充道，土耳其已成功跻身世界珠宝首饰制造前5的行列。

不过，珠宝首饰行业并没有充分利用其生产设施能力，其年处理能力是400吨黄金和200吨白银。萨拉克指出，"目前很多行业观察家都把土耳其看成了意大利的一个有力竞争者。"

贵重金属和珠宝制造业是土耳其最大的制造行业之一。该行业拥有雇员约25万人，市场份额由50家大公司瓜分。虽然伊斯坦布尔是珠宝制造行业的最重要城市，但是安卡拉和伊兹密尔等其它城市也占有举足轻重的地位。

萨拉克解释道，"伊斯坦布尔黄金交易所成立于1995年，为珠宝制造业的发展提供最为需要的物流服务，为原材料依照国际价格交易提供国家认可的场地。"土耳其有两家黄金提炼厂在伊斯坦布尔黄金交易所进行金条贸易活动。

伊斯坦布尔是金饰生产的中心，几个世纪以来它的大集市一直都是金饰和珠宝贸易的中心。珠宝和黄金首饰制造在安卡拉和伊兹密尔等其它城市也占有举足轻重的地位。在不同的地区，珠宝首饰的风格也是不同的。例如，埃斯基谢希尔（Eskisehir），一个拥有古老的珠宝首饰工艺实践的城市，运用海泡石、稀有的类似于硬白土的矿石来创造珠宝及其他小饰物配件。

大集市以其金银而著名，参观者在购买时一定要注意银饰上的标签。

珠宝制造业最近已经成为出口贸易中的一个重要的组成部分，而且发展十分迅速。政府提供的数据指出，1992年时，以黄金为原材料的珠宝出口额仅为280万美元，但是到了2006年，出口量达到了85.8吨，总价值为11.7亿美元。萨拉克表示，“如果把游客购买黄金和珠宝的交易额也算进来，那么总量将高达每年150吨。如今，土耳其珠宝拥有最新的技术和现代化的设计，已经超过141个国家，成为最抢手的商品。”

依据萨拉克说法，伊斯坦布尔黄金交易所最重要的作用就是为成百上千的珠宝制造商们获取和供应原材料，同时，在这里买家能够以获得的信用额度来购买和提炼原材料，之后再归还给供应商们。交易所还为买家和卖家提供贵金属交易最新的价格变动信息。

在土耳其聪明购物

现代土耳其珠宝工厂拥有土耳其特别的珠宝技艺，如花丝（telkari）、黑金（savat）和编织（hasir）。花丝涉及复杂的工艺，把纯银（含银量92.5%）的细银线制作成细小时尚的圆形件，然后焊接在一起使之成为时尚的首饰或饰品；黑金是运用雕刻技术装饰金属物体；编织是运用机器或手工把薄丝编织成珠宝。

当您在土耳其购买珠宝时您一定要了解黄金或珠宝是由其质量（盎司，克拉）、重量（以克丈量）以及其做工成本决定的。前两个标准由珠宝的固定标准，但是生怕珠宝做工的价值被夸大所以讨价还价已经成为购买首饰的人们的一种习惯。明智的是到各个商店先逛逛了解一下行情（货比三家），询问一下付现金是否会有折扣。

大集市以其金银而著名，参观者在购买时一定要注意银饰上的标签。土耳

其珠宝饰物是典型的金带有珍贵的宝石或者是银带有半贵重的宝石或者就是什么都没有，许多设计使用的是各种各样的金属。

Geylan说在土耳其最受欢迎的珠宝首饰是当地人和游客购买的22K黄金，包括22K黄金线制成的手镯。根据Sema Kaye-Gurek，一位土耳其Rhode岛的珠宝商透露，黄金奥斯曼印章硬币特别受欢迎，虽然它主要以银制作而成。

“一次我自己在土耳其旅游时发现土耳其的银饰在珠宝市场有了很大的进展”，Kaya-Gurek说。“土耳其的银饰制作手工艺非常的传统，比如花丝，拜占庭链和狐尾草项链。”在这些时期，银匠们的设计融合了奥斯曼时期和今天土耳其人的生活方式。

除了在大集市中的商店之外，这里还有许多珠宝商店遍及伊斯坦布尔，但是最著名的是城镇中的The Storks珠宝店，位于Ragipgümüspala Cad.N.54/56。对于任何聪明的消费者来说，购买珠宝其实就等于购买珠宝店的信誉。

土耳其珠宝融合现代和传统。精美设计的珠宝很值得您带回家。

Storka Zindan Han 钟表珠宝中心

The Storks连锁店在过去的35年中跻身于国际珠宝部门，产品出口五大洲。建筑的一部分修建于9世纪，曾经是拜占庭时期的世界第一女子监狱。商场占地面积3000平方米，展示商品供15000件，共由1418盎司和24克拉白、红、黄金及全贵重和半贵重宝石制作而成。Storks还是世界著名的瑞士手表的官方代理，其代理品牌有劳力士（Rolex）、萧邦（chopard）、豪雅（Tag Heuer）、艾美（Maurice Lacroix）、雷达（Rado）、雷蒙威（Raymond Weil）、

浪琴(Longines)、康斯登(Frederique Constant)，克里斯蒂娜(Christina London)、珠宝表(Tamara Comolli)和天梭(Tissot)。The Storks给与您每件商品以质量保障，购买后五年期间可以在伊斯坦布尔和安塔利亚中心保修或更换。在Storks里任何商品免税18%。

地址：ZINDAN HAN，RAGIPGUMUSPALA CAD.NO.2-5 34116 EMINONU ISTANBUL

步行从GALATA大桥穿过，距离伊斯坦布尔港口500米。

电话:+90（212）215 4270

电子邮箱：istcustomerservice@storksjewelry.com

网站：www.storksjewelry.com

拜占庭艺术熏陶下的香奈儿珠宝与现代时尚

香奈儿珠宝，就和特立独行的Coco Chanel一样，充满了传奇色彩。而香奈儿(Chanel)的珠宝常常带有拜占庭式的宫庭风格，这灵感来源于Coco Chanel早年的游历生活。来就让我们从香奈儿(Chanel)的珠宝中寻找拜占庭文化迷人的特质吧。

香奈儿的品位受到她所深爱的男人的影响。狄米崔大公爵引领她进入灿烂的拜占庭艺术；富可敌国的英国西敏公爵，则以珍稀宝石衬以顶级镶工做成的礼物献给她，让她领略了“奢华”的真正意义。香奈儿女士曾经说“珠宝以最小的体积凝聚了最大的价值”。这就是她选用珠宝的原因。

“它是真正的创意来源，”虽然享用这些专业技术需要支付极高的代价，但是，这是一个绝妙技能和奢华、优雅

风格的精彩结合。香奈儿的“Satellite Love”系列如此精雕细塑。LANVIN的手工绉褶从洋装一路延伸到晚宴皮包上、Burberry的顶级“P”系列，秋冬以宝石和羽毛交错成美丽的洋装、Valentino运用小羊皮装点出皮包上朵朵立体花瓣，更不用说BV、Prada运用毛呢、蕾丝制作出令人惊叹的褶边和立面弧度、线条，成衣的艺术性大为提高。

2008年秋季，在华丽的手工世界里，羽毛是栩栩如生的另一种说服力。把羽毛的装饰性功能，除了发挥在帽饰和服装搭配。以假乱真的羽毛图绘也是本季工坊系列中别具特色的珠宝设计灵感。1910—1960年间，香奈儿女士在服饰和帽子上设计了多款羽毛，带着强烈拜占庭文化色彩的珠宝套饰（胸针与耳环）以雕工精致成的一片片小羽毛装饰，是华丽的一种极致，也正是巴黎高级订制服不死的精神。

手工制作融合了华丽的氛围和创意，典雅中带着传统美学的经典。Vera Wang缀了水晶珠饰的蛇形领围让毛衣成为主秀，Donna Karan精巧细致荷叶边雪纺衬衫、绉褶上衣、水晶刺绣，Oscar de la Renta的裤装呈现好莱坞式的社交气氛。

美丽而精致的hand Made，尽展才情的同时也向围绕在身旁的这群工艺大师们致敬。“惊艳和永恒”之间，花14个小时制作一双紫色鞋套跟和鞋面上满布珠花的CHANEL高跟鞋，传统手艺像拔了尖的花俏女高音，总在美妙的和弦咏叹声里得到应有的喝彩。

无论是香奈儿女士喜爱的精致珠宝首饰，还是世界顶级奢华时装设计，都再现了她所相信的奢华就像爱情，是一种精神上的需要。而她理解的奢华是简单和优雅，绝非庸俗。创造珠宝以搭配高级时装，是香奈儿珠宝的理念，更是拜占庭文化艺术的延伸。

博斯普鲁斯海峡游
BOSPHORUS

博斯普鲁斯海峡游 BOSPHORUS

博斯普鲁斯（Bosphorus）海峡游：完美的半天伊斯坦布尔游览，通过城堡、宫殿、奥斯曼土耳其村庄，来到黑海沿岸。

乘坐一艘传统的伊斯坦布尔渡轮或一条更加快速的快船（Tur Yol），就可以享受博斯普鲁斯巡航了，仅需1.5小时。

这里您将看到六个奥斯曼土耳其宫殿，划分成二部分，南博斯普鲁斯海峡（从金角湾到博斯普鲁斯大桥），北博斯普鲁斯海峡（从博斯普鲁斯大桥到黑海）。

博斯普鲁斯（Bosphorus）海峡游时间表以及全天游览景点分布

在伊斯坦布尔探索博斯普鲁斯海峡的全天行程：您准备登上一条传统渡轮，先在Galata 大桥步行，从南博斯普鲁斯海峡的Eminönü码头乘船开始一天的游览，在Sariyer下船吃午餐，然后向南沿欧洲一边进行陆路游览，在您航行到北部的主要风景地停留，看一看，最后一直到达北博斯普鲁斯海峡。（短暂的1.5 小时巡游，乘坐快船TurYol）

Eminönü：*Bogaz Hatti* 渡船码头（*No. 3*）（*10:00*）

虽然渡轮大约*10:35*才起航，还是尽早赶到，上船找一个好位子为妙。港口（左边）是有阳光的，右舷（右边）会很阴暗；外边的位子更凉快，冬季船舱中很温暖。

博斯普鲁斯（*Bosphorus*）巡航（*10:35—11:45*）

Sariyer（*1:45—13:30*）

漫步在繁忙的*Sariyer* 附近，享受周围的气氛，选择一处地方吃午餐，在博斯普鲁斯海峡沿岸的海鲜餐馆中选择更适宜。

Sadberk Hanim 博物馆（*13:45—15:00*）
花费大约一个小时在这个古代博物馆中参观。

Rumeli Hisari 城堡（*15:45—16:45*）
爬上城墙欣赏壮丽的风景。

Ortaköy（*17:00—18:00*）
停留在这里休息、喝冷热饮料，享用快餐或正餐，欣赏欧亚大陆桥的壮丽风光。

*Eminönü*渡船码头（*19:00*）
及时回到*Eminönü*渡船码头收拾一下，出去晚餐。交通方式的选择，参见*Sariyer*

数十年前，伊斯坦布尔的渡轮机构工作人员注意到一件奇怪的事情：外国游客乘坐博斯普鲁斯海峡渡轮，一直到位于Sariyer的黑海和Anadolu Kavagi。有时他们会乘船回到金角湾（Golden Horn）的Galata大桥不下船！

当然，游人也许会从这本旅游指南受到启发，拿着一本旅游指南聪明的游客会作一次很好的博斯普鲁斯海峡游览，他们不用支付旅游公司太多，乘坐公共渡船就可以了。

因此渡轮机构指定了几个博斯普鲁斯海峡渡轮进行海峡游览业务，从而减少了渡船停靠数量，海峡游也不需要花费太长的时间。

从Eminönü渡轮码头到Sariyer的单程航行，北部的博斯普鲁斯海峡小镇都在欧洲海岸，乘船要一个多小时。

从Eminönü渡轮码头通过Sariyer到亚洲海岸的Anadolu Kavagi码头（在Anadolu Kavagi码头需要等待1小时），再回到Eminönü渡轮码头，整个往返航行需要4.5个小时。

下面是日程表（随时变化）：

Eminönü	Besiktas	Kanlica	Yeniköy	Sariyer	Rumeli Kavagi	Anadolu Kavagi
10:35	10:50	11:15	11:30	11:45	11:55	12:05
13:35	13:50	14:15	14:30	14:45	14:55	15:05
Anadolu Kavagi	Rumeli Kavagi	Sariyer	Yeniköy	Kanlica	Besiktas	Eminönü
15:00	15:10	15:20	15:35	15:50	16:15	16:30
17:00	17:10	17:20	17:35	17:50	18:15	18:30

景观

这里所说的风景是从南到北的顺序。如果您在相反方向（北部到南部），请从下面向上翻阅！

您从Eminönü渡轮码头出发（金角湾Golden Horn，在Galata 大桥和Sirkeci 站之间）并且一路向北到达黑海。

多尔马巴赫切宫（Dolmabahçe Palace）（3 公里）

这个伟大的奥斯曼土耳其宫殿（Façade，公元1853年）有400 米长。从多尔马巴赫切宫（Dolmabahçe），您可以上坡到达Taksim 广场或继续沿岸通过Kabatas和Tophane 到达Karaköy和Galata 大桥。有轨电车路线从Kabatas 南部通过伊斯坦布尔现代博物馆到Karaköy，横跨Galata大桥，再到Eminönü渡轮码头（埃及市场在附近），然后沿山到达Sultanahmet 和Divan Yolu 。

Besiktas（3.5 公里）

一个繁忙的交通中转站和渡轮码头，就在多尔马巴赫切宫（Dolmabahçe）北边，在这里您可以发现海军博物馆（Deniz Müzesi），它记录着奥斯曼土耳其帝国海军辉煌的过去。到Üsküdar的渡轮每15 或20 分钟在博斯普鲁斯海峡的亚洲一边离港。

Çiragan宫殿（4 公里）

公元1874 年完工，大理石Çiragan宫殿有着悲剧风格的历史。阿卜杜勒·阿齐兹苏丹（Abdül Aziz）在他被废黜的几天后可疑地死在了这里（公元1876年），而他的侄子Murat V 和他的家族被Abdül Hamit 二世监禁在这里。1910 年，这里被当作奥斯曼土耳其帝国的国会大厦，但宫殿被大火完全烧毁。如今这里已经恢复了原貌，是豪华的伊斯坦布尔凯宾斯基酒店（Kempinski）。

Yildiz 公园 & 宫殿（4 公里）

在Çiragan宫殿茂盛的绿色林地之后就是Yildiz公园。在小山山顶，掩藏于树后，是牧人小屋（Sale亭），50个高山木屋为Abdül Hamit苏丹二世所青睐。更小的宫殿被安置在森林的尽头。

Ortaköy & Mecidiye Mosque清真寺（5.2 公里）

您大概会看到Mecidiye 清真寺（公元1854年），优美的奥斯曼土耳其帝国巴洛克式的清真寺矗立在博斯普鲁斯大桥西塔处。离奇有趣的博斯普鲁斯小镇Ortaköy到处都是别致的画廊、咖啡馆、精品店、酒吧和俱乐部——如果您是陆路游览博斯普鲁斯海峡，这里是一个停下来喝点饮料、吃点东西的好地方。

博斯普鲁斯大桥（Bosphorus）（6公里）

自从波斯皇帝Darius在公元前490年修筑横穿博斯普鲁斯海峡的桥梁以后，伊斯坦布尔的统治者做梦也想修建一座横跨欧洲和亚洲的桥梁。1973年，在土耳其共和国成立50周年纪念之际，这座桥梁建成通车，从此以后解决了这里数十年来汽车渡轮交通延迟的问题。另一座桥梁，Fatih大桥，被修建在它的北部。

Arnavutköy & Kuruçesme （7.5 公里）

“阿尔巴尼亚人村庄”正如它的名字一样，人们或许已经遗忘了阿尔巴尼亚居民和这里著名的“干涸的喷泉”（Kuruçesme），但那里的一些海边餐馆和许多美丽的海滨住宅（奥斯曼土耳其博斯普鲁斯海边别墅）却得到更多游人的喜爱。

Bebek（8公里）

这是个俏丽的海湾，位于Rumeli Hisari 的南部。博斯普鲁斯大学，当时叫罗伯特学院，在公元1863年由新英格兰人Cyrus Hamlin创办，大学与堡垒共享美丽的海景。

Rumeli Hisari（10.5 公里）

欧洲强大的堡垒，公元1452 年在征服者（Mehmet）命令下修造，长达四个月。在博斯普鲁斯海峡（大约700 米）最狭窄的部分，他发号施令，从黑海沿海切断了拜占庭君士坦丁堡的粮食供应，使得他在公元1453 年更加容易地征服了这座城市。

征服者大桥（The Fatih Köprüsü）（10公里）

征服者大桥（The Fatih Köprüsü），可以从Rumeli Hisari欣赏到其美妙景色，命名来自征服者（Mehmet）。

Emirgan（12.5 公里）

4月的郁金香节是一个亮点，Emirgan 的花园是一个宜人的地方，您可以在那里休息，喝上一杯茶，咖啡或吃上一顿便餐。

Istinye （13 公里）

这是一个被保护得很好的海湾，在拜占庭和奥斯曼土耳其两个时期都是一个造船厂。道路通向内陆直到Levent 区，在那里您可以坐上地铁到达Taksim 广场。

Yeniköy（13.5 公里）

拜占庭时期的夏日避暑胜地，（当时被命名为Neapolis，“新镇”），它仍然有几个值得夸耀的老“避暑行宫”。

Tarabya（17 公里）

拜占庭时期这里叫Therapia，这个俏丽的小海湾几个世纪都是伊斯坦布尔一个著名的避暑胜地。

Büyükdere（19 公里）

在Sariyer南部，可以停留在这里欣赏一下美好的Sadberk Hanim 博物馆。

Sariyer（22 公里）

镇子在博斯普鲁斯海峡的北口附近，还可以享受一下美味的海鲜午餐。

小贴士

1 许多人从Eminönü渡轮码头出发巡游1.5小时，到Sariyer后（伊斯坦布尔北部23公里）、享用午餐（特别是海鲜），然后乘公共汽车，小巴或者是摩托车向南，在沿途的各个景点停留。

2 渡轮从Sariyer 到Anadolu Kavagi，在亚洲海岸一边，这里是远航路线的尽头。渡轮要在Anadolu Kavagi 停靠几小时，乘客有时间去野餐；到海鲜馆去吃午餐；爬上Yusa Tepesi被毁坏堡垒去参观，堡垒在公元1350年被热那亚人重建，其后被拜占庭和奥斯曼土耳其帝国修复。

3 如果您在Anadolu Kavagi结束行程，这里没有什么好的游览路线，除了乘坐观光渡轮向南旅行，最好选择启航返回 Eminönü 渡轮码头。

4 周一到周五，最受人们欢迎的博斯普鲁斯（Bosphorus）海峡游巡航启程在10:35起航，但是在温暖的季节起航会稍晚一些，是12:35 和14:10。周六、周日和假日期间，启程是在10:3100，11:00，13:30和15:00。时间可能会有所变化，但是他们已经保持这样很多年了。往返巡游票价大约6美元。

5 尽可能要在船只起航前30分钟到达Eminönü 渡船码头，为了您可以在船上找个好的位子。当您接近码头时，不要理睬路上的搭讪“是去博斯普鲁斯海峡游吗？”票一定要从售票厅的工作人员那里购买。夏天船会很早就被人挤满，特别是周末。

6 除传统渡轮之外，一种商业性的快船（TurYol）也会少量运营，快船在博斯普鲁斯海峡游巡航中仅需1.5小时.

土耳其海运航线就象追随奥斯曼土耳其帝国前辈Sirket-i Hayriye一样勇往直前，博斯普鲁斯海峡游览渡轮从那时到现在一直都很受伊斯坦布尔当地人和游客的欢迎。尽管博斯普鲁斯海峡大桥已经减少了渡轮的需求，快速的“海上公共汽车”双体船现在运载很多往返游客，但最受欢迎和最适用的伊斯坦布尔渡船航线仍然吸引着全世界的游客欣然前往。

王子岛游览
（Büyükada，Heybeliada，Burgazada，Kinaliada）

欢迎来到海岛上维多利亚风格的小镇，这里没有机动车，取而代之的是步行、自行车、或者是乘坐马车参观游览。

位于马尔马拉海，伊斯坦布尔中心的东南部20公里处的九个小海岛，被史学家称为王子岛（由于拜占庭皇帝习惯遣送惹事生非的王子们到这里，他们或被流放或执行刑罚），但今天的伊斯坦布尔公民简单的称之为海岛（Adalar）。

在中世纪时期，这里是他们的修道院，远离城市的匆忙与诱惑。但是在十九世纪，随着汽轮和便捷的渡轮服务的出现，四个较大的海岛，Büyükada，Heybeliada，Burgazada 和Kinaliada成为了避暑圣地。伊斯坦布尔富有的奥斯曼土耳其帝国家族，特别是希腊人、犹太人，沿着狭窄的海岛渔村两旁精心修造了维多利亚夏日避暑别墅。

一个世纪以前宁静的气氛至今仍然被保留着。在这里私人机动车不允许进入。大家或步行或骑自行车或采取乘坐马车的形式（Fayton）进行游览。

夏天，每天会有6～10条渡轮由Kabatas 轮渡码头航行90分钟到达Kinaliada、Burgazada、Heybeliada和Büyükada等地。

远航中一半的乐趣是因为您的轮渡沿着博斯普鲁斯海峡向下进入到马尔马拉海，呈现在您眼前的是拓普卡珀宫，圣索菲亚博物馆，蓝色清真寺，金角湾，而且确切的说是从另一个角度审视整个伊斯坦布尔。

第一次参观Büyükada——最有乐趣的海岛，在那里您可以乘坐马车游览全岛或是租用自行车或自己徒步游览海岛，甚至还可以在小海滩上游泳。

注意

在夏天周末，海岛上拥挤不堪。如果您想要7月、8月来这里的话，如果可能，一定要计划好您的周日游览。

*Büyükada*和*Heybeliada*有几个旅馆，如果您想要停留过夜，在夏天一定要事先预定，特别是周末。

食宿价格高，因为所有供应都是通过小船带上海岛的，而且还因为海岛是个很受欢迎的旅游目的地。不幸地是，这里的盗窃事件很多。您可能会想从伊斯坦布尔带上食物和饮料野餐。不要忘记您的游泳衣，这样您就可以在海中畅游了。

顺便说一句，五个更小的海岛是Tavsan、Yassi（Plati）、Sivri（Oxia）、Sedef和Kasik（Pita）——没有乘轮渡服务，岛上根本无人居住。很少有人到访王子岛，这里绝对值得一游。

巧乘土耳其航空公司转机

——免费游览伊斯坦布尔

- 如何免费游览伊斯坦布尔
- 只花83欧元（不含税）去贝尔格莱德，比巴士还便宜
- 在网上DIY定便宜的欧洲机票

目前，土耳其航空公司在中国大陆分别设有北京-伊斯坦布尔和上海-伊斯坦布尔两条直飞航线，两个航班每周均飞行5班，分别由空客A330和A340执飞。因此，每周往返于中国大陆-伊斯坦布尔的航班数量为10班。

夏季航班时刻表

北京-伊斯坦布尔	航班号	起飞时间 / 到港时间
周一，周二，周三，周五，周六	TK021	23:55　05:30
伊斯坦布尔-北京	航班号	起飞时间 / 到港时间
周一，周二，周四，周五，周日	TK020	23:45　14:00
上海-伊斯坦布尔	航班号	起飞时间 / 到港时间
周一，周三，周四，周六，周日	TK027	22:45　05:45
伊斯坦布尔-上海	航班号	起飞时间 / 到港时间
周二，周三，周五，周六，周日	TK026	23:50　15:05

注：以上均为当地时间 *(LMT)*。

冬季航班时刻表

北京-伊斯坦布尔	航班号	起飞时间 / 到港时间
周一，周二，周三，周五，周六	TK021	23:55　04:35
伊斯坦布尔-北京	航班号	起飞时间 / 到港时间
周一，周二，周四，周五，周日	TK020	23:45　15:00
上海-伊斯坦布尔	航班号	起飞时间 / 到港时间
周一，周三，周四，周六，周日	TK027	23:45　05:45
伊斯坦布尔-上海	航班号	起飞时间 / 到港时间
周二，周三，周五，周六，周日	TK026	23:50　16:05

注：以上均为当地时间 *(LMT)*。

关于里程积分计划

欢迎进入里程积分优惠计划！

这是土航为空中旅行的旅客们提供的一项新的，特别优惠的服务项目。

只要您成为此计划会员，在乘坐土航及土航合作伙伴航空公司的航班时、在土航指定合作的租车公司租车时、持特定信用卡消费时、或下榻指定酒店时，您便可以利用土航的里程积分计划提供的很多机会使旅行生活变得更加轻松。

随着飞行里程数的增加，您将可获得土航提供的越来越多优惠奖励，如免费机票，免费升舱，将候补提前等。

土航目前的加盟合作伙伴除美国American Airlines和葡萄牙TAP-Air Portugal以外，还有国际著名酒店，租车公司，及一些名品商店。

土耳其航空公司目前致力于扩大合作范围，越来越多的合作公司将陆续加入Miles & Miles里程积累计划活动中.

合作伙伴

Skylife Page 161 Logo

成为会员

在世界各地土航销售处、机场登记处、飞机机座前的包裹里或土耳其境内Garanti 银行中，您都可以领取里程积分卡申请表。

您只需把填好的表寄给土航，留下表中“临时卡”，很快，您将收到土航寄给您的正式会员卡——里程积分卡。

一旦您收到这张卡，您就开始了空中旅程的积累。

您可以在土耳其航空公司北京、上海办事处申请办理会员卡.

积分卡种类

Classic Card

凡满2岁以上，新申请成为里程积分计划会员的乘客均有资格获得。

Classic card 拥有者在积累够相应里程（Club Miles）后有获得Elite Card会员的资格.

Elite Card

Classic card 拥有者在满一年时积累够相应里程（Club Miles）后有获得Elite Card 会员的资格.

使用须知

为了使里程积分计划能够有效实施，避免错误或疏忽记载里程，同时需要您的帮助和耐心。

通过调查，我们总结了以下几点，希望您加以关注，以便飞行里程数能准确及时地记入您的帐户中。

1. 在预订机票时请主动向工作人员说出您的会员号
2. 说出您与里程积分卡上同样的姓名
3. 在办理登记手续时出示里程积分卡

为了确保帐户安全，只有您在登记或预定机票时留下的姓名与记录相同时才接受记录。因此，以上三条请加以重视。

我们要提醒您收好机票和登机牌，以及从我们的合作伙伴中获取的住宿、租车发票和协议书。因为这些将会成为核对积分的必要凭据，若您无法提供以上证明，在发现帐户记录有误时，在有些情况下，将无法为您更改。

积攒里程

加入里程积分计划，您便可以轻松积攒飞行路程。您积攒的每一公里都通往一个多彩的世界

积累Club Miles

土耳其航空公司国际航班
土耳其境内航线的航班
您可以通过飞往78个国外目的地及36个土耳其境内目的地赢取Club Miles。

积累Bonus Miles

选择使用土航合作伙伴航空公司及相关服务设施
使用土耳其航空公司指定合作酒店
使用土耳其航空公司指定合作租车公司
使用来自GARANTI 银行的Shop& Miles信用卡消费

里程积分换取奖励

成为"Miles & Miles"里程计划会员，在积累到一定里程后，您可以获得土耳其航空公司以及上述合作航空公司的免费机票，并可以使用您赢得的里程获得陪伴者免费机票以及升舱等一系列优惠．使用里程积分卡机会无限！

- 免费机票
- 同行免费机票
- 免费升舱
- 等候名单排名提前

同时，Elite卡会员可享受以下优惠：
1. 等候名单排名提前
2. 使用公务舱柜台办理手续
3. 使用头等舱休息室
4. 10公斤超中行李

有效期

所有您积攒的里程从记入帐户起3年有效。

例如，您在2008年积攒的路程，可以在2011年12月31日前使用。

在有效期内没有用完的路程视为过期。

在您使用里程时，土航将先使用“最老”的记录。

您里程积分的路程总结会每隔三个月寄到您的地址处。

咨询联络

里程积分卡咨询中心联络（miles&miles call center）

会员可通过以下方式寻求里程积分卡各种信息：

电话：+90（212）4440849

传真：+90（212）4652306

邮件：milesandmiles@thy.com

Websites: www.thy.com

www.turkishairlines.com

E-mail: milesandmiles@thy.com

北京办事处

电话: +86 10 64651867分机12,13,14

传真: +86 10 64651865

E-mail: bjsmanagement@turkishairlineschina.com

地址:北京朝阳区亮马桥路50燕莎中心W103

邮编:100016

北京首都国际机场办公室

电话：+86 10 64579890

传真：+86 10 64597922

地址：北京首都国际机场32126房间

上海办事处

电话:+86 21 32220022 传真:+86 21 32220021

E-mail: shamanagement@turkishairlineschina.com

地址:上海南京路1376号上海商城211室

邮编:200040

浦东机场办公室

电话：+86 21 38480880

传真：+86 21 38480880

地址：上海浦东国际机场国际出发大厅14/316室

http://www.thy.com

http://www.thy.com/zh-CN/index.aspx

充满历史神韵和神秘气息的伊斯坦布尔在等待着您的到访！对于所有搭乘土耳其航空公司航班的乘客，都可以享受他们的一项新服务——免费游览伊斯坦布尔。

从2008年6月开始，包括来自中国的国际乘客，在您抵达伊斯坦布尔站转机，并已停靠站后，在同一天可以得到优惠券，免费留在酒店房间或在陪同下参加一个伊斯坦布尔的免费旅行。

游客参加免费的伊斯坦布尔旅游的条件是，连接的机票必须属于土耳其航空公司的国际航班，首先必须到这些目的地。此外最低等候时间为公务舱乘客要7个小时或以上，经济舱的乘客至少要10个小时。如果您满足这些要求，土耳其航空公司酒店服务台将在伊斯坦布尔机场为您安排免费的伊斯坦布尔游览。

乘客将有机会免费参观访问许多古迹。在专业的陪同下，每天两次从伊斯坦布尔阿塔图尔克机场出发，参观托普卡帕宫，蓝色清真寺，圣索菲亚博物馆，卡里亚教堂，古希腊竞技场广场，考古博物馆。

如需详细资讯，请联系土耳其航空公司的机票销售办事处，或者伊斯坦布尔机场的其他机构和酒店服务台。不过本书建议中国游客在此为土耳其的导游陪同支付小费。

免费旅游时间表

导游导览项目

周一

09:00 - 10:00 卡里亚博物馆（Caria Museum）
10:30 - 11:30 古希腊竞技场广场（Hippodrome Square）
12:00 - 13:30 午餐时间
13:30 - 16:30 托普卡帕宫（Topkapi Palace）
16:30 - 17:30 蓝色清真寺（Sultanahmet Mosque）
17:30 经由海岸线返回机场

周二

09:00 - 10:30 卡里亚博物馆（Caria Museum）
11:00 - 12:00 土耳其伊斯兰手工博物馆（Turkish Islam Works Museum）
12:00 - 13:00 午餐时间
13:00 - 14:30 圣索非亚博物馆（Hagia Sophia Museum）
14:30 - 16:30 考古学博物馆（Archaeology Museum）
16:30 - 17:30 蓝色清真寺（Sultanahmet Mosque）
17:30 - 18:00 古希腊竞技场广场（Hippodrome Square）
18:00 经由海岸线返回机场

周三

09:00 - 10:30 土耳其伊斯兰手工博物馆（Turkish Islam Works Museum）
10:30 - 12:00 考古学博物馆（Archaelogy Museum）
12:00 - 13:00 午餐时间
13:00 - 15:30 托普卡帕宫（Topkapi Palace）
15:30 - 16:30 圣索非亚博物馆（Hagia Sophia Museum）
16:30 - 17:30 蓝色清真寺（Sultanahmet Mosque）
17:30 - 18:00 古希腊竞技场广场（Hippodrome Square）
18:00 经由海岸线返回机场

其他时间（周四、周五、周六、周日）

09:00 - 10:30 卡里亚博物馆（Caria Museum）
11:00 - 12:00 考古学博物馆(Archaeology Museum)
12:00 - 13:00 午餐时间
13:00 - 15:30 托普卡比帕宫(Topkapi Palace)
15:30 - 16:30 圣索非亚博物馆(Hagia Sophia Museum)
16:30 - 17:30 蓝色清真寺(Sultanahmet Mosque)
17:30 - 18:00 古希腊竞技场广场(Hippodrome Square)
18:00 经由海岸线返回机场

*(半日游览项目的出发时间在中午 *午餐不包含在内)*

巧用银联卡
玩转土耳其

——银联卡土耳其使用指南

怎么用银联卡在土耳其消费

怎么样在土耳其换土耳其里拉最合算

2007年5月中国银联与土耳其担保银行在土耳其最大城市伊斯坦布尔签署协议，今后土耳其担保银行将可以向其客户发行中国银联标准卡。根据协议，持有土耳其担保银行发行的中国银联标准卡的客户，将可以在中国、土耳其和其他受理银联卡业务的国家和地区使用该卡。中国银联负责人在协议签署仪式上说，中国银联与土耳其担保银行都把对方视为重要合作伙伴，发卡协议的签署意味着双方的合作从受理领域扩展到发卡领域，合作正进一步走向深入。

土耳其担保银行执行副总裁穆罕默德•塞兹金表示，作为第一家与中国银联合作的土耳其银行，土耳其担保银行将维持并扩大中国银联在土耳其的业务。

根据中国银联和土耳其担保银行2006年达成的受理协议，自2007年5月1日起，中国银联卡的持卡用户可以在土耳其担保银行的ATM机上提款并在POS机上刷卡消费。

为什么使用银联卡

尽情消费——刷卡消费或即用即取，不受出境现金携带额度的限制。

安全无忧——一卡在手，免受偷盗之扰。

经济实惠——汇率统一采用交易时国内银行挂牌的欧元对人民币卖出价，且无需负担额外货币转换费用。

方便快捷——欧元刷卡消费/取款，人民币扣帐。

使用范围

凡贴有“银联”标识或“土耳其担保银行”标识的商户均可以受理银联卡，部分商户可能没有张贴“银联”标识，持卡人可主动出示银联卡，询问收银员是否可以使用。

银联标识

GarantiBank

土耳其担保银行标识

商户特色

目前，受理银联卡的商户逾万家，主要分布于土耳其主要的几个大型旅游城市及地区，伊斯坦布尔、安塔利亚、布尔萨、安卡拉、科尼亚等地主要商户均可使用银联卡。

受理卡种和相关操作

包括双币卡在内的带银联标识的银行卡。

> **温馨提示**
>
> 如使用双币卡，使用方法与在国内使用相同，有密码一定要输入密码，这样更为安全。由于信用卡有一定消费限额，对于奢侈品等大额消费，建议可使用银联借记卡，借记卡消费仅受账户余额限制。

不论借记卡或信用卡，刷卡时请输入密码；卡片若无密码，请直接按确认。随后，请务必在签购单上签名。同时，土耳其所有的商户签购单均显示中文。收银员可以用中文向中国游客表示“欢迎使用中国银联卡消费”。

相关收费

境外刷卡无需支付手续费。

选择银联网络消费，和其他银行卡网络相比，免收1%～2%不等的货币转换费，银联将消费的当地货币金额转换成人民币金额，银行按此扣减持卡人的人民币账户。

ATM取款须知

ATM取款

使用范围

目前，土耳其境内逾千 ATM 机可使用银联卡提取土耳其里拉。

银联卡境外不能进行银行柜面转账和提现。

受理卡种

包括双币卡在内的带银联标识的银行卡。

> **温馨提示**
>
> 由于信用卡取款需支付透支利息，建议持卡人境外取款使用银联借记卡。

如何识别可受理银联卡的ATM

持卡人可凭借以下标识来确认受理银联卡的ATM

银联标识

GarantiBank

土耳其担保银行标识

中文界面

均有中文界面

取款操作

进入中文界面后，与国内相同先吐钞再取卡

收费与取款限额

境外使用银联卡在ATM上取款，按国家主管部门规定：银联借记卡单卡每日累计取款不超过1万元人民币的等值外币，银联信用卡每日取款限额请咨询各发卡银行。

境外取现发卡银行将收取一定手续费，具体费率、单卡每日取现次数、每次取现额度、累计取现额度等请咨询发卡银行。

土耳其担保银行 (Turkish Garanti Bank)

土耳其担保银行是土耳其第三大私有银行。该银行在土耳其拥有384家分行，1000多个ATM网点，特约商户达到14万家。2007年5月，土耳其担保银行实现银联卡受理业务，标志着银联在土耳其的国际业务正式开通。

土耳其担保银行（Turkish Garanti Bank）是土耳其最大的银行，也是土耳其金融行业最具创新的银行，是第一个在中国开设上海代表处的银行，也是银联卡在海外发展最迅速的主要支持者之一，土耳其担保银行还获得世界银行权威The Banker的“世界最佳网上银行”的殊荣。目前在土耳其各地设有510家分支机构，3家国外分支机构（Lüksemburg, Malta ve KKTC），另外在英国、美国、俄罗斯等10个国家设有分行，在中国上海设有代表处。

在欧洲，所有的换汇网点都要收取相应的手续费，有的写的很小，游客不容易看到，尽管有大屏幕显示着汇率，但是等您换完后会发现很不合算。所以尽量不要在外币兑换点、酒店等地方兑换现金，用银联卡或到相关的大银行换汇最安全最合算。在土耳其旅游也一样，无论您是商旅还是跟团，您最好到土耳其担保银行换汇。您也可以事先咨询他们在中国的代表处或上网查询中国银联的网站。

土耳其担保银行上海代表处
浦东大道1号船舶大厦1304室
电话：+86 21 58797900/58794155
传真：+86 21 58793896
邮编：200120
http://www.garantibank.com

友情提醒

（1）请在出行前确认您的人民币账户内有足够的余额；

（2）如果您的卡片在国内设有消费密码，则在境外银联*POS*机上刷卡时请输入该密码；

（3）如果您准备在上述已开通银联卡受理的商户中进行超过*20000*元人民币的大额消费，请尽量使用银联借记卡支付。

如果想了解更多的相关信息，请登陆中国银联网站：*http://www.chinaunionpay.com* 或拨打*24*小时服务热线*95516*。

马尔马拉海
MARMARA

NAMOTU ONE

马尔马拉海 MARMARA

概况

马尔马拉海位于亚洲小亚细亚半岛和欧洲巴尔干半岛之间，是欧亚大陆之间断层下陷而形成的内海。马尔马拉海东西长270公里，南北宽约70公里，面积为11000平方公里，是世界上最小的海。海岸陡峭，平均深度183米，最深处达1335米。

Cemil

马尔马拉海东北端经博斯普鲁斯海峡通往黑海，西南经达达尼尔海峡通往地中海和大西洋，是欧、亚两大洲的天然分界线，地理位置十分重要。

“大理石之海”这个浪漫的名字来自马尔马拉岛，原先的一些山峰露出水面变成了岛屿。岛上盛产大理石，希腊语“马尔马拉”就是大理石的意思。海中最大的马尔马拉岛，就是用大理石来命名的。

马尔马拉海是土耳其的海上运输生命线。快速双体船(Ferryboats)可以帮助乘客跨越伊斯坦布尔与亚洛瓦（布尔萨和伊兹尼克的交通枢纽），另一条航线则到班德尔玛，这里是通往巴勒克埃西尔和伊兹密尔的必经之地。

布尔萨（Bursa）

布尔萨是一个具有悠久历史的城市。作为奥斯曼帝国的第一个首都，布尔萨不但有美丽的奥斯曼清真寺，烤羊肉(Kebap)，丝织品，美味的水果，还有皮影木偶和汽车工厂。布尔萨以西的çekirge自罗马时代起就是有名的温泉浴场。

伊兹尼克（Iznik）

大家都知道尼西亚（伊兹尼克），因为在公元325年和787年，尼西亚有两个重要会议，但您应该来看看这里令人印象深刻的罗马城墙，悠久的清真寺，精美的小博物馆，美丽的拜占庭陵墓和壮丽的湖光山色。

恰纳卡莱（çanakkale）

以前，一旦有敌人的战舰通过达达尼尔海峡，堡垒上的火炮就向其开火。今天恰纳卡莱是加利波利半岛两岸著名的汽车渡轮交通中心，这里成为一个主要的旅游中转地。这也是前往加利波利战场和古代特洛伊遗址的最好落脚点。

特洛伊（Troy）

曾经一度被认为只存在于传说之中，特洛伊的墙壁现已被挖掘、修复并拍摄成一部电影。

色雷斯 & 达达尼尔海峡（Thrace & Dardanelles）

东部的色雷斯半岛属于跨越欧洲的一部分，加利波利半岛和达达尼尔海峡两岸种植了大量的向日葵。

埃迪尔内（Edirne）

一个很少有游客到访的历史古城。其实这是一个在伊斯坦布尔以西很容易一日游的地方。埃迪尔内城中有良好的市场和许多历史性的清真寺，包括selimiye 清真寺。这里也

是奥斯曼帝国时期最优秀的建筑师思南的故乡。

加利波利（Gallipoli）

一直具有重要的战略意义，加利波利半岛曾经经历了第一次世界大战时期的著名战役。今天的战场已经是一个国家公园，包括缅怀悼念50万伤亡战士的纪念馆。

亚洛瓦（Yalova）

在东南海岸上，这个小镇主要是港口，来自伊斯坦布尔的渡轮都停靠于此。它还为往来于布尔萨和伊兹尼克（尼西亚）的船只提供补给。在亚洛瓦以南几公里处有温泉，自罗马时代起就非常出名。

班德尔玛（Bandirma）

是南爱琴海沿岸各个城市间的公路和渡轮码头中心。无论您是乘坐汽车还是客运渡轮都要通过这里。

马尔马拉海北面是色雷斯半岛，南面是安那托利亚（小亚细亚）高原，西面是加利波利半岛。这里物产丰富，渔业发达，周围农业地区盛产向日葵，谷物，水果等，还以酿造葡萄酒而闻名于世。

马尔马拉海一直有着重要的战略意义，因为它是通过博斯普鲁斯和达达尼尔海峡的主要航道，连接黑海，爱琴海和地中海。无论是古代的奥德修斯（尤利西斯）和他的将军们，还是近代的第一次世界大战，这里上演了无数的历史传奇。今天探险家们驾驶着双体帆船依然航行于马尔马拉海上，不过如今他们进行的是欧洲杯帆船比赛.。

BU AZIZ HEYKELIN
TURK
KURTARAN
KURAN
YARATAN
MUSTAFA
KEMAL

布尔萨
BURSA

布尔萨 BURSA

布尔萨是位于土耳其亚洲部分的一个著名城市，是奥斯曼土耳其帝国时期真正意义上的首都。

概况

距伊兹密特不远便是布尔萨，在土耳其西北部，附近紧临马尔马拉海，坐落在卑斯尼亚山的乌鲁山边。在公元1326年奥斯曼苏丹把它作为其快速扩张的第一个首都之前，布尔萨已是一座古都。如今是土耳其继伊斯坦布尔，安卡拉和伊兹密尔之后的第四大城市，本地盛产桃子，板栗和丝绸。因为曾经是奥斯曼土耳其帝国时期的首都，所以这里有很多历史景点可以参观。此外海拔2443米的乌鲁山（Uludağ即米西亚的奥琳波斯山）是土耳其著名的冬季运动中心。

统治者在城内修建了包括乌鲁清真寺（大清真寺）在内的很多公共建筑。清真寺建成于公元1396年，是至今仍耸立的最古老的奥斯曼清真寺。25年之后绿色清真寺建成，该清真寺完全不同于受阿拉伯风格影响的乌鲁清真寺。绿色清真寺和其邻居一个皇家陵墓，一座神学院，一间为贫困者开设的食堂，都展现出一个世纪奥斯曼的建筑风格。

自公元1451年始，许多贸易都在历史上著名的科扎汉完成。质量绝佳的丝线被染上色，并被纺成色彩鲜亮的丝巾、披肩、上衣和其他衣物。这里最美的也许要数由丝和羊毛混合材料纺成的优质土耳其地毯了。

历史

布尔萨城位于马尔马拉海西南部。布尔萨的名字来源于她的建设者卑斯尼亚（Bithynia）国王普尔希亚斯（Prusias）。后来，罗马人拥入，继拜占庭帝国统治之后，于公元1326年被奥尔汉•加齐征服，成为奥斯曼帝国初期的首都。因此，这里现存着很多奥斯曼式的建筑。

到达

从伊斯坦布尔到布尔萨最快和最令人愉快的方式是乘坐快速渡轮横跨马尔马拉海。这里没有航班，没有火车，如果考虑乘坐巴士的方式穿越马尔马拉海需要时间，因为交通非常繁忙。

布尔萨（güzelyali）快速车船渡轮

快速渡轮离开伊斯坦布尔的耶尼卡帕（Yenikapi）码头（伊斯坦布尔在欧洲部分的交通枢纽是Eminönü），到亚洛瓦车站（Yalova），每天在马尔马拉海两边往返，您可以轻松地选择去布尔萨的方式。

每日04 ： 57，从伊斯坦布尔耶尼卡帕（Yenikapi）码头到这边（Güzelyali）码头的渡轮开始拉启航，需时约80分钟（20土耳其里拉）。您继续乘坐巴士，小巴（2土耳其里拉）或出租车到布尔萨的交通总站（Bursaray），然后载您到市中心（1.5土耳其里拉）。整个旅程从伊斯坦布尔到布尔萨采用这种方式，需时约2.5小时。

亚洛瓦(Yalova码头)快速汽车渡轮

是更频密的渡轮（每天五班），航程要70分钟，12土耳其里拉/人（不含汽车），然后您必须搭乘巴士到布尔萨的主要巴士总站（50分钟），再乘坐当地的巴士到市中心（30 ~ 50分钟）。

到Aleppo（叙利亚）和德黑兰（伊朗）的火车，每周三向德黑兰出发，这也是去往土耳其东部的好方式。

巴士

搭乘巴士从伊斯坦布尔到布尔萨需时约3小时，车票是10欧元。

市内交通

布尔萨由东向西，横跨在乌鲁山北部。酒店大多在城市中心哈伊凯尔广场（Heykel，意思就是雕像）阿塔图尔克雕像附近，乌鲁大清真寺附近有文化公园（Kültür parki），温泉区（çekirge）在城市的西部。

去哈伊凯尔广场广或乌鲁清真寺，先走出前门的交通总站，右转，步行到的士站或该市的巴士站。乘车从码头到Heykel广场或乌鲁清真寺，需花费2土耳其里拉，要45分钟以上。

当巴士车票在您的手中，请登上38路巴士。对司机说，乌鲁清真寺或哈伊凯尔广场，他可以帮助您在适当的地点停车。如果您还在怀疑，用这些词语告诉其他乘客，以便得到帮助。返回到交通总站，就可以回到伊斯坦布尔，问一下交通总站（Erminal otobüs）在哪儿。38路巴士从阿塔图尔克雕像的南侧出发，向西一直到哈伊凯尔广场。记得在您准备乘坐巴士之前，得要先买张票。

车票在许多报摊和小卖部有售。商店中标有”Bu Kart Satis Noktasi“的字样的就是卖车票的橱窗。

四处看看

欢迎来到布尔萨，穿过马尔马拉海，这里以美丽的清真寺，早期的奥斯曼建筑，丝绸大市场，还有温泉浴场及著名酒店而闻名于世。

可以安排一次到布尔萨的一日游，更好的计划是在这儿呆上一晚。这样，您可以看到中世纪小镇伊兹尼克（Iznik，尼西亚），您甚至有时间坐一次快速的缆车，去乌鲁山（Uludag）的山顶，亲眼看一下这个城市。

布尔萨是奥斯曼帝国第一个首都（公元1200—1300 年）。两个创始人，Orhan 和 Osman都是埋在这里，帝国伟大的建筑风格首次在这里得到发展。

城市围绕着乌鲁山（Uludağ），即米西亚奥琳波斯山而建。周围的森林使其得到绿色布尔萨的昵称。布尔萨的传统产业，丝绸纺织和水果加工长期以来一直兴旺发达，辅以汽车制造业（这里是“土耳其的底特律”）和旅游产业。

从布尔萨市中心向西便是切其尔盖（Çekirge）郊区。该地区以含多种矿物成分的温泉著称。罗马人喜欢这里，奥斯曼人也很喜爱这里，经过不断修复、这里的设施得以改进。如今，自罗马时代就存在的大浴室，已经被许多温泉旅馆和洗浴场替代，成了人们休闲旅游的好地方。

景观

作为奥斯曼帝国第一个首都，布尔萨众所周知的是奥斯曼清真寺。在布尔萨，您可以看到土耳其建筑的演变过程，从旧式塞尔柱风格，到精致的奥斯曼风格部分，再到波斯和拜占庭建筑。布尔萨的主要景点，穿越了整个山区，设在五个不同的路段。然后还有山区本身。这里是主要的观光地区，从东到西的景点有：

Yesil Cami（绿色清真寺）

绿色清真寺和陵墓，人文学博物馆，东面是埃米尔苏丹清真寺。

城市中心

有哈伊凯尔广场，阿塔图尔克骑马的塑像，阿塔图尔克纪念堂，乌鲁大清真寺，Kapali Çarsi（蚕丝大市场）和Koza Park公园。

布尔萨有众所周知的优良丝绸，特别是围巾。另一个特色是Karagöz影子木偶，一个古老的娱乐艺术通过努力维持至今。在山区用中草药喂养的小羔羊给食肆提供了美味的烤肉(Iskender kebap)，这是土耳其的民族佳肴。

城堡(Hisar)

从乌鲁大清真寺，10分钟步行上山即到，是布尔萨最古老的城区，有一些布尔萨风格的房屋两个奥斯曼帝国创始人的墓葬，山谷下面可以眺望这个城市。

穆拉迪耶（Muradiye）

一个安静的地点是在穆拉迪耶清真寺（Muradiye Hüdavendigâr mosque）。这里有苏丹墓碑，还有古老的陵墓和奥斯曼建筑博物馆。

切其尔盖（Çekirge）

切其尔盖在西部的尽头，从罗马时代起就以含多种矿物质成分的温泉而著称。几乎所有的饭店都有温泉，也有传统的哈曼(Hamam)。耶尼•卡普勒卡（Yeni Kaplica，即新温泉）于公元1552年为苏蕾曼(Suleyman)大帝的宰相留斯铁姆•帕夏(rustem Pasa)所建。厄斯克•卡普里卡（Eski Kaplica，即旧温泉）是在拜占庭时代的浴场遗址上建起的最老澡堂。卡拉穆斯塔法•帕夏(Karamustafa Pasa)澡堂在布尔萨以最好的质量受到好评。在切其尔盖的建筑当中，以清真寺和穆拉特一世(Murat Ⅰ)的陵墓、宗教诗人苏蕾曼•切莱比(Suleyman Celebi)的墓碑为最佳。卡拉郭兹(Karagoz)纪念碑，描绘了其在土耳其皮影戏上以幽默赢得的不朽赞誉。

乌鲁山

这是土耳其最大的冬季运动中心地，可享受各种各样的运动。住宿设施、娱乐设施都很齐全。在距离布尔萨36公里处，靠汽车或缆车可以容易地登上滑雪场。虽然滑雪在12月～次年5月是最好的季节，但是，因为这里是指定的国立公园且风光明媚，空气新鲜，一年的任何时间都可以享受观光。

博物馆

1904 年，布尔萨省内的首家博物馆于布尔萨男子高级中学内建成，这在很大程度上应归功于省国民教育办公室主任阿兹密先生。1930 年，这里收藏并展出的古文物被迁移至耶希利•马德拉萨。1972 年，该博物馆的考古文物展区被移至库尔图尔帕克的现代化大楼里，成立考古文物博物馆。而耶希利•马德拉萨的馆址经过修整后，于 1975 年作为土耳其伊斯兰古文物博物馆重新对公众开放。布尔萨省有六座博物馆，均附属于省博物馆管理局。

考古文物博物馆

1904年—1972年期间在布尔萨男子高级中学和耶希利-马德拉萨馆址收藏的考古文物，都被转移到库尔图尔帕克的经过现代化改造的考古文物博物馆里，并于1972年对外开放。这里展出的都是在比希尼亚地区和迈西亚地区发现的公元前3千年到拜占庭时代晚期的文物。

第一展厅

这一展厅的古文物有：公元3千年前的墓穴藏品、公元2千年前的石器和青铜斧、乌拉尔图地区的焦土锅、公元1千年前弗里格时代的神殿模型，还有一些青铜器和一个关于扣针历史的镶嵌图案。这些在安塔德勒斯墓地的抢救性发掘中发现的小雕像、墓穴藏品，各种容器和装饰品都是十分珍贵的文物。本展厅最重要的文物是在卡拉卡贝的苏克兰尼耶村落里发现的一座格列克-波斯风格的墓穴石碑。这件公元前546年波斯占领安纳特里奥时期的文物，是目前世界上仅存的三件之一，其他两件现保存在伊斯坦布尔考古博物馆里。

第二展厅

在这个展厅里陈列着一些罗马时代的石艺作品，还有一些公元2世纪的头像绘画、众神之王的宙斯像，还有代表着伟力的英雄赫拉克勒斯像，像上描绘的是他杀死那美阿狮子以后正在一旁休憩，他的手臂上裹着狮子兽皮；此外还有安纳特里奥最古老的生殖女神科贝乐的雕像，和向健康女神阿斯库雷皮奥斯立誓的圣坛。这个展厅里最重要的纪念碑有“战争和智慧女神”雅典娜的半身像和“太阳神”阿波罗的半身像。

第三展厅

公元前8世纪到拜占庭时代晚期的古文物在这个展厅里展出。此外，该展厅还陈列着从格奥美切克时代到罗马时代的形状各异的陶瓷器，它们按照年代顺序依次展出。在这些古文物中，有一些阿查伊科时代和罗马时代的焦土雕像，罗马时代的青铜和玻璃容器、装饰品、焦土油灯，拜占庭时代的银器、青铜器和焦土作品。该展厅中还有一些罗马时代的黄金饰物。在该展厅的中层陈列了一些阿查伊科时代、古典时代、海伦尼斯提克时代、罗马时代和拜占庭时代的金币、银币和铜币。

第四展厅

在这个展厅里展出的所有古文物中，有一座和巴勒克埃希尔乌皮纳村的古墓十分相像的1/1维度的坟墓，还有属于阿克哈梅尼德时代的马车物品，以及根据这些物品制成的马车样本。

室外展区

在考古博物馆的公园里，有一些价值突出的石碑展出。该展区里陈列了数量丰富的石碑，它们在土耳其博物馆里被视为珍品。此外，在布尔萨及其近郊发现的墓穴样本、各式各样的建筑结构也值得一看。

阿塔图尔克博物馆

据推测，这座位于塞科伊格大街的建筑物建于19世纪晚期。这座双层建筑还包括一间地下室和一个阁楼。当阿塔图尔克第二次访问布尔萨时（1923年1月20-24日），布尔萨市政府从梅赫梅特上校那里购买了这座建筑，并将它作为礼物送给阿塔图尔克。以后，阿塔图尔克每次访问布尔萨时，都住在这座房子里。1938年以后，布尔萨市政府将这座房子卖给土耳其老年基金会。1968年2月6日，老年基金会将这座房子的使用权转让给了全国文物和博物馆管理总局。从此，这间房子被改造成为一座博物馆，并于1973年10月29日土耳其共和国成立50周年之日，正式对外开放。

第一层

它由入口右侧的接待大厅、入口左侧的餐厅和通往餐厅的一间起居室组成。

第二层

在二层房屋右侧有一间卧室，左侧有间工作室，并且人们可以通过工作室的右边来到一间温室花房，地下室被用作厨房。这间房屋里几乎所有的家具都是阿塔图尔克本人用过的原物。

姆丹亚博物馆

象征着土耳其民族大集会在政治领域取得首次胜利的《姆丹亚停战协议书》就是在这间房屋里签署的。这座房屋位于姆丹亚地区的中心，它的历史从19世纪开始。

这座房屋最初属于俄国的亚历山大•甘亚诺夫，后来被姆丹亚地区的一位商人哈伊•伊巴尔购买并整修；1937年被改造成为姆丹亚市政博物馆。1959年，这座博物馆转让给了全国文物和博物馆管理总局。

这座双层建筑还包括一个地下室和一间阁楼。签署停战协议的大厅和伊斯梅特•巴萨工作过的房间都位于房屋一层。此外还有伊斯梅特•巴萨的卧室和他的助手住过的房间。

在这座房屋里陈列着停战时期的照片和文件，并且所有该时期的文物都受到保护。

姆丹纳的塔希尔-巴萨别墅

这是一座双层建筑，它的设计方案遭到多次改变，因此破坏了它早先的外形。二层的主要房间用凿子修饰过；前两间房子的上下窗户都装有彩色玻璃；墙壁的表面刷上了马拉卡利石膏；门板内部有一些花朵装饰；房间墙壁上的壁橱也用凿子装修打磨过。

土耳其-伊斯兰古文物博物馆（耶希利-马德拉萨）

耶希利-马德拉萨（穆斯林神学学校）作为奥斯曼时代最早的学校之一，现被命名为苏丹尼耶-马德拉萨。在1414—1424年间，梅赫梅特•塞勒比一世命令建筑师哈慈•伊法兹在耶希利地区设计建造这座学校。

在设计上，它保持了阿纳特里奥塞尔柱学校建筑特有的室外庭院风格，并使用了一些瓦砾、石头和砖块作为建筑材料。穿过拱顶入口后，您就会进入一个直拱门，然后进到一个三面环有柱子的院子里，这些柱子带有尖尖的拱顶。此外，有些柱子覆盖着桶形拱顶，那些位于侧面拱形壁龛前边的柱子则覆盖有十字拱顶，还有些覆盖有圆形拱顶。一部分圆柱和柱顶属于拜占庭时代。在列柱后方有13间教室、2间侧面拱形凹室、卫生间和楼梯间。据推测，这座建筑物还有第二层，但这个猜测至今仍没有得到证实。这座建筑里每间房子里都装有一个壁炉，壁炉上方有一个镜子拱顶。外表呈长方形的入口对面，有一架双面楼梯用来进入教室。从矩形空地通往炮塔鼓室的通道上，有很多钟乳石垂挂着。炮塔就架在一座表面覆盖着许多八角形和棱镜形状的土耳其三角形的鼓室上。鼓室每边的中部都开有一扇小窗户。

屋檐的外形犹如一只刺猬。这些木头屋檐也并不是原先的结构，它们是后来重修时建造的。和其他建筑物相比，这座学校建筑使用的瓷器装饰品少而又少。在这些瓷器装饰品上，使用了一些镶嵌工艺和上釉工艺。外形呈几何图案的天花板中部，有一座最主要的瓷器装饰品。而其他瓷器装饰物都是一些小型的三角形、长方形或其他形状的绿松石瓷器，它们覆盖在外头前边直拱门的镜子上。

这间学校在不同年代里都进行过修复工作。1930年4月8日，位于公立青年学校并于1902年8月29日对外开放的布尔萨博物馆也转移到这个学校里来。1955年，由于修复工作，停止参观，直到1972年10月1日，它又重新开放了，这时它的文物收藏更加丰富，而且进行了重新整理。1975年11月22日，它作为土耳其-伊斯兰古文物博物馆对外开放。

这间学校里展出了种类繁多的古文物，它们大都带有公元12—19世纪期间土耳其-伊斯兰艺术的典型特征。

西侧拱形壁龛

在两侧拱形壁龛里展出的陶器按照它们的年代顺序，放置在展窗里。12—13世纪塞尔柱时代没有上釉的陶器、塞尔柱时代上釉了的拉卡陶器，还有一间属于12世纪用珍贵的米奈技术制成的双耳花瓶都是这组艺术作品中的代表样品。

这一展区里奥斯曼时期的陶器展品包括：14世纪在伊兹尼克地区制作的用浆糊粘过的红色陶器，它们被命名为米莱特作品；15世纪最精美的蓝白陶器样品；15世纪装饰有小小的花朵和薄薄的螺旋麻花的陶器，它们被称作金角湾作品；16世纪被命名为萨姆艺术的有色玻璃和盘子；16世纪和17世纪的盘子、水瓶和来自罗德岛制陶艺术珊瑚红色的金属罐。

第一展室

这间展室中陈列着由影像艺术的艺术大家哈亚利•库库•阿里和哈亚利•奥斯曼•索真制作的影像图画。土耳其人民幽默风趣的一面用影像艺术搬上了舞台，而所有的内容都来源于人们的日常生活。

这间展室中还陈列着一些用编织针和其他针缝制成的袋子，并且根据袋子里装的东西，它们分别被命名为“金钱、图章、时钟和烟草”。此外，这里还有一些用缎子和天鹅绒等纱织品做成的袋子，它们的上面装饰有银、珍珠等。

展柜中还陈列着一些诸如乐器的吹口、水烟筒和香烟盒之类的东西。其他展窗里还有一些银表链和时钟。

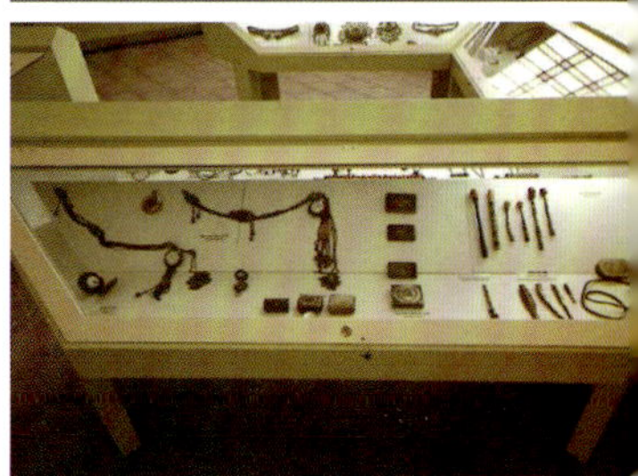

第二展室

在木头上雕刻一些图案，并在上面镶嵌象牙、珍珠和乌龟壳的艺术最早起源于中世纪，在奥斯曼时代发展尤其迅速，但在18世纪以后逐渐失去了它的艺术地位。在这间房间里展出了各种各样属于此类艺术的盒子和三角桌。

在木头门上使用的门环也在这间房里展出。根据它们所用的处所，这些用铁和黄铜制成的门环造型各异，例如有环形、下垂形、把手状、蛇形、鸟形等等。环形门环一般用在居民的家里；蛇形门环一般用在城堡里；而那些带有“呀-哈菲兹，呀-费塔赫”的门环则用在清真寺里。

另一个展柜中陈列着伊斯兰教寺院的尖塔顶，用铜、铜锌合金和黄铜制作而成。它们通常设计成棕榈形、水滴形和圆环形，有些还在上面画有月亮图案，也有一些带有各种各样的字句和植物图案。同时在这间房屋里展出的有造型各异的钥匙和锁。

教室

教室作为该建筑里最大的展厅，陈列了种类繁多的古文物，其中包括一些手绘艺术作品（彩棉方巾、用银装饰的布尔萨大手绢和许多束包）和绘画模具。“手绘”艺术指的是用手或者用木头模具在纱巾上绘画。

“手绘”艺术最初作为一门大众艺术发展起来，在16、17、18世纪生产出了最精美的伊斯坦布尔手绘作品。在橱窗里展出的床单、围巾、带子、大手绢和餐巾都带有土耳其手绘艺术的技巧。最初起源于中亚的手绘艺术通过土耳其人传入西方。最美丽的土耳其手绘作品见于16世纪。18世纪，被称作“金/银线刺绣”的手绘艺术代替了这种艺术。

在这里展出的金属艺术装饰品包括金带子、银带子、带扣、手镯、戒指、耳环、装饰性门把和带木头后背的镜子。

同一展厅中还陈列着一些12—13世纪的人形

和星座形的塞尔柱青铜烛台，它们上面用银装饰着，还有一座带有碑铭的梅鲁克烛台、锅炉和树枝形的装饰灯。

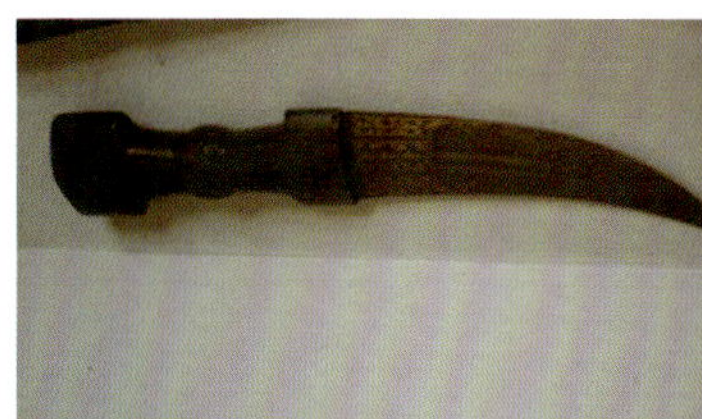

作为土耳其最为发达的金属艺术作品——武器上面都镶嵌有金、银和象牙。武器装饰艺术在奥斯曼时代尤其占有重要地位。在这个展区里展览的武器包括一些切割武器，如两把18世纪用波纹金属制成的曲剑，17世纪和19世纪土耳其苏丹的禁卫军使用的大弯刀，还有考克斯匕首和奥斯曼匕首，还有一些钉头等打击武器和一些火药武器，诸如17世纪、18世纪和19世纪镶嵌有象牙的枪，镶嵌有白银的火药枪，还有装饰有黄金和木头火药筒的火药枪。

在另一个展柜中陈列着一些17世纪的伊朗武器。这些武器上的装饰品十分丰富，通常是一些镶嵌在武器上的人形、动物图形和植物图案，同时还使用了一些黄金装饰。此外，在我们的博物馆里，也可以在盾牌、头盔、剑和匕首上看见这些装饰物。

在其他展窗里还同时展出了玫瑰香水和用各种金属制成的焚香炉。

第三展室

在这个展室中陈列着各种各样的杯子支架、瓷器、管状酒杯、咖啡壶、磨粉机、木制咖啡冷却器和金丝装饰品。

同一展室中还陈列着一些淀粉罐和果子露壶，它们是土耳其金属艺术的典范，此外还有各种各样的青铜研钵和镶嵌有珍珠的木制研钵。

第四展室

土耳其厨房金属用具种类多样，上面还饰有丰富的装饰品，它们融合了土耳其金属艺术和博大的土耳其厨艺。这间展室陈列着一些厨房用具，它们包括有各种各样的食物容器、金属托盘、咖啡壶、用木头、骨、珍珠和龟壳制成的勺子，还有一个属于提姆鲁时代的带有龙形把手的凹形容器。

东侧拱形壁龛

在这间拱形壁龛里，除了一些18世纪和19世纪屈塔希亚的陶器外，还展出了各种各样的玻璃制品和一些纱织品。

在各种玻璃制品中，有一些花瓶、糖罐、眼镜、盘子、咖啡壶和一个带有碑铭的叙利亚水壶。一件19世纪贝廓的猫眼石烛台、咖啡壶，还有陈列在另一个展窗里的三根彩色的玻璃手杖，都是这个博物馆里最受欢迎的古文物。在同一间屋子里还展出了布尔萨天鹅绒制品和耶希利古墓的门帘。布尔萨天鹅绒在土耳其纱制品中具有非同寻常的地位，它在16世纪生产出了最精美的样品。然而到了17世纪，这门工艺停滞不前，并和其他艺术流派一样到了18世纪末期，逐渐退出历史舞台。

第五展室

这间展室中陈列着一些伊斯兰教女修道院的文物。这些女修道院建在和清真寺分开的一个独立位置，里面有各种各样不同的区域。伊斯兰教女修道院和房舍都是按照伊斯兰教的特定教规建造的。而这些伊斯兰教教规又以神秘主义为基础，拥有明确的礼节、崇拜仪式、信仰、哲学、文物和等级制度。

这间展室陈列着一些伊斯兰教的文物，其中包括烛台、玫瑰园、乐器、医疗器具和造型各异的苦修僧人的帽子。

第六展室

在伊斯兰教中，手写体的字形得到了独特的发展。有些资料认为有20多种不同的手写体风格。其中最流行的手写体风格就是最普通的带有古阿拉伯字母的阿拉伯手写体，还有宽大字母的阿拉伯手写体。

除了手写体字之外，在土耳其艺术中，书本装帧艺术也同样得到了独特的发展。这种装帧艺术被称作是给书页镀金，并且修饰上一些彩色的图案。

该博物馆中手稿书和盘子的收藏十分丰富。由梅姆鲁克苏丹赠送给拜亚泽特一世的《可兰经》就是该博物馆中最重要的古文物之一。这本书共有356页，它用宽大字母的阿拉伯手写字体写成，表面饰有金箔。书本的外部装饰和内部装饰一样重要。奥斯曼时代书本装订艺术非常普及，16世纪曾达到辉煌。在装订书样本展出的橱窗里，还有一些祈祷用的小案和《可兰经》银信封。在一个展窗里有一些文具、铅笔刀和剪刀，在另一个展窗里有各种各样的黄铜烛台和灯笼。

第七展室

在土耳其人的生活中，沐浴占有很重要的地位。人们有各种各样的沐浴习惯和娱乐活动。在温泉之都布尔萨，沐浴和沐浴工具就极其重要。在这个城市里，毛巾编织艺术长久以来都十分重要。

除了一架古旧的毛巾编织机器以外，这里还展出了各式各样用银子和丝绸装饰的毛巾、装饰有银子和珍珠的木底鞋、浴缸、化妆盒和象牙梳子。

东厢

博物馆里还预备了一间东厢房，它并不表征任何一个具体时代，只是展示了土耳其房屋的模样和房子里面的东西。

展室天花板的表面是木头，并用各种模子分隔开。在天花板的中间有一座突起装饰，它也是该博物馆的古文物之一。

在博物馆的庭院里展出的古文物有19世纪和20世纪的恰纳卡莱陶器和两个大烛台。此外，还有一个用凿子装饰过的彩色箱子，它的上面绘有塞利姆三世的肖像，它是由此前给这家博物馆捐赠过许多古文物的法国收藏家约瑟夫•苏斯蒂尔赠送的。另外，这里还有一个带有马赫穆德二世训命的埃迪内卡普和一个镀金的木头摇篮。

钱币展区

钱币指的是金属货币。在土耳其-伊斯兰古文物博物馆里收藏有大量的伊斯兰钱币。在这些收藏品里包括金币、银币和铜币。它们有些是历代奥斯曼苏丹铸造的钱币，还有塞尔柱、伊汉利、梅姆鲁克、阿巴西、艾梅伊、撒撒尼和其他伊斯兰政府颁发的钱币。拜亚泽特二世时铸造的金币是奥斯曼时代的珍稀币种之一，上面刻有一些字迹。它们现只收藏于达法内和这家博物馆里。

叶尼塞希尔-塞玛克建筑博物馆

18世纪，这座建筑物由从伊朗的赛马赫地区搬迁至安纳特里奥居住的赛玛克家族建造。在这座双层建筑的底层铺筑了一座庭院。房屋右边有厨房和餐厅，左边有两间冬室。

厨房墙壁旁边的木头楼梯可通往二层。面向公园的房屋阳台呈拱形，还围有廊柱。在房屋左边有一间通向拱形大厅的主卧室，房屋右边还有两间一大一小的屋子。房屋的花草和风景图案装修艺术属于19世纪。

据猜测，浴室原本建在庭园中，但如今已荡然无存。

世纪奥斯曼时期民居博物馆

据推测，穆拉德建筑的对面，建有穆拉德二世苏丹的一座阁楼。在设计风格和房屋装修上，这座建筑带有17世纪的典型特征，并且它也是布尔萨最古老最美丽的建筑，至今仍然屹立着。这座建在花园里的双层建筑，其上下两层的设计是一样的。这座房屋由一个通往花园的拱形大厅和面向拱形大厅的左右两间屋子组成。第一层的展室是些带有低矮屋顶的冬室。二层主卧室里一些装饰有花草图案的精美木头衣橱、装饰有几何图案的木头天花板、天花板中部的六边形装饰都展现了17世纪建筑装饰物的典型特征。

布尔萨城市一日游

您可以用一天的时间从伊斯坦布尔来布尔萨旅游。在布尔萨可看的有很多，如果您想看的更多必须在这住一晚，但如果您不能，这里仍然值得一游。

如果您能留在这至少一个晚上，可以考虑去伊兹尼克（尼西亚）探索一下。最好在来的路上先到访伊兹尼克，然后再到布尔萨，因为布尔萨和亚洛瓦之间的公共汽车更频繁、更可靠，将有助于保证您到达亚洛瓦后，有时间登上您的快速渡轮回到伊斯坦布尔。

这个城镇有很多庭院和公园，可环视绿色的平原，果树栽培也很普遍。今天布尔萨以丝绸贸易，汽车制造和温泉而著称。名肴伊斯肯德•卡巴布(Iskender Kebaf)是面包抹蕃茄酱加上烤肉，最后添入乳状黄油和酸奶制成的主食，一定要品尝。挂糖核桃仁也是这里的名产。

市内游览从东部的耶西尔清真寺（Yesil Turfe，即绿色大清真寺）开始。这些在庭园中建起的蓝绿色瓷砖建筑群中有穆罕默德一世(Mehmet)的纪念碑。隔着道路耸立着公元1424年建成的耶西尔清真寺，它表现了新奥斯曼审美主义色彩。附近的伊斯兰神学院是民族博物馆的一部分。在这的传统茶馆里休息一下怎么样？您小歇一会儿后，向东登上坡道，通过艾米尔•苏丹(Emir Sultan)清真寺，穿过林立的古宅，就能到达尤尔德姆•巴雅基特（Yildium Beyajit ／公元1391年）。

顺夫里耶特(Cumhuriyet)广场在当地以哈伊凯尔Heykel著称。漫步于阿塔图尔克大街，在克扎(Koza)公园里，花坛和喷泉之间到处都有室外咖啡座。在

公园的那边，建有被称为克扎汉（公元1490年）的丝绸大集市。继续往前走，就可以到达狭小的街巷、客店和专卖古书及古董的拱廊集市。

在克扎公园对面，有布尔萨最古老的宗教建筑之一，公元1413年建成的奥尔汉•加齐清真寺。在附近的乌鲁大清真寺是塞尔柱式的，以精美雕刻的核桃木诵经台和阿拉伯文字而引人注目。在此处清真寺里，位于由12个户顶构成的屋顶下的是罕见的夏德尔班（Sadirvan）喷泉池。

从乌鲁大清真寺向西走，就会到达布尔萨的美丽之角，号称希萨尔(Hisar)。在这个可环视溪谷的公园里，有创建奥斯曼帝国，曾指挥过布尔萨征服军的奥尔汉•加齐的陵墓。你也可以在托普哈内(Tophane)的咖啡厅休息一下吧。

莱萨姆拉尔•索卡克（Ressamlar Sokak，即画家街）是画家聚集的街道。您也许可以碰上当地的艺术家们在大街上到处画画儿的身影。从姆拉迪艾(Muradiye)街的尤鲁德兹公园茶苑可以环视美丽的清真寺。在寂静的公园里，有与耶西尔清真寺同名的苏丹•姆拉特二世(Sultan Murat Ⅱ)清真寺（公元1426年）和姆拉特二世、什扎德•凯麦(Sehigade Cam)、什扎德•穆斯塔法(Sehgade Mustafa)的墓碑，这里到处装点着美丽的饰物和土耳其石。

奥斯曼博物馆是被修复的17世纪建筑，所以从这儿可以追忆起当时奥斯曼人富裕的生活场景。

此外，在布尔萨前往切其尔盖(Cekirge)的路上，有考古博物馆的文化公园和阿塔图尔克博物馆，还有一些有趣的地方。

从布尔萨市中心向西便是切其尔盖的郊区。该地区以含多种矿物成分的温泉著称。罗马人喜欢这里，奥斯曼人也很喜爱，他们修复、改进了这里的设施。

乌鲁山是土耳其最大的冬季运动中心地，可进行各种各样的冬季体育运动。

餐饮

在布尔萨品尝美食，有几种菜肴您千万不要错过。首先是著名的美味烤肉（Iskender kebap），一些人来这里只为了烤肉，一种切成片的烤羊肉，裹着咸味番茄酱和新鲜的奶酪一起吃。还有蜜饯板栗（Kestane şekeri），类似桂圆一样的食品（Inegöl köfte），餐后甜品（Kemalpaşa tatlısı），传统奶酪（Mihalıç peyniri），这些是本地的特产，是令人难忘的美味。

住宿

Allstar Central Hotel

Allstar酒店可以满足您的所有需求，包括其酒店设施和服务。作为一家五星级酒店，它提供24小时礼宾服务，24小时送餐服务，餐馆也准备了美味佳肴。房间价格200美元/晚起。

地址：Ulubatl-Hasan Bulvar，No: 55, Bursa

电话：+90（224）225 4204

www.allstarhotels.com

E-mail：reservations@allstarhotels.com

The Celik Palas 酒店

Celik Palas酒店，以布尔萨热温泉而著名，在1923年，该酒店作为庄园的一部分用来发展旅游业。每个房间都准备了完善的服务设施，让旅客的生活更舒适。马尔马拉海餐厅完美的结合了传统土耳其的口味和欧洲美食，为您提供了一个独特的用餐体验。该餐厅供应早餐，午餐和晚餐，当然也是一个商务午餐晚餐的好地方。在晚宴上，您可以享受现场钢琴音乐伴奏。在炎热的夜晚，马尔马拉海餐厅是最好的

选择。
地址：Cekirge Caddesi 79，Bursa
电话：+90（224）233 3800
www.celikpalasotel.com
E-mail：hotelcelikpalas@hotelcelikpalas.com.tr

Anatolia Oteli 酒店

酒店提供无线互联网，卫星，有线电视，水壶，迷你酒吧，浴缸＆淋浴，吹风机，中央空调，直拨电话。最棒的是这里的酒吧，俯瞰景色壮丽的布尔萨。酒吧为您提供当地和国际饮料，如鸡尾酒。在高雅的氛围中，您除了拥有一份优质的酒水单外，还可以选择各式各样的雪茄。房间价格在150美～250美元/晚之间。
地址：Cekirge Meydani, Bursa, Turkey
电话：+90（224）233 9400
www.hotelanatolia.com
E-mail：anatolia@hotelanatolia.com

Kent Hotel

肯特酒店在布尔萨的城市中心，自1968年以来一直为世界各地的游客提供高质量的服务。这里的客房可以看到老城全景，例如布尔萨大清真寺，丝绸街，绿色清真寺，老城墙等。您可以从这些景点步行回酒店。房间价格55～95美元/晚，物有所值。
地址：Ataturk Caddesi 69，Bursa
电话：+90（224）223 5420
www.kentotel.com
E-mail：info@kentotel.com

Almira Hotel

有218间客房，还有一间餐馆和一个酒吧。内部装饰非常奢华，全部是精致的硬木地板，服务一流。酒店餐厅旁边就是泳池，让人感觉非常舒适，这里也有健康中心，建议尝试一个当地特色的温泉桑拿，这绝对是一次历史和现代完美结合的体验。
地址：Ulubatli Hasan Bulvari 5，Bursa
电话：+90（224）250 2020
www.almira.com.tr

离开

从亚洛瓦口岸，您可以先搭乘巴士到布尔萨，再乘坐小巴到伊兹尼克，在此之后，游览伊兹尼克，您可以赶上小巴再回到布尔萨。

离开这里返回伊斯坦布尔（Yenikapi码头）的话，可以到马尔马拉海南岸的亚洛瓦(Yalova码头)乘坐一种快速的双体渡轮（Hizli feribot，1小时路程）。

特洛伊
TROY

特洛伊 TROY

大约在公元三千年前，根据荷马史诗伊利亚特的记载，特洛伊就已经为人所知。但是人们当时以为特洛伊（Truva土耳其语）根本不存在。

在1863年，英国人福兰克卡尔维特(Frank Calvert)在土耳其西部地区(Hisarlik)发现了一个古代遗址，并深信他们就是传说中的特洛伊。

在1868年，德国人海因里希谢里曼提供了更多的资金并参与到挖掘考古工作之中，并最终宣布发现了特洛伊。

一些游客认为，"同土耳其其他数百个古老城市相比，在特洛伊没有很多可以看的景点"，但是当您攀登特洛伊周围的废墟，然后站在古代城墙之上，凝视着特洛伊平原，远眺达达尼尔海峡(Dardanelles)和加利波利丘陵的时候，是不是早已超越了电影中的画面了呢？

特洛伊来自于那个伟大的时代，令人印象深刻。公元前3000年的古老废墟今天依然美丽。

从伊斯坦布尔到这儿要用一天的时间。如果您乘坐巴士单程需要约五个小时，最好连着加利波利战场一起参观。如果您打算逗留一晚，最好去附近的恰纳卡莱(çanakkale)。

AZIZ ŞEHITLERIMIZ
VATAN SIZE
MINNETTARDIR
RUHUNUZ ŞAD OLSUN

恰纳卡莱
ÇANAKKALE

恰纳卡莱 ÇANAKKALE

恰纳卡莱(çanakkale)是您参观加利波利战场和特洛伊遗址的最好落脚点。恰纳卡莱位于达达尼尔海峡(Dardanelles)南部海岸，恰纳卡莱从第一次世界大战起就是一个非常重要的战略要地。

当地的博物馆，相当不错，值得一游。

在恰纳卡莱建设博物馆的可行性研究始于1936年。当时，此地区的古代文物保存在扎佛•梅达尼（Zafer Meydani）的一个古老教堂里。后来，此建筑拨给博物馆管理局，并于1960年对公众开放。1984年新博物馆在阿塔图尔克城建成并向公众开放。

博物馆展厅

入口处的第一展厅

墙上的大型指示板指出了古恰纳卡莱城的方位，灯光展示板演示出古特洛伊(Tria)城不同层次的分布。展厅中陈列着17－20世纪的恰纳卡莱陶器，因为恰纳卡莱曾是奥斯曼帝国时期重要的陶器产地，恰纳卡莱陶器由此蜚声海内外。这里的陶器主要呈红色，也有些呈淡棕色，带大块透花纹饰。罐、碗、盘等用具等大都是呈棕色、绿色的单色琉璃器皿，也有黄、绿、棕三彩器皿。

在恰纳卡莱最老的大厦里陈列着19世纪的控制台，是19世纪木制手工艺最杰出的代表。控制台上的人物肖像还反映了那个世纪

的雕塑艺术水平。展品还有来自米西亚（Mysia）地区卡兹口斯（Kyzikos）及古城特洛伊地区的墓碑和奥斯托特克（Ostothek）墓穴。墓碑可追溯到古希腊和罗马时代，内容是关于是葬礼、告别宴会、英雄人物及类似的主题。埋葬的形式就是把死去的人的骨头和礼品放入石墓中。这是这个地区的葬礼习俗之一。

第二展厅

这里陈列着恰纳卡莱博物馆中最古老的藏品和特洛伊遗迹。有化石、石器时代的石斧、比西格•提皮（Besige Tepe）史前遗址及特洛伊地下分别埋藏的不同历史时期的遗迹。对特洛伊地层的发掘始于1870年，尽管其间有停顿，但现在仍在进行中。考古学家在深达30米的地层中发现了分属9个时期、从公元前3000年—500年的特洛伊城遗迹。展厅中分别陈列着从这9个遗迹中出土的文物，并将其分类为特洛伊I、特洛伊II、特洛伊III－IV－V、特洛伊VI－VII、特洛伊VII－IX。这些文物包括日用生活器皿、米肯（Myken）陶器、布克尔（Buckel）陶器、石制狮子头、护身符、偶像和青铜艺术等特洛伊的古代艺术。这些艺术品反映了当时的日常生活和宗教文明。

第三展厅

在堪（Can）和叶尼斯•图穆鲁斯（Yenice Tumulus）发现的艺术品可追溯到古希腊时期，而在伯兹卡达（Bozcaada）公墓的艺术品可追溯到公元前7—公元前2世纪。伯兹卡达公墓的发掘分别在1959年、1969年、1990年、1991年和1992年进行。其中的51个墓穴、墓穴的单灰色背景及考林特（Korinth）陶器具有独特的重要性，堪称阿提卡（Attika）和考林特进口陶器及埃奥利斯（Aiolis）地区特有的单灰色陶器的典型代表。

第四展厅

此厅陈列着达达诺斯（Dardanos）古墓（公元前6—公元2世纪）的遗迹。达达诺斯古墓在位于恰纳卡莱南部11公里处的达达诺斯城山上。1959年发掘古迹时，人们开始进入此墓。从灯光展示板上可看到，陵墓由厅、前室、主墓构成。这是一个家庭墓。从遗迹可以看出，此墓曾在古典时期、希腊时期和罗马时期使用过。有带碑文的青铜火葬器皿、珠宝、宝石、金戒指、金王

冠、蜡烛、纺织品、草鞋饰品、木制道具等。此厅最美的艺术品是克尼多斯（Knidos）阿芙罗迪德的烧土雕像，是乡村复制品。此雕像在世界文学上被誉为达达诺斯•阿芙罗迪德，是最能代表其原始作品的复制品。在这些公元前2世纪的提茅斯（Timuls）墓室里，还发现了一些埃罗斯（Eros）小雕像。

第五展厅

通过一些精美的古钱币和玻璃制品展示了阿索斯（Assos），贝赫拉姆卡尔（Behramkale）和古尔皮那（Gulpinar），阿坡伦•斯闽特依昂（Apollon Amintheion圣地）等地区的精湛艺术品。

贝赫拉姆卡尔（Behramkale）村距离阿瓦里克（Ayvalik）17公里，因阿索斯而著名，最近已成为旅游热点。自公元前8世纪一直到奥斯曼帝国时期，阿索斯一直是定居地。自公元1881年第一次开始对这个古城进行研究以来，直到今天对其的发掘就没有中断过。吸引旅游者的是公元前6世纪位于阿索斯的雅典娜神庙、公元前4世纪的城墙及最近发现的古代公墓。在恰纳卡莱考古博物馆中展出的珍贵文物中，有发现的火葬器皿和各种姿势的俑像。另外，还有阿梯卡（Attika）和考林特陶器，以及菲尼克（Fenike）玻璃制品。

在古尔皮那•斯敏特昂（Gulpinar－Smintheion）的展出中，有一些玻璃烧瓶。这些烧瓶是在位于阿坡伦•斯敏特昂（Apollon Smintheion）圣地周边的古尔皮那、阿瓦里克的考古发掘中发现的。 此厅还陈列着在达达诺斯公墓发掘出来的金念珠、贴花、俑像和骨制工具。特罗阿斯（Troas）唯一的祭奠中心就是此神庙，这里曾决定了很多古城和古人的命运。尽管在发掘中没有发现多少关于祭祀的东西，但此地发现的一些小遗迹表明特罗阿斯附近的很多人参观过这个地方。

博物馆里还陈列着恰纳卡莱周边地区的雕塑、建筑遗迹和粘土瓶。

今天恰纳卡莱是一个令人愉快的城市，这里有足够的酒店设施，旅客可以乘坐渡轮穿越达达尼尔海峡，往来于周边很多别有特色的小镇（Çanakkale-Eceabat 和 Gelibolu-Lapseki）。

当您从伊斯坦布尔访问恰纳卡莱时，最好在一天里参观特洛伊和加利波利战场，但是从伊斯坦布尔到恰那卡莱要5～6小时（340公里），也就是说，您根据景点的情况可能会旅行12个小时，因此住上一两个晚上的旅行也许更加美好。

*Atlasjet*机场每日有一个航班从伊斯坦布尔到恰纳卡莱，但航班通常是在夜间并且一天一班，这适合时间有限的商务旅行人士.

班德尔玛	190公里，3小时
布尔萨	310公里，5个小时
加利波利战场（渡轮与出租车）	约30分钟
伊斯坦布尔	340公里6小时
伊斯坦布尔的阿塔图尔克国际机场	315公里，5个小时
伊兹密尔	340公里，5个小时
特洛伊	30公里，30分钟
亚洛瓦	305公里，6小时

伊兹尼克
IZNIK

伊兹尼克 IZNIK

古代的尼西亚，现在称作伊兹尼克（Iznik），是一个农业城市，有一条美丽的湖贯穿城市，岸边环绕着中世纪的城墙。

伊兹尼克的绿色清真寺(Yesil Cami)是一个很好的塞尔柱风格建筑。街对面是间奥斯曼时期的厨房，现在这所房子是城市中心的博物馆

到达

参观伊兹尼克最好的方法是在早上从伊斯坦布尔的耶尼卡帕码头出发，乘坐快速双体渡轮穿过马尔马拉海到达亚洛瓦码头，然后再换乘巴士或小巴，到伊兹尼克。(伊兹尼克的码头也在亚洛瓦)，参观结束后，再乘坐小巴返回布尔萨过夜。

游览

伊兹尼克博物馆（尼鲁佛•哈顿厨房）

此博物馆的建筑是以苏丹•穆拉德一世的母亲尼鲁佛•哈顿(Nilufer Hatun)的名义于公元1388年修建的。这里是每天为穷人提供食品的慈善救济厨房。共和国期间，经必要的翻修后被改作兵站。1960年改建为博物馆向公众开放。

这座具有历史意义的济穷厨房是奥斯曼时期建筑的精美代表。其开创了奥斯曼建筑中倒T形结构的先河。建筑前端为由数根圆柱托起的圆顶和拱顶组成的门廊。通向主楼的大门上刻有铭文。主楼为穹顶结构，穹顶中心垂下一个灯笼。主楼的两侧则为辅楼，也是穹顶结构。整栋建筑最引人注目之处是华丽的墙砖，这是拜占庭式建筑的匠心所在。

伊兹尼克·阿亚索菲亚（Ayasofya）博物馆

这里原是建于4世纪的长方形会堂式的教堂。此建筑由于公元787年10月11日在伊兹尼克召开的第7届教会会议而得名。在反对偶像崇拜时期，象征派盛行，用比喻表达宗教话题的手法被禁止。这次由爱林女王召集的宗教集会是为了制作人们喜爱的宗教画，在历史上被记录为第二届伊兹尼克会议。11世纪大地震后，对建筑进行了重大改动，船形建筑（Nefs）外加上了若干柱子。在横轴的两边，各加了一座穹顶旁殿。

公元1331年起，奥尔汗·加兹（Orhan Gazi）将之改为清真寺，在卡努尼·苏莱曼(Kanuni Sultan Suleyman)一世统治期间（公元1520 – 1566年），由米玛·西南（Mimar Sinan）在船形建筑上开了一个大型拱门。

博物馆里有一些拜占庭时期的壁画和马赛克遗迹。在穹顶、后室的墙壁和船形墓穴的侧壁上均有壁画。墓穴的壁画包括圣母、耶稣的画像。在中间船形建筑的地板上铺装了马赛克，即将彩石切割成特定几何形状，然后将其拼成各种图案。

奥斯曼时期的装饰品包括南部拱门上的碑文、窄条地带上装饰的树木浮雕和神龛里赞杰瑞克（zencerek）浮雕的石膏遗迹。这座古老的阿亚索菲亚教堂（清真寺）现已作为名胜古迹对游人开放。

博物馆各个展区

博物馆的展品包括从伊兹尼克和其周边地区收集到的文物，以及在考古发掘中发现的文物。在博物馆的花园中陈列着罗马、拜占庭和奥斯曼时期的文物。文物包括柱头、石棺、浮雕、栅栏板、讲道台、匾额、碑文、屋檐下的檐槽、楼梯井沿和伊斯兰墓穴石等。在室内展

区，陈列着考古发掘到的和民间收集来的钱币及伊兹尼克彩砖等。

主展区陈列着从史前到拜占庭时期的考古文物。这一展区的钱币分展区陈列着从远古（公元前7世纪）到奥斯曼帝国末期的钱币。民间文物展区陈列着反映这个地区近期的传统、文化和社会结构的样品。所有这些都在博物馆的南部和北部地区展出。

依兹尼克陶制和彩砖展区

博物馆的南部陈列着15－17世纪在依兹尼克生产的独特的彩砖，这种瓦在当时曾有着非常广泛的用处。11－14世纪在依兹尼克生产的陶瓦在博物馆的北部展出。

博物馆的不同区域共陈列着2000多件文物，300个古钱币、500个依兹尼克产的彩砖和陶制瓦和150件民间文物。

本地区所进行的考古发掘

依利皮那（Ilipinar）遗址的发掘

对于位于奥汗加兹（Orhangazi）区边界的依利皮那•霍裕克的发掘始于1987年，由荷兰历史和考古学院的主席瞻科博•儒登博格（Jacob Roodenberg）博士监督进行。由于土耳其和荷兰科学家及学生的参与，公元前6000年的文化谜底被逐渐揭开。在研究中得到了属于史前文化的重要发现。其中有各种房屋的遗迹、彩砖、骨、石、青铜用具、各种厨房用品、农用具、容器及项链等。这为人们提供了当时生活的相关信息。

在遗址中发现的墓穴展示了当时埋葬逝者的相关传统。C14号关于对遗址中所发现物品的分析证明了第一个住宅区是在依利皮那遗址，当时这个地区已经有了农业。

伊兹尼克发掘的彩砖火炉遗址

1967年，伊斯坦布尔大学艺术史和考古学院院长欧克泰•阿斯兰那帕（Oktay Aslanapa）教授/博士开始对依兹尼克中心地区进行发掘。自1994年起，研究工作由在同一个学院作讲师的阿拉•阿尔屯（Ara Altun）教授/博士的监督下继续进行，许多科学家和学生也参与了此项研究。此地区曾是11－17世纪生产依兹尼克陶制和彩砖的中心。这里发现的文物吸引了众多旅游者。在此展出的99％的文物是在考古发掘中发现的。

曼泰赛（Mentese）遗址的发掘

自1995年以来，在伊兹尼克博物馆管委会的监督和荷兰历史考古学院专家的参与下，研究有了重要的发现，并得到了属于史前的建筑物品。这些物品都在博物馆中展出。1998年中断的发掘在1999年又继续进行。

伊兹尼克剧院遗址的发掘

在贝德瑞•亚尔曼（Bedri Yalman）博士的监督下，自1980年起，由科学家和学生组成的小组继续此项研究。公元2世纪的罗马剧院是一个建在平地上的独特建筑。对此剧院遗址的发掘工作已进行了三分之二，发掘出的文物都陈列在博物馆中。

另外在郊区那边有罕见的拜占庭地下墓室群（Yeralti Mezar），值得一游。

离开

布尔萨：67公里，1.5小时
亚洛瓦：60公里，1小时

恰纳卡莱
ÇANAKKALE

班德尔玛 BANDIRMA

班德尔玛，一个土耳其面对马尔马拉海南岸的小城。

这里交通方便，快速渡轮和特快列车连接着伊斯坦布尔到伊兹密尔的客运往来，从恰纳卡莱(çanakkale)，达达尼尔海峡(Dardanelles)到北爱琴海沿岸小镇之间有无数的巴士乘载客人往来。

您可以在班德尔玛花几个小时游览，班德尔玛酒店和餐馆距离渡轮码头很近，只需要步行就可以到达，但大部分旅客只是路过而已，很少有游客逗留在此。

交通指南

班德尔玛，位于马尔马拉海南岸，是连接伊斯坦布尔快速双体客轮的南部总站，同时也是到伊兹密尔特快列车的北方总站。

许多旅客，如果自己不驾车，为了节省时间，大多数是从伊斯坦布尔乘坐这些快速渡轮（两小时）穿越马尔马拉海。当快速渡轮抵达班德尔玛港码头后，游客可以乘坐6 次(Eylül Ekspresi)列车前往伊兹密尔（Basmane站）。这是一种在伊斯坦布尔和伊兹密尔之间快速、舒适和便宜的旅行方式。班德尔玛火车站(Bandirma Gar)在渡轮码头的旁边。

很多巴士从班德尔玛渡轮码头接送游客到2公里之外的班德尔玛客运总站(Otogar)，您也可以步行20到30分钟前往。从客运总站(Otogar)到渡轮码头是下坡路，从渡轮码头向客运总站(Otogar)是向上爬坡。如果您有沉重的行李，最好叫辆出租车。

离开

布尔萨：115公里，2小时
恰纳卡莱：190公里，3小时
伊斯坦布尔：2小时快速渡轮服务
伊兹密尔：268公里，4.25小时

加利波利半岛 GALLIPOLI

加利波利半岛 GALLIPOLI

薛西斯(Xerxes)，把波斯王朝带上巅峰的万王之王，曾下令建桥横跨哈勒斯波海(Hellespont)，该桥建成后因风浪而倒塌，他令人鞭海三百下，并掷一脚链于海中，又把建桥之人斩首。

作为土耳其西南延伸，属于欧洲部分的加利波利半岛，有96公里长，6.4～20.8公里宽。这个几乎是荒芜的，狭长地带的多山半岛，1915年只有一条泥土公路纵贯全岛。俯视海滨的山脊和陡坡提供了优良的防御阵地，保卫着达达尼尔海峡欧洲一边。一条64公里的水道从马尔马拉海流入爱琴海，宽度从1.2公里到6.4公里不等。在古代以哈勒斯波海著称的达达尼尔海峡从不冰冻，但它双向的潮流，疾转的风向和猛烈的风暴，使航行成为难事。

达达尼尔海峡(Dardanelles)是所有入侵军队都觊觎的战略要地。因为它作为海上的咽喉要道，制约着黑海、马尔马拉海与爱琴海和地中海之间的往来。在其最窄的点（齐利特巴希尔）只有120公里宽，超过100米深。这也是伊斯坦布尔的关键位置：如果敌人的军舰能够获得通过达达尼尔海峡，那么就可以征服这座城市。

第一次世界大战期间，为了争夺对达达尼尔海峡的控制权，哈勒斯波海又一次被载入历史。1915—1916年在土耳其加利波利半岛的战役中，整整9个月的时间里，有将近10万人死亡，40万人受伤。

英国海军很试图使它的战舰通过达达尼尔海峡，并敲开奥斯曼帝国伊斯坦布尔的大门。当时奥斯曼帝国已经走向衰弱，但是在关系到国家民族存亡的时候，穆斯塔法·凯末尔中校（阿塔图尔克）出现了，他知道如果英国那样做，则意味着要征服自己的国家。这场战役最终以英国的失败而告终，土耳其人民捍卫了自己的国家主权。

曾经的加利波利战场，如今成为一个国家公园，这里充满了大理石和青铜纪念碑，是土耳其最感人的地方之一。

您可以从伊斯坦布尔乘坐汽车或巴士花一整天游览昔日的战场，更好的办法是进行为期6天的自驾车旅游，从伊斯坦布尔经达达尼尔海峡(Dardanelles)，加利波利半岛(Gallipoli)，恰纳卡莱(çanakkale)，特洛伊(Troy)，贝尔加马（Pergamum），艾菲斯和库萨达斯。

您可以从伊斯坦布尔乘坐游览巴士或开车，访问加利波利战场和附近的特洛伊。如果您没有自己的汽车，最好采取一日游，因为战场散布很广。您也可以在这里住上一两天，享受悠闲的午餐，还能游泳！自行车将是一个很好的游览方式。

当您游览加利波利半岛，达达尼尔海峡和特洛伊的时候，最佳的落脚地是恰纳卡莱(çanakkale)小镇，在达达尼尔海峡南部海岸。

最近的机场在伊斯坦布尔，虽然恰纳卡莱有一个小型机场，但并不常用。

爱琴海地区
AEGEAN

爱琴海地区 AEGEAN

土耳其的爱琴海沿岸风景旖旎，历史丰富、农业充足。这里最突出的三个游览区域：北部沿海、南部沿海和内陆地区等待着您的到访。

爱琴海北部沿海地区

阿瓦里克（Ayvalik）

爱琴海北岸度假城市，深受土耳其度假者的欢迎。

贝尔加马（Pergamum）

以其古老的图书馆和医疗中心而著名，一个具有魅力的农业城市，有很多看点。

霍恰（Foça）

古老的福西亚（Phocaea）古城，现在是一个很好的度假城市——实际上有两个度假小镇，可进行滑浪风帆和游泳，还有餐馆和其他的娱乐场所。

阿索斯，贝赫拉姆卡尔（Behr-amkale）

迷人的海边村落，面朝山顶上的雅典娜庙宇，遮蔽下方是一片遗迹，完美的游览地点。

爱琴海南部沿海地区

艾菲斯（selçuk）

地中海保存最好的古典城市，一定要游览的地点。塞尔柱镇是您探寻其他众多古老城市以及小村镇和海滩的良好起点。

库萨达斯（Kusadasi）

艾菲斯附近熙熙攘攘的海滨度假胜地和邮轮码头。

帕莫卡莱（Pamukkale）

从悬崖上流下热的富含钙质的温泉，在内陆代尼兹利附近的温泉区形成了闪烁的白色石灰石瀑布。您甚至可以在水中游泳！驻足在罗马阿芙罗狄西亚斯（Aphrodisias）遗迹之中，这些都在从艾菲斯去往帕莫卡莱的路上。

阿芙罗狄西亚斯（Aphrod-isias）

阿芙罗狄西亚斯，因罗马爱神阿芙罗狄娜而得名，是土耳其最富情趣的考古遗址。在帕莫卡莱和艾菲斯之间绕道而行可至此地。

代尼兹利（Denizli）

帕莫卡莱附近的一个现代化城市，拥有所有的运输线路（航空，巴士，铁路），是温泉疗养胜地。

米拉斯（Milas）

地毯编织中心与古代几何模型（大理岩）宏大的陵墓：Mausolus王的陵墓就在这里。

博德鲁姆（Bodrum）

在被十字军城堡分开的两个小海湾之上。这里是风景如画的度假胜地，最受欢迎的是游艇港口，其夜生活更是丰富多彩。

阿菲永（Afyon）

土耳其古老的贸易中心，一个威严的山顶堡垒矗立在阿菲永中心。这里有一些富有历史价值的建筑物和大量的糕点店，包括著名冻奶酪。

埃斯基谢希尔（Eskisehir）

虽然主要是一个运输中心和工业中心，这里也是世界上大部分海泡石的产地。

屈塔希亚（Kütahya）

以其美丽的彩色釉面砖和陶器而著名，这个城市在郊区还有一些不错的旧楼。在Aizanoi有一个保存完好的罗马寺庙。

伊兹密尔（Izmir）半岛以及内陆地区

伊兹密尔（Izmir）

土耳其的第三大城市，主要特点是现代时髦的酒店，一个大海边的餐厅，有趣的市集，几个博物馆和考古遗迹。

切什梅半岛（çesme）

从伊兹密尔进入爱琴海向西延伸的半岛，这对于伊兹密尔人来说是一块传统的度假胜地，但近年来它已开始吸引来自世界各地的游客。

阿拉恰特（Alacati）

这个迷人的小城镇位于伊兹密尔西部，切什梅半岛（çesme）附近。它尚未受到破坏，当地度假者喜爱到此旅游，但至今，除了一些赋予激情的帆板运动者外，这里对于外国游客来说依然是陌生的。

萨迪斯（Sardis）

位于伊兹密尔东，这儿有一些令人印象深刻的遗址，如精美的罗马竞技场和犹太教堂，以及拜占庭教堂等。

伊兹密尔
IZMIR

伊兹密尔 IZMIR

伊兹密尔是土耳其一个迅速发展的现代城市。

概况

伊兹密尔是土耳其的第三大城市，拥有人口约250万，是继伊斯坦布尔之后的第二大港口以及良好的运输枢纽。这里曾经以无花果著名。伊兹密尔——曾经的古城士麦那，爱琴海地区的“首府”，一个主要的港口和商业中心，现在是一个现代繁华的商业中心，内部环绕海湾，四面环山，后面的山脉一直延伸至南部。这里有宽阔的林荫大道，玻璃外墙的建筑物和现代购物中心由传统的红色瓷砖屋顶点缀着。18世纪的市场，旧清真寺和教堂依旧可见，城市中更多的是欧洲的爱琴海氛围而不是传统的土耳其氛围。

1922年期间，一场灾难性的大火摧毁了大部分的旧士麦那老城。今天的伊兹密尔是一个现代化的城市，这里有很好的酒店和餐馆，一个有趣的市集，几个小考古遗址，一个庞大且繁忙的公交客运总站（Otogar）和一个位于城市南部的重要机场。

历史

伊兹密尔的历史可追溯到公元前约3000年，特洛伊人在北郊巴伊拉克勒（Tepekule）创建了这所城市。这里是荷马的诞生地，人们认为在公元前8世纪他就已经在这里居住。伊奥利亚人，是这里的第一批定居者。后来吕底亚人在公元前600年破坏了这座城市。公元前334年亚历山大大帝到来，并对这里进行了短暂的修复。

在亚历山大大帝死后，亚历山大的将领依照他的愿望在Kadifekale(Mount Pagos)山下重新建立了士麦那，后来这座城市在罗马时代非常得繁荣。公元178年的一次地震使这座城市再次被摧毁，但不久后就被重建成一个主要的商业港口。东罗马帝国之后，城市不断经历了阿拉伯人、塞尔柱人、十字军以及蒙古人的统治，已经变得动荡不安，直到1415年穆罕默德一世的到来，这里才与奥斯曼帝国合为一体。尽管历经沧桑，但士麦那成为了一个繁荣而久经世故的城市，一个巨大的交易中心。这里是一个国际性的大都会：希腊东正教徒、犹太教徒和穆斯林、当地人和来访商人的汇集处。

到达

通过飞机、巴士、火车和船只都很容易到达伊兹密尔。

航空

伊兹密尔的主要机场阿德南（Adnan Menderes）机场（机场代码：ADB）在城市以南18公里处，在去往塞尔柱和帕莫卡莱（Pamukkale）的路上。这里拥有每天往返伊斯坦布尔、安卡拉和安塔利亚的航班，也有来自许多欧洲城市的定期航班。机场巴士往来于城市中心与机场之间。

土耳其航空公司运营至少12个航班，每天来往于伊斯坦布尔和伊兹密尔之间，至少有4班往飞经安卡拉。还有比较廉价的选择，AtlasJet、Iz Air、Onur Air和Sun Express也都有航班往来于此。Iz Air(www.izair.com.tr)由土耳其公司运营，拥有飞往土耳其各地的航班。Sun Express航空公司和Iz Air已选择了ADB航站作为其枢纽并正在进行干线系统扩大工程，让旅客们从伊兹密尔直飞土耳其其他城市，无须在伊斯坦布尔或安卡拉再次换乘航班。

一个全新的国际航站楼在2006年开始运营，外观非常漂亮，但车行道环绕机场，连同标志牌设置混乱，车辆行使状况糟糕，开车进出需要花费您一些时间。在阿德南机场，您可以很容易地租到一辆车，并驱车前往Selçuk 、艾菲斯和库萨达斯。

机场电话：+90 (232) 274 21

传真：+90 (232) 274 2071

巴士

伊兹密尔的客运总站（Otogar）是巨大而繁忙的，巴士服务到达该国的所有地区。小巴每天穿梭于伊兹密尔、艾菲斯和库萨达斯，约每20分钟一辆。

客运总站位于城市东北部6公里处，这儿还有很多来自城市中心的合租旅行车。公共汽车站有网吧、食品和饮料摊档等很多设施，大量的旅行社机构在这里出售车票，提供旅游巴士服务。即将出发的车辆，工作人员会喊出目的地。这里的厕所需付费。

到达伊斯坦布尔的巴士需要9小时（包括一个简短的渡轮游览），为旅客提供免费的水、热饮、小吃和周到的服务，车上有免费厕所，单程车票价约每人35土耳其里拉。

从阿德南机场到塞尔柱、艾菲斯、库萨达斯之间的往返并不是一件容易的事情。塞尔柱在机场以南60公里处，离机场不到1小时的车程。帕莫卡莱离机场约252公里，驱车前往约4小时（乘坐巴士需4.5～5小时）。一些开往那里的列车速度很慢，巴士更快些。

许许多多的巴士经过机场东西两侧的公路，但他们不进入机场的范围，所以需要您步行至少几公里到达一个巴士站。通过来往机场运送乘客使出租车驾驶员赚取了大笔钞票（极有可能，如果您想搭乘巴士，他们拒绝载您到公路外的车站）。

另一种来往机场的方式是由您所下榻的酒店安排私营载客服务。例如，在塞尔柱的Kalehan酒会安排一次至少便宜于正常的出租车车费的巴士客运服务。

铁路

伊兹密尔有两个铁路车站：Basmane位于城市中心是城市间列车的主要终端站，Alsancak位于北部，汇集主要的当地通勤路线。

Basmane站是伊兹密尔的主要铁路枢纽，从伊兹密尔到安卡拉，您可以乘坐蓝色的直快列车（Mavi Tren）和9次卧铺特快列车(Eylül Ekspresi)。

主要城市间服务包括：安卡拉（蓝色直快列车Mavi Tren是最快的，14小时），代尼兹利（每日3班特快列车，5～6小时）和厄斯帕塔（9小时）。火车连接着伊斯坦布尔与班德尔玛的渡轮。

Basmane站电话：+90 (232) 484 8638
Alsancak站电话：+90 (232) 458 3131

在伊兹密尔和伊斯坦布尔之间有很好的列车—渡轮的连接服务，非常有效地在伊兹密尔和伊斯坦布尔之间运营。

短途列车（慢车）也在南部运营，它们从伊兹密尔火车站（Basmane）到阿德南机场、塞尔柱（艾菲斯地区）和代尼兹利（去帕莫卡莱的火车站）。但截至2008年3月3日，由于轨道改造所有列车现已停运。

伊兹密尔—伊斯坦布尔 火车—渡轮

6次特快列车(*Eylül Ekspresi*)每天中午和下午离开伊兹密尔火车站(*Basmane*)，前往班德尔玛，在那里转乘快速渡轮，前往伊斯坦布尔（耶尼卡帕码头）。17次特快列车（*Eylül Ekspresi*）也在伊兹密尔和班德尔玛之间运营。

伊兹密尔—安卡拉 列车

所有在伊兹密尔—安卡拉路线上的特快列车都是通宵列车，通常运营13～15个小时。伊兹密尔和安卡拉之间最好的列车是通宵9次特快列车(*Eylül Ekspresi*)。列车上有单人车厢、卧车和餐车；其次是较快的蓝色直快列车（*Mavi Tren*）。

还有一种列车(*Karesi Ekspresi*)速度有点儿慢，但作为低票价的通宵火车，它也带有单人车厢，有卧铺的车厢和餐车。

伊兹密尔—机场—塞尔柱（艾菲斯地区）—代尼兹利 列车

往返伊兹密尔市中心和阿德南机场最简单、快捷的方式是乘坐伊兹密尔地铁：因为目前所有来往于伊兹密尔火车站（*Basmane*）南下到阿德南机场、塞尔柱和代尼兹利的列车都已因轨道改造工程而暂时停运了。

一旦火车重新运营，以下信息是非常有实用的：

如果您从阿德南机场乘坐火车，火车站就在国际航站楼(Dis Hatlar)旁边，两者通过有屋顶的通道连接。国内航站楼(Iç Hatlarr)在国际航站楼南面约300米处，步行5分钟可达。

三列列车继续从阿德南机场南下到达塞尔柱（艾菲斯地区）和代尼兹利（帕莫卡莱地区）。列车在以下的时刻表中只标示了“伊兹密尔”和“机场”，是伊兹密尔火车站（Basmane）—托尔巴勒—ödemis区域列车。

三列北行的列车从代尼兹利经过塞尔柱来到机场。列车的速度很慢，车次少，不是很舒服（您还很可能在整个行程中一直站立），列车很少准时，当然它们很便宜。

该铁路线自伊兹密尔以南正在升级加固，完工后会提供给在伊兹密尔、塞尔柱、代尼兹利旅行的乘客更快捷、更便利、更舒适的服务。

伊兹密尔火车站(Basmane) 到代尼兹利(Pamukkale)的火车时刻表：

伊兹密尔 离开	机场	塞尔柱	到达 代尼兹利
06:10 am	06:37 am	--	--
08:45 am	09:38 am	10:48 am	14:45 (2:45 pm)
11:20 am	11:47 am	--	--
14:45 (2:45 pm)	15:32 (3:32 pm)	16:42 (4:42 pm)	20:43 (8:43 pm)
15:25 (3:25 pm)	15:52 (3:52 pm)	--	--
16:10 (4:10 pm)	16:37 (4:37 pm)	--	--
17:15 (5:15 pm)	17:42 (5:42 pm)	--	--
17:45 (5:45 pm)	18:39 (6:39 pm)	19:53 (7:53 pm)	23:47 (11:47 pm)
19:45 (7:45 pm)	20:12 (8:12 pm)	--	--

从代尼兹利、塞尔柱（艾菲斯地区）机场到伊兹密尔火车站(Basmane)：

代尼兹利 离开	塞尔柱	机场	到达 伊兹密尔
--	--	07:16 am	07:44 am
--	--	08:42 am	09:08 am
--	--	09:07 am	09:33 am
04:50 am	08:39 am	09:51 am	10:23 am
--	--	10:45 am	11:11 am
08:40 am	12:43 pm	13:53 (1:53 pm)	14:23 (2:23 pm)
--	--	14:56 (2:56 pm)	15:22 (3:22 pm)
--	--	19:48 (7:48 pm)	20:14 (8:14 pm)
15:30 (3:30 pm)	19:15 (7:15 pm)	20:29 (8:29 pm)	20:59 (8:59 pm)

乘船

每周有渡轮从伊斯坦布尔到伊兹密尔（19小时），以及一两个每周来往于伊兹密尔和意大利威尼斯之间的渡轮（67小时）。所有渡轮码头在城市中心以北2公里处的阿尔桑贾克(Alsancak)客运码头。

Alsansak Yeni Liman (终点站)

电话：+ 90 (232) 464 8864 / 89

传真：+ 90 (232) 464 7834

到处转转

伊兹密尔这里有几家五星级酒店，因此有些游客以伊兹密尔为基地去访问一些其他区域的景点，如贝尔加马、艾菲斯、库萨达斯、阿芙罗狄西亚斯、帕莫卡莱。

如果您在土耳其的时间有限，就不必在伊兹密尔逗留过多，但最适合的是花一个晚上待在这里，享受一下伊兹密尔的爱琴海氛围就足够了：漫步于集市，欣赏美景，呷一口饮品及在令人愉快的海滨餐馆用餐。

您可以由内城徒步探寻伊兹密尔。徒步到城中心的路线会让你感受到轻松、愉快！

景致

库纳克广场（Konak Meydani）

有高高的钟楼和雕像，还有棕榈树。位于市中心库纳克广场的钟楼（Saat Kulesi）是伊兹密尔的标志，为苏丹阿卜杜哈米德所赐，建于1901年，装修精美，充分展现了奥斯曼末期的建筑风格。

Alsancak街

狭小的街道上分布着众多希腊古老建筑样式的酒吧，在那里您可以品茶、喝酒，还可以尝试一下抽水烟。阿尔桑贾克（Alsancak）现在改为步行街，两侧都是复古建筑，有咖啡馆、酒吧和饭馆。还有凯梅尔阿尔特（Kemeralti）的哈夫拉街（Havra Sokak），古建筑和犹太教堂都不能不看。

卡迪费古堡（Kadife kale）

在卡迪费（Kadife kale）耸立着一座气势恢弘的城堡，为亚历山大帐下马其顿将军利西麦克斯所建，以山名命名这处遗址至今仍是伊兹密尔的一个重要景点。站在城堡遗址，伊兹密尔湾美景尽收眼底。尤其是在这里观落日，让人心潮澎湃。

古老集市（Agora）

罗马帝国的遗迹，位于纳马兹加广场的阿戈拉（Agora，意为“集市”），始建于亚历山大帝时期。我们今天看到的阿戈拉是自公元178年一场大地震之后，由当时的罗马皇帝马可奥莱利乌斯下令重建的。开放时间是：每天的上午八点半至下午五点半，收费。

阿桑索尔（Asansor）旧式民居

旧式民居集中的阿桑索尔广场（Asansor Quarter）又称犹太广场，从阿桑索尔意为电梯，建于19世纪。达里奥莫雷诺街（Dario Moreno Sokagi）是通过这里的主要步行街。阿桑索尔饭店可以俯瞰伊兹密尔的美丽市容。克兹拉尔阿瑟客栈（Kizlaragasi Han）是18世纪奥斯曼帝国建筑的杰作，后来经过重建，依旧可见昔日的辉煌。

雅典娜神庙

巴伊拉克勒（Bayrakli）进行考古挖掘发现了一座雅典娜神庙，还有一段属于爱奥尼亚城邦的城墙。爱奥尼亚的鼎盛时期是公元前7世纪到公元前5世纪。在这里还发现了公元3世纪的陶器。

罗马排水力工程

西林耶尔（Sirinyer，意为“迷人之地”）和耶希尔德莱（Yesidere，意为“绿河”）导流渠横跨梅莱斯河，体现了罗马帝国时期高超的工程水准。这里从拜占庭到奥斯曼时期一直为伊兹密尔人民提供饮用水。

圣波利卡普教堂
(Saint Polycarp Church)

伊兹密尔最古老的圣波利卡普教堂（Saint Polycarp Church），是《启示录》中所提七教堂的主要代表。圣波利卡普公元155年在卡迪费城堡被罗马人杀害，卒年86岁。据传，罗马人本想按惯例对这位圣徒采用火刑，但火苗不上圣徒之体，于是只好将其刺死。这座教堂于1620年重建。

共和国广场
(Ataturk Monument)

共和国广场的中央矗立着阿塔图尔克雕像（Ataturk Monument），阿塔图尔克骑着高头大马远望大海。这座雕像于1933年修建，是为了纪念土耳其解放伊兹密尔。卡尔舍雅卡的海豚凌空群雕（The Flying Dolphins）象征着友谊和手足亲情。

考古博物馆
(Izmir Arkeoloji Muzesi)

这里藏有丰富的爱琴海出土文物。其中有海神波赛顿(Poseidon)的雕像，他是宙斯的弟弟，拥有海洋的统治权，有着孔武有力的身体，手里还拿着一支三叉戟，颇具威严。还有主管生产、婚姻的女神德墨特尔的雕像。这些雕像在古希腊时代就矗立于集市场所。（除星期一外每天开放）

民俗博物馆
(Ethnography Museum)

民俗博物馆在考古博物馆的旁边，这里收藏着许多民间工艺品，包括精美的贝尔加马和戈尔德斯地毯，还有传统服装、骆驼缰绳等。（除星期一外每天开放）

阿塔图尔克博物馆 (Ataturk Museum)

位于阿塔图尔克大街，是土耳其共和国的缔造者阿塔图尔克在伊兹密尔的故居。这里展示着这位领袖的照片和一些私人物品。（除星期一外每天开放）

希萨尔清真寺 (Hisar Mosque)

伊兹密尔规模最大、历史最久的清真寺。该寺始建于16世纪，并于19世纪重建，寺内装饰精美，讲经台和朝向麦加方向的壁龛颇具特色。

其他清真寺还有萨莱普奇奥卢（Salepcioglu）清真寺（建于20世纪）、沙德尔万（Sadirvan）清真寺（始建于17世纪，19世纪重建）和凯梅尔阿尔特(Kemeralti)清真寺（始建于17世纪）。这几处清真寺都在凯梅尔阿尔特广场附近。

游览

艺术、文化与休闲

伊兹密尔一直享有国际文化大都市的美誉。伊兹密尔文化中心（Izmir Cultural Center）经常举办戏剧、芭蕾表演及各种音乐会，爱琴交响乐团（Aegean Philharmonic Orchestra）就在该市。一年一度的伊兹密尔国际节期间，市内市外、大街小巷，国内外艺术家争相现艺，艾菲斯古剧场也成了演出的场所。节日期间，白天您可以乘马车穿步行街，温馨的夜色中您可以在科尔顿博于（Kordonboyu）、帕斯波特港（Passport Pier）和卡尔舍雅卡（Karsiyaka）等地徜徉于酒吧、咖啡屋之间。

伊兹密尔周边一日游

坐落在切什梅路上的巴尔乔瓦（Balcova）是土耳其最大的温泉浴场，以先进的配套设施迎接八方来客。

卡尔舍雅卡以西15公里的恰姆阿尔特（Camalt）是一块沼泽地，也有不少盐场，是鸟类的一个重要栖息地，人称伊兹密尔禽鸟天堂（Izmir Bird Paradise）。爱鸟的人可以看到包括火烈鸟和鹈鹕在内的许多鸟类。

雅曼拉尔松林（Yamanlar Camligi）位于卡尔舍雅卡东北40公里处风景秀丽的卡拉格尔（Karagol，意为“黑湖”）湖畔，是一处有名的野炊度假场所，这有多家餐馆并设有一个游泳池。

距伊兹密尔20公里的凯末尔帕夏（Kemalpasa）位于卡拉贝尔山口（Karabel Pass），这里有一处赫梯人的石刻浮雕。

80公里。切什梅意为“泉水”，因18、19世纪此地发现大批泉眼而得名。切什梅的海岸美景在土耳其数一数二，清澈的海水轻拍海岸，八角、芝麻、洋蓟片片翠绿，无花果，橡胶树点缀其间。海湾罕有人迹，保持天然的状态，在此游泳可以享受无限的宁静。这里有优良的住宿、餐饮、健身和休闲设施。

切什梅港一处重要的景点是热那亚人于16世纪修建、后经奥斯曼人重建的城堡。今天切什海已经成为一个重要的旅游胜地，住宿和餐饮质量也很高。城堡不远有一处16世纪时由哈吉奥斯·哈拉拉姆博斯教堂经过重建，现在是埃米尔恰卡艺术馆。这里的温泉浴可以使过惯现代生活的人偷闲享受健身之乐。游人还可以买到质量上乘的地毯、皮衣和各种纪念品。华灯初照，镇上洋溢着欢

您可以站在伊兹密尔的至高点贝尔克赫维（Belkahve）远眺伊兹密尔湾，品一杯土耳其咖啡，尽享休闲之乐。国父阿塔图尔克生前经常光顾此地，因而这里也成了凭吊这位领袖的最佳场所。比尔基（Birgi）村有一个索恰科尔阿大厦，堪称土耳其传统建筑的典范。

圣约翰在《新约启示录》中提到的七座教堂所在的七座城市都在土耳其：艾菲斯Efes（艾菲索斯Ephesus）、伊兹密尔Izmir(士麦加Smyrna)、贝尔加马Bergama(帕加马Pergamum)、阿克希萨尔Akhisar(塞亚梯拉Thyatira)、萨尔特Sart(萨迪斯Sardis)、阿拉谢希尔Alasehir(费拉德尔菲Philadelphia)、埃斯基希萨尔Eskihisar(劳底嘉城Laodicea)。安排一到四天的行程可以参观部分或全部教堂。

爱琴海碧波环绕的切什梅半岛（Cesme Peninsula）位于伊兹密尔以西

乐喜庆的气氛，步行街两侧饭馆、咖啡厅、酒吧、迪厅更是生意兴隆。每年夏季在切什梅都会举行一次国际歌咏比赛。人们可以租乘游艇一览半岛海岸迷人的风光。另外，旅客还可以搭乘每周一趟的班轮前往威尼斯。

厄乐佳的温泉非常有名，其中尤以西富奈湾（Sifne Bay）最佳。帕夏港（Pasa Limani）为野营提供了非常舒适的条件非常有名的厄乐佳（Ilica）度假中心有一处非常不错的白沙滩，金海豚码头度假城（Altin Yunus Marina and Complex）的配套设施非常先进。这里的海湾是水上运动的理想场所，尤其适合帆板和航海运动。。厄乐佳湾每年7月都会举办了一次恰卡贝伊国际游艇赛。

厄尔德勒（Ildiri）是切什梅以西20公里处的一个宁静的海边村庄，古称埃里斯莱（Erythrai）。黄昏时分登上卫城，海湾落日，群岛余辉，让人忘记登高之苦。不远处的格灵斯湾（Gerence Gulf）在切什梅东北处一个原始的入口，乘游艇或汽车可达，这里非常适合水上运动，四周美景令人心旷神怡。切什梅北部不远处的渔村达里昂（Dalyan），紧靠一处深水湾，可以在这里找到当地最好的海鲜馆。

出切什梅向西不远就到了契夫特利克（Ciftlik），各种旅馆以及长长的钻石沙滩（Pirlanta Plaj）令游人流连忘返，南部可以野营，不远就有当地最好的海滩——金沙滩（Altinkum Plaj）。

阿拉恰特（Alacati）是一个典型的爱琴小镇，旁边山上点缀着几处风车房，有些已经改造为饭馆。阿拉恰特在厄乐佳以南的半岛腹地，再向南几公里又是一个很美的海滩，镇子东南的许多迷人

哲克出发参观酒神迪奥尼索斯神庙以及迷人的阿克库姆海滩（Akkum Beach）是最方便的。

阿克库姆以南的新海王星度假村设有帆板和潜水培训班，当地海况十分适合这些运动。托尔巴勒地区厄兹贝科伊和耶尼科伊之间可以发现一处古城遗迹。

居穆尔杜尔（Gumuldur）旅游设施先进，有美丽的海滩、餐馆和旅店。太阳神阿波罗神庙就在东部的阿赫迈特贝伊利（Ahmetbeyli）附近，巨大的阿波罗神像的残体仍然保存在这里。在居穆尔杜尔您可以享用一顿海鲜美味，也可以到镇西的海滨畅游一番。视野开阔的沿海公路逶迤延伸，从阿赫迈特贝伊利南部直达帕姆贾克（Pamucak）海滩。

的海湾只能乘船到达。在这样一片有名的水域可以一边尽享各种美味佳肴，一边欣赏海湾、海岛的无限美景。

小渔村切什梅阿尔特（Cesmealti），村里海鲜馆虽然风格简朴却也别具特色。

驱车沿着视野开阔的卡拉布隆（意为“黑鼻子”）半岛海滨公路行驶，途经几处静谧的海湾和古朴别致的渔村：巴勒克勒奥瓦（Balikliova）、摩尔多昂（Mordogan）和卡拉布隆（Karaburun）等等。卡拉布隆村，温馨的饭馆、茶肆、海鲜馆依山傍水、山清水秀，美不胜收。从修道院山远眺，卡拉布隆海岸以及对面的弗恰海岸，还有伊兹密尔湾的入口尽收眼底，令人心驰神往，终身难忘。

切什梅半岛南端的塞费里希萨尔（Seferihisar）镇附近有一座风景如画的小码头名叫色阿哲克（Sigacik），作为游艇中心，码头被军事工事环绕，而这些工事可以追溯到热那亚时代。从色阿

购物

徜徉在凯梅尔阿尔特市场（Kemeralti Market），令人惊叹的古董随处可见，这里有精美别致的珠宝、各种各样的服装，还有伊兹密尔特产的无花果干和葡萄干。令人眼花缭乱的市场区有多家海鲜饭馆，您可以在这里品尝用乌贼和鲈鱼制作的地方特色菜肴。这里的确是一个大集市，您可以购买衣服、礼物等等。这里还有很多长沙发，购物累了您还可以坐在上面休息。

在阿尔桑贾克（Alsancak）和卡尔舍雅卡（Karsiyaka）的步行街以及共和国大街（Cumhuriyet Avenue）和帕斯波特，集中着伊兹密尔最具现代特色的商家，店内有精美的商品出售。您还可以去（Kizlaragasi Hani）一游，古老的kervansaray，在这里您可以购买到地毯和珠宝。

如果您还有时间，不妨造访一下Konak码头，沿科登的一个小商业街，这儿有电影院及本地和其他知名品牌角度。另一个是在Bornova地区的Forum商场。Forum商场是一个非常大的商业中心，里面拥有所有的品牌商品，还有一个超级市场。

餐饮

伊兹密尔因气候温暖，在这里可以吃到各种新鲜的瓜果。伊兹密尔一些著名的餐厅提供此地区的特产，尤其是shish kebabs（羊肉串）。鱼，烤鲈鱼和餐前小菜（mezes）。通常鱼是新鲜的，四季皆有。Kumru，三明治，一种特别的面包夹有芝麻，土耳其鸡肉香肠，烤奶酪和西红柿等。

Tulum Peyniri，伊兹密尔地区一种特制的奶酪。Copsis Kebab，伊兹密尔特有的烤肉。

Cafe Izmir

这里提供中东和地中海小吃：一个温馨的餐吧内只有13张桌子，没有菜单（厨师会询问您是否选择素食或肉食）。您可以舒舒服服地坐下享受他们为您的服务，包括土耳其黄瓜沙拉和新鲜的烤鱼。这里大多提供的是希腊和西班牙的葡萄酒。开放时间为每日晚上6点。

地址：3711 Greenville Ave

电话：+90（214）826 7788

www.izmirgroup.com

住宿

在伊兹密尔有几个酒店。希尔顿是最接近城市中心的酒店，在阿尔桑贾克（Alsancak）街附近，Swissotel酒店今年将要开放，也设在阿尔桑贾克街。还有皇冠广场，离城中心约30分钟。

Moevenpick Hotel

这里处于伊兹密尔港湾中心，建于1967年，虽然有些历史了，但是装修还是非常亮丽。这有185间客房，一家餐馆提供优秀的爱琴海菜肴，2家酒吧可以满足任何客人的要求，服务非常周到。

地址：Cumhuriyet Cad. 138，Alsancak，Izmir

电话：+90（232）484 8080

www.moevenpick-izmir.com

hotel.izmir@moevenpick.com

Izmir Palas Hotel

在国际展览中心附近，因为2005年重新装修过，所以酒店给人焕然一新的感觉。142间客房带给客人舒适的享受，有一间海鲜餐馆，并提供国际风格的菜肴，但是很多客人更喜欢到大堂的酒廊喝一杯。房间价格在每晚80美元到200美元左右。

地址：Ataturk Blvd，Alsancak，Izmir

电话: +90（232）465 0030

www.izmirpalas.com.tr

info@izmirpalas.com.tr

Hilton Izmir

这里无疑是伊兹密尔最豪华的酒店，大堂装饰一新，建筑具有浓郁的奥斯曼帝国时期的风格。酒店附近就是购物中心，还有广场，是当地人休闲的好地方。La Dolce Vita是酒店内的意大利餐馆，不过向您推荐另一家靠近窗口的国际餐厅，这里风景非常美

丽。酒店标准间价格在每晚180美元到300美元之间。

地址：Gaziosmanpasa Bulvari 7，Izmir

电话: +90（232）497 6060

www.izmir.hilton.com

izmhitwsal@hilton.com

Izmir Princess Hotel

Smyrna餐厅提供优特色的法国和土耳其菜肴，非常可口，很多当地人都前往品尝。这里有300间客房，而且装修整洁，非常适合商业旅行人士住宿。房间价格便宜，标准间价格在每晚60美元到110美元之间。

地址：Ilica Mah Zeytin Sok no 112 Narlidere Balcova，Izmir

电话: +90（232）238 5151

www.izmirprincess.com.tr

izmirprincess@izmirprincess.com.tr

Crowne Plaza Izmir

这是当地一家落成不久的饭店，有24层高，靠近海湾，窗外爱琴海的美景让你心旷神怡。酒店有餐厅，提供标准的欧式菜肴，味道不错，值得一试。219间客房似乎总有空房，不过价格却不低，标准房单价从200美元到400美元不等。

地址：Inciralti Caddesi No:67，Izmir

电话：+90（232）292 1300

www.crowneplaza.com

info@cpizmir.com

离开

切什梅半岛（Cesme），一个小村庄，可以进行所有的避暑活动，驾车到伊兹密尔需要约一个半小时。

塞尔柱，乘坐公车或火车到南方的城市大约需要几个小时，包括艾菲斯和圣母玛利亚小屋。这离鸟岛库萨达斯(Kuşadası)大约几公里。

艾菲斯
EFES

艾菲斯
EFES

艾菲斯是地中海地区保存最好的古罗马遗址，这是土耳其仅次于伊斯坦布尔的顶级风景地之一。

概况

艾菲斯原是爱琴海边一座繁华的海港城市，由于海水慢慢退去，现在的艾菲斯已经远离碧蓝的爱琴海，成为一座远离海边的城市。

很早以前，艾菲斯就早已超越了一般城市定义的概念，在这片土地上人们创造出了一个巨大的高雅艺术品。当您行走在巨石铺就的街道上，感觉就像是漫步在一首波澜壮阔的远古史诗当中。由于被保存的遗址非常完整，似乎历史并没有被割断，远古被拉近了，使游人在不知不觉中融入古城的辉煌中。

艾菲斯的考古遗址不是参观这个地区的唯一原因。

历史

喜欢历史的旅行者早已对土耳其的艾菲斯遗迹久仰大名，远古时代的艾菲斯最初兴建于通往亚洲的贸易大道西侧，是爱奥尼亚人创立的十二大城市之一，希腊时代的艾菲斯蓬勃发展，公元前2世纪达到繁荣的巅峰。

艾菲斯(Efes)原名叫艾菲索斯(Ephesus)，大约在公元前1000年由居住在安那托利亚高原西端的爱奥尼亚人(Ioniana)兴建的。历史上爱奥尼亚人对希腊文化有极大的贡献，荷马史诗直到现在仍然被世人传诵。他们在哲学、地理、史学、建筑方面的成就造就出了艾菲斯古城。

居住在希腊中部的爱奥尼亚人在首领安德洛克斯(Androkles)的率领下，跨越爱琴海来到了安那托利亚西部沿海地区，定都艾菲索斯，开始了大规模的城市建设。建筑物广泛采用了柱式结构，并配有大量的雕塑和壁画，爱奥尼亚式建筑也因此而得名，成为古希腊5种建筑风格之一。

历史上的艾菲索斯古城就像很多城市一样，经历了很多帝王的统治。艾菲索斯建成不久，安德洛克斯在与卡里亚人(小亚细亚古代民族，Carians)的战争中战死，艾菲索斯城市建设后续发展缓慢。公元前7世纪辛梅里安人(Cimmerians)攻占了艾菲索斯，焚毁了整个城市，包括附近世界古代7大奇迹之一的阿尔忒弥斯神庙(the Temple of Artmis)。公元前6世纪，吕底亚国王库罗伊索斯(Croesus)率军夺取艾菲索斯，重建城市。不久吕底亚王国被波斯人灭亡，波斯人继续扩建艾菲索斯，并疏通港口，开辟了自艾菲索斯经吕底亚旧都萨迪斯至波斯阿契美尼德王朝首都苏萨(Susa)的商道。公元前4世纪，马其顿国王亚历山大大帝征服了安那托利亚，其部将利希马科斯(Lysimachos)驻守艾菲索斯。从那时起艾菲索斯商业开始兴旺，利希马科斯颁布了鼓励贸易的法令，使这里成为爱琴海东岸的商贸中心，同时在沿海地带兴建了防御工事，城内面积达到了9平方公里。也是此时，城内第一次拥有了剧场和竞技场。

在公元17年的一次大地震中，艾菲索斯被毁灭了。罗马帝国第二任皇帝提比略(Tiberius)下令重建了艾菲索斯。

哈德良(Hadrian)时期，城区主要建筑由希腊风格转变成了罗马风格。公元6世纪，艾菲索斯城通往爱琴海的河道严重淤塞，造成贸易中断，居民被迫迁移到了阿亚索鲁克山(Ayasoluk)一带，通过陆地与周围地区开展贸易。城内逐渐成为宗教活动的场所，兴建了著名的圣约翰教堂。据说圣母玛丽亚在这里度过了她最后的日子，而且您还可以参观那些复建的房子。圣约翰在这里书写他的福音书，这本书已经被掩埋在圣约翰大教堂中。

到达

伊兹密尔的阿德南（Menderes）机场到塞尔柱（Selçuk）的交通方式有很多。

如果您从伊兹密尔阿德南机场驱车向南去塞尔柱、希林捷（Sirince）、艾菲斯和库萨达斯的话，如果您的汽车需要加油，您可以在机场外公路上的加油站购买（如果您出了机场，返回到机场的租车处，您必须做违规左转进入加油站或者是一直向前开绕过机场起落航线到达加油站）。

当您进入机场，跟随标识牌来到Torbali镇和Aydin镇（这里不是伊兹密尔），您将会进入到有交通信号灯的多道公路，这条路向南是去往塞尔柱、希林捷、艾菲斯和库萨达斯的传统公路。驱车行驶25公里后，到达北部城镇Torbali镇，公路在高速收费公路（Otoyol）开始交叉，建议您进入高速路，轻松缩短您的旅程，买张票，加速进入塞尔柱以及库萨达斯路口，通行费并不多。如果您选择继续在较慢的公路上行驶，您会跟随交通指示牌驱车经过一些城镇：

机场南34公里处：旧公路开始成为双车道。

38公里处：向右是塞尔柱、艾菲斯和库萨达斯的传统公路。

48公里处：去往塞尔柱和库萨达斯的高速公路交叉口，出口之后，在旧公路上，有“塞尔柱12公里”的标识。

62公里处：进入塞尔柱，*Kalehan*酒店就在您的右边，壳牌加油站前。看到这些地标之后，寻找一个小的标识，林荫大道指示去往希林捷的路（7公里）。如果您不去希林捷，可继续沿林荫大道行驶。当您行驶1公里后，看到交通指示牌向右转可到艾菲斯和库萨达斯。

直奔艾菲斯和库萨达斯，不久您会经过*Artemision*考古遗址，就在您的右边，然后是左边的艾菲斯考古遗址。

在下一个交通指示牌处，向左转到库萨达斯（15公里）或者直行去往帕姆贾克海滩。

从机场行驶82公里，您就到库萨达斯了。

从库萨达斯、塞尔柱、希林捷和艾菲斯回到伊兹密尔阿德南机场，再跟随公路指示牌到伊兹密尔市中心，建议您上高速公路节省时间和汽油。

飞机

如果乘飞机，可以先飞到伊兹密尔的阿德南（Menderes）机场，然后乘车到塞尔柱、希林捷、艾菲斯和库萨达斯。

汽车

离开机场遵照路牌指示，沿公路向南到塞尔柱、希林捷、艾菲斯和库萨达斯。经过38公里的路程，您就可以到达塞尔柱了，艾菲斯就在附近。路上会经过阿尔忒弥斯遗址，艾菲斯遗址就在道路的左边。再直行15公里就是库萨达斯，在这个方向不远处是帕姆贾克（Pamucak）海滩。

四处看看

您可以从伊斯坦布尔开车来到艾菲斯，游览一下达达尼尔海峡(Hellespont)、加利波利（Gallipoli）古战场、古老的特洛伊(Troy)和贝尔加马（Bergama）还有其他的一些沿途风景。

如果您想参观一个2000 年前富裕的希腊和罗马时期的城邦，艾菲斯就是这个地方。在遗迹这方面，它比罗马保存的还要好。

最好跟随导游观光，路线是从伊斯坦布尔、伊兹密尔、库萨达斯到其他小镇。您甚至可以从伊斯坦布尔飞到艾菲斯，游览考古遗址，然后当日再返回。

最好在夏日变得炎热、旅游巴士变得拥挤之前游览此地。您可以花2 ～ 3 个小时参观遗迹，半天更好。

如果您的旅馆在塞尔柱，您可以在凉爽的清晨，沿着树荫遮蔽的大道（Sabri Yayla）舒适地走上3公里来到遗址北门主停车场，大约25 ～ 30 分钟的路程。在您沿途中，看一看著名的阿尔忒弥斯（月亮与狩猎女神)神庙废墟，这里是世界七大奇迹之一。

如果您是乘车来到遗迹，许多人更喜欢要求驾驶员把自己放在南门，这样可以向下走。这个入口也是通向圣母玛丽亚小屋的方向。进入艾菲斯，门票需要10 土耳其里拉。

您可以在这个地区轻松地度过两，三个晚上。在塞尔柱或者库萨达斯的爱琴海旅游胜地住宿，然后到其他古老的城市做一日游，比如Priene 、Miletus、Didyma、Aphrodisias、Euromos 或 者是到俏丽的希腊风格山村希林捷。在Tire 的传统集市上购物，离开之后再去

帕莫卡莱泡温泉。您可以白天旅行，然后整夜在博德鲁姆享受夜生活，甚至还可以在帕姆贾克（Pamucak）海滩或Altinkum 海滩嬉水，晒日光浴。

塞尔柱位于艾菲斯遗址东部3 公里处，Ayasoluk 山脚之下，山顶上是拜占庭和奥斯曼时期建造的堡垒。在斜坡处是圣约翰大教堂和Isa Bey 清真寺，两者都很值得参观。

塞尔柱的林荫大道旁是保存完好的艾菲斯博物馆，在博物馆后的小山上有大量的休闲疗养地、度假村和小旅馆。还有大量的餐馆和出租车服务。

景观

艾菲斯曾经是一个繁荣、富有的罗马城市，阿尔忒弥斯神庙旁的一个繁忙的口岸，并与地中海周边城邦进行贸易。艾菲斯参观的重要部分是：

大剧院

位于Panayir Dagi山的斜坡上，这是罗马人在公元41—117年重建的，更早的剧院是由利希马科斯(Lysimachos)建立的。剧院很大，有25000个座位，这一巧妙的工程还被赋予了绝佳的视听效果。现在剧院仍然被用于举办各种表演活动。

海港街道

这条道路带领您从剧院走到港口，如同经历一次盛事，沿路可以看到柱廊、喷泉、纪念碑和街灯。排水管道都在大理石铺设的道路之下。

大理石大道

这条以大理石命名的街道从南边的剧院一直到古代妓院（Brothel）和图书馆（Celsus）。在它西边是宽敞的贸易市集遗址。

古代妓院

豪华的建筑，现在已成为废墟，它矗立在图书馆的对面，暗示人们：在古老的社会，卖淫并不是可耻的行为。在它的外部，可以找到洗手间，非常好识别。

图书馆

它可谓是一个科技的奇迹，双重的墙壁防潮，同时保持合适的温度。这里是艾菲斯最漂亮的建筑，已被精巧地恢复。在它的右边是Augustus大门，巨大的拱形门通向贸易市集。

库里特斯路

库里特斯路（Curetes）这条极好的山坡街道，起点在图书馆（Celsus）的前面，比海港街道更长甚至更加富有情趣。

山坡住宅

山坡住宅(Yamaç Evleri) 是艾菲斯的富人居住区，这些美丽的别墅带有马赛克地板和经典的装饰。经过多次的修复后，开始对游客开放。如欲参观必须支付额外的10土耳其里拉入场费。

哈德良神庙

哈德良（Hadrian）神庙拱顶中央的女妖头（希腊神话中长有蛇发令人恐怖的女妖）是最著名的。这些神庙，修建于公元118年，主要是为赋予哈德良大帝（Hadrian）荣誉而修建。几个世纪以后被广泛重建。寺庙对面横跨库里特斯（Curetes）路，有十家商店，它们的前面都有镶嵌精美的马赛克。

大力士门

两层结构，半路沿街，建于公元300年。旁边的街道向南通向碑铭博物馆。附近还有音乐厅 (古罗马音乐厅、奏乐堂、剧场)等等。

艾菲斯的市议会就在这个美丽的、像个剧院一样的小空间里召开。在音乐厅的对面是另一处被严重破坏的遗迹，包括市政厅和女灶神赫斯提（Boulaea）神庙。在另一面是一些被严重破坏的浴室大门，从这可以进入到艾菲斯的考古遗址。

在山峦（Panayir Dagi）的东部，山坡支撑着伟大的剧院，内有一个洞穴被称为七个沉睡者洞穴。您可以步行或驾车来到这个洞穴，实际上这里是一处拜占庭式墓地。

离开

在考古学遗址之外，向西4公里处是帕姆贾克（Pamucak）海滩，向西南17公里处是港口城镇和度假胜地库萨达斯。

从塞尔柱及艾菲斯到附近城镇的旅行距离与时间：
阿德南机场：60公里，45～60分钟途经高速公路
安塔利亚：560公里，东南方向，9.5小时
班德尔玛：300公里以北，5.5小时（从这可乘渡轮到伊斯坦布尔）
贝尔加马：180公里以北，3小时
博德鲁姆：205公里以南，3小时
卡帕多西亚：825公里以东，14小时
费特希耶：306公里，东南方，4.5小时
伊斯坦布尔：690公里以北，陆路10小时
伊兹密尔：80公里以北，1.5小时
科尼亚：496公里以东，8小时
库萨达斯：20公里，西南方向，30分钟
马尔马里斯：240公里以南，4.5小时
帕莫卡莱：215公里以东，3.5小时
希林捷：7公里以东，15分钟

塞尔柱
SELÇUK

塞尔柱
SELÇUK

塞尔柱（Selçuk）是土耳其爱琴海边上的一个小镇。

概况

在 Ayasoluk 的小山下，塞尔柱（Selçuk）慵懒地坐位于一个古老堡垒之下。这里有旅馆、餐馆、出租车以及为参观艾菲斯游客提供的其他服务设施。

这里还有鹳！这个小镇是这种长腿鸟类最喜爱的栖息地。从4月下旬到9月，它们居住在古老的罗马沟渠、废弃的尖塔、电视天线和其他安全的鸟类栖息地之间。艾菲斯博物馆和圣约翰大教堂都在塞尔柱，很值得参观。沿路出口来到艾菲斯考古遗址，停下来看一看阿尔忒弥斯神庙的遗址，这是世界七大奇迹之一。

这里甚至还有少量的土耳其塞尔柱（Selçuk）建筑，这是塞尔柱（Selçuk）土耳其名称的扩展——由此演变成小镇的名字。

到达

火车

每天有几列火车在塞尔柱和伊兹密尔（Basmane站）之间运营。您可以坐火车到达这里，有些慢，但很经济。您也可以乘坐小公共（Dolmus）。公交总站（Otogar）位于镇的中心，您可以轻松地去往伊兹密尔、帕莫卡莱和土耳其其他的地方。

飞机

在塞尔柱有一个小型机场，但它只供私人飞机使用。伊兹密尔（Menderes）机场，在离塞尔柱的55公里处。机场实际上位于伊兹密尔和塞尔柱之间。

景观

塞尔柱是游览此地区的一个非常好的起点。主要的景点是艾菲斯老城，位于城镇中心4公里处。林荫大道将您带到阿尔忒弥斯神庙。虽然这里曾是古时的“世界七大奇迹”之一，但现只剩下了一些柱子。

路上还有一处可以游览的地方是七个沉睡者洞穴，在这里曾经发生了七个沉睡者的传说。希林捷的Pictoresque村位于塞尔柱东9公里的山上，那里在橄榄树和桃树的掩映下有很多精彩的风景。

圣母玛丽亚的小屋，在向南10公里处，据说是圣母玛丽亚在艾菲斯最后的日子里所居住地方。

您在白天可以游览普里内（Priene）、米利都（Miletus）、迪迪玛（Dydima）这三个考古遗址，它们都位于海岸向南一点。一些酒店和公寓提供住宿，您也可以租一辆带驾驶员的旅游出租车前往。

在城镇中心还有几处其他有趣的景点：拜占庭堡垒和圣约翰（Basylica）遗骸，罗马沟渠，艾菲斯博物馆，它里面包含了艾菲斯遗迹挖掘现场出土的文物。

巴士

在这里有去往希林捷（Sirince）和艾菲斯的小型巴士服务。您可能需要乘坐出租车到圣母玛丽亚的小屋。从塞尔柱到伊兹密尔的公共汽车服务很频繁，众多往返小巴穿梭于伊兹密尔的主要公共汽车总站之间。白天每15分钟或20分钟就有一辆车前往塞尔柱。这里往返博德鲁姆的巴士服务也很方便，特别是在旺季。小巴频繁地从塞尔柱开到库萨达斯和其它附近的镇子。

租车

在塞尔柱，租一辆摩托车会非常有趣。如果是租自行车，那么请注意，希林捷和圣母玛丽亚小屋位于山上，这段路程比较辛苦。

游玩

您可以到希林捷进行白天的游览（塞尔柱以外8公里处）。这是个依山而立的小村庄，这里有狭窄的环绕街道，美味的葡萄酒及舒适的酒吧，您一定要尝试一下当地风味。不过要提醒您的是，这里的膳食住宿都相当昂贵。

如果您想游泳，可以到西部7公里以外的帕姆贾克（Pamucak）海滩。

您也可以到库萨达斯的海滨度假胜地和邮轮码头，乘车仅需30分钟。从希林捷俏丽的山村向东部行进，乘车15分钟即到。

您可以参观艾菲斯遗迹废墟，如果您从伊斯坦布尔途径伊兹密尔的机场来到这里，您最好在伊兹密尔的旅馆度过一晚，那里也有很多小餐馆。如果您还想看看这个地方的其它风景，您至少在这里度过两晚，这样您就可以白天参观普里内（Priene）、米利都（Miletus）、迪迪玛（Dydima）那些令人印象深刻的废墟遗迹。在艾菲斯的大理石街道艰苦跋涉之后，您最好到帕姆贾克（Pamucak）海滩，在爱琴海中浸泡一下，那才是真正的享受。

库萨达斯是急速发展的，熙熙攘攘的邮轮码头和度假胜地。迪雷克半岛（Dilek）国家公园供给您一个在兴旺发展的旅游业区域中尚未破坏的自然之地。

希林捷（Sirince）半日游指南

希林捷在艾菲斯附近，伊兹密尔南部爱琴海内路的一个美丽的山城小镇，在塞尔柱东边仅7公里处，以葡萄酒著名。

事实上，在奥斯曼帝国时期，居住在此的希腊人命名为Kirkinca 。第一次世界大战之后的人口流动，来自希腊的土耳其人迁移到这里。他们把名字改为希林捷（意思是“有几分甘甜，迷人又娇媚”）。

一些人认为，希腊人以前曾经居住在这里是因为他们的美酒，也有另一些人认为土耳其人搬来后，在这里开始了葡萄酒贸易，直到今天生产仍然延续着。当您来到这里参观时，您可以自己品尝一下这儿的特产。他们卖红，白和玫瑰味，干的和甜的，各种各样的美酒。除葡萄酒以外，当地还销售很多种水果酒，包括苹果、杏子、香蕉、黑莓、蓝莓、奶油浆果、桑椹、柑橘、各种瓜、橙子、桃子、酸樱桃和草莓等等口味。

漫步在希林捷小镇，购物、摄影、在小广场上一家厨艺精良的餐馆里享用一顿不错的午餐或晚餐，甚至通宵达旦饮酒，真是享受。一些漂亮的乡村住宅已经被恢复为旅店，内有舒适的双人房，家庭套房，您甚至可以租民居作更长时间的逗留。

希林捷是一些巴士旅游团的停靠地，因此这里在中午最忙碌，晚上和早晨比较安静。从希林捷出发或到达的公共交通工具并不频繁，因此如果您想要乘坐公共小巴参观游览，最好提前一天到塞尔柱的汽车总站处咨询，然后早晨去希林捷。一天中，小巴也不太频繁。

如果情况不太好，您就要走回塞尔柱了。如果您是身着正装（不是登山鞋或运动鞋），下坡步行要一个多小时。带上水，夏天还要注意防晒。

餐饮

Ejder餐厅

餐厅位于镇中心，非常友好的地方，自制素食。美味！

Cengiz Topel Cad.9 E PTT Karsisi
电话：+90（232）892 3296
efes_ejder@yahoo.com

住宿

亚马逊公寓

这儿拥有分开的客房、美丽的花园，在凉亭下吃早餐，会让您感到非常的惬意。这里提供每天开往艾菲斯的免费巴士服务，以及互联网服务和图书交易、洗衣服务、旅游资讯和交通票。这儿还提供土耳其和欧式早餐。免费使用自行车。

电话：+90（232）892 3215
www.amazonpension.com

澳新（土耳其）宾馆

拥有干净整洁的房间，带有私人浴室。不错的气氛，可在屋顶的阳台上喝饮料，享用晚餐。双床房间每晚8.50欧元起，分别提供库萨达斯和艾菲斯的免费接送。

电话：+90（232）892 6050
手机：+90 536 745 7561
传真：+90（232）892 1594
info@anzguesthouse.com
www.anzguesthouse.com

Homeros公寓

原来是一所老房子，后来被改建为膳宿公寓，由木匠业主自己装修而成。客房到处充满迷人的魅力，由业主的妹妹和母亲装饰，非常不错。他们还免费提供往返艾菲斯的交通运输。

这里的食物非常好吃，主人也很热情好客，客房也非常舒适。

电话：+90（232）8923 995，
homeros_turkey@hotmail.com

离开

您可以先到伊兹密尔，再去伊斯坦布尔，还可以去代尼兹利，这里是到帕莫卡莱和安塔利亚的必经之地，如果去博德鲁姆，您可以沿着海边的路线去探访马尔马里斯和费特希耶。

帕莫卡莱
PAMUKKALE

帕莫卡莱 PAMUKKALE

帕莫卡莱（Pamukkale）意思是“棉花堡”，位于代尼兹利（Denizli）以北19公里处，这里是土耳其著名的温泉疗养胜地。在土耳其，自公元前2世纪以来这里就是著名的水疗中心。

帕莫卡莱在代尼兹利广阔的高原之上，位于曼德列斯（Menderes）河支流的肥沃河谷地区。富含钙盐的温泉以35°c的高温从地下喷射而出。温泉温度非常高，矿物质中除了包含轻微放射性矿物质以外，主要是钙和碳酸氢盐。它们在经过了许多岩石自然而成的水池和水道以后逐渐冷却，最终像瀑布一般顺着陡峭的小山丘流下，沉淀出闪烁的白色钙盐或石灰石。这是帕莫卡莱创造出了奇异形状的纯白色水池的原因，因此得名“棉花堡”。

概况

帕莫卡莱风景自然秀丽，温暖的钙质泉水从峭壁流到地面形成小瀑布。当它们冷却下来后，形成坚硬的石灰石，表面被光亮的白色石灰石覆盖，并且形成一个又一个水塘。

帕莫卡莱自从罗马人在温泉附近修建了神圣的希拉波里斯温泉城之后，这里就成了温泉疗养地。而今，古罗马的神圣池仍在，附近还有阿波罗神庙废弃的大理石柱。您可以在那里游泳，但要付费。

帕莫卡莱过去常常是那些在土耳其旅行的背包客最喜爱的停留地之一。喜欢冒险的旅行者会停留在帕莫卡莱镇的

在帕莫卡莱一定要参观的三个地方是：

帕莫卡莱镇（Pamukkale）

位于石灰石脚下的帕莫卡莱小镇，拥有许多小旅馆、疗养度假村、餐馆以及一些服务类设施，如商店和公共汽车售票处等。许多疗养度假村都有他们自己的小温泉水池。

卡拉哈耶特镇（Karahayit）

高原北部的几公里处，卡拉哈耶特镇被大型度假旅馆所包围，有很多繁忙的巴士旅游团往来于此。

高原遗迹（Hierapolis）

石灰石形成了高原顶部，那里有神圣池、希拉波里斯遗址废墟（Hierapolis）和考古博物馆。这些都是您想看的。高原有三个入口，从任意口都可进入，需要每人支付5土耳其里拉。

小公寓和旅馆中，他们游移于漫长的夜晚，在温泉中取暖，享用晚餐和美酒，相互交流在路上的故事，在松弛的气氛中享受美妙的时光。

任时间流逝，万物改变，但帕莫卡莱仍有许多理由吸引着世界各地的游人，其中之一就是在伊兹密尔、艾菲斯、库萨达斯、马尔马里斯、安塔利亚和科尼亚之间的游览路线，可谓是美妙至极。

如果您前往爱琴海沿海，您可以参观帕莫卡莱和阿芙罗狄西亚斯古城两个地方。古老的阿芙罗狄蒂（Aphrodisias），让人歌颂爱与美之神。

当您乘车进入到帕莫卡莱镇，就会有当地人骑着摩托车在您车后跟随，赶上您，向您打手势让车停下来。当您停下来后，本来以为是车子哪里出了问题或是前方有什么危险情况，其实不然，他们只是想向您兜售东西。

他们会问您是否需要旅馆、餐馆、纪念品、地毯等等。如果您需要其中的任何一项服务，他们将带您到那里，并尽力向您索要佣金。这或多或少会影响原来的价格。虽然他们只是为了谋生，在某些情况下还可以帮助游客找到一些本地特色的旅游商品。

到达

飞机

最接近的机场是65公里以外的代尼兹利机场，需要1小时的路程。每日有两个航班往来伊斯坦布尔之间。

伊兹密尔阿德南机场是另一个来这里的途径，但是路途较长，到帕莫卡莱将近250公里。如果乘坐旅游大巴来此需要4～5小时。

火车

有从伊兹密尔，、安卡拉和伊斯坦布尔到此的火车。从最近的伊兹密尔乘坐火车来这需要6～7小时，而夜火车则往返于伊斯坦布尔（海达帕萨火车站）。

巴士

帕莫卡莱本地的交通由几个主要的巴士公司经营。从代尼兹利火车站步行几分钟在高速公路一侧就是汽车总站，许多巴士在代尼兹利客运站停靠。巴士往来于帕莫卡莱和代尼兹利之间。几乎所有的土耳其城市都有车到达此地。尽管卖票的工作人员会告诉您没问题，但是几乎没有任何巴士公司会直接带您到帕莫卡莱。巴士将带您到代尼兹利，然后您必须赶上当地小公共，到帕莫卡莱大约20公里，您需要自己比较一下价格。

小公共汽车

乘坐小公共汽车（Dolmus），这是一种廉价的公用巴士，通常座位约10个（如果人多，也会非常拥挤）。从附近的代尼兹利到帕莫卡莱有频繁的小型巴士服务，间隔约20分钟一班。

到处转转

从高原之上200米高的岩石中流出的泉水与水中的矿物质形成了帕莫卡莱（土耳其语中意为“棉花城堡”）这一特殊地貌。它由石林、石瀑布和一系列的梯形盆地组成。公元前2世纪末阿塔利德斯王朝的帕加马国王们建立了希拉波里斯温泉中心。这处遗址包括浴室的废墟、庙宇和其他罗马建筑。

当您用任何方式到达棉花堡旁边的小镇后，您首先看到的是镇子中心和冒着热气的温泉池，步行10～15分钟后就能到达高坡上的景点。

棉花堡以及希拉波里斯遗址在1988年根据世界文化遗产和自然遗产评选标准被列入《世界遗产目录》。这里拥有12000个座位的希拉波里斯罗马剧场不应错过。另一个鲜为人知的地方是Laodicea废墟，它位于棉花堡的河谷上。古时候，这座城市是纺织、贸易以及金融业的中心。考古学家发现了露天体育场、水塔、竞技场和浴池，还有戏院、蓄水池、古希腊建筑风格的大剧院、小型罗马剧院和一些城墙的断埂残垣。沿着代尼兹利大道10分钟车程就到。像艾菲斯一样，这里也是一个很棒的地方，让人体验到罗马历史并没有完全消失，并且就在您的眼前。

卡拉哈耶特红泉（Karahayit Red Spring）：离废墟约5公里，因泉水含铁矿质，并都染成红色，当地人称为血泉。据说流出来的泉水温度高达摄氏六七十度。

卡克利克洞穴就像是一个小型版本的帕莫卡莱，位于一个洞穴的底下。从帕莫卡莱到那里大约需要30分钟车程。

游览

您可以一大早赤脚在瀑布下面一直走到顶端。如果中午随着旅游巴士抵达，这里会变得特别拥挤。这里很值得看的是布满石棺的阿芙罗狄西亚斯（Aphrodisias）古城。您可以租一辆轻型货车从代尼兹利到此。如果住在本地的酒店，旅游费用约为25土耳其里拉。您还可以到高原最上面的红泉温泉池和古城希拉波里斯去参观罗马大剧场。

本地老市场，代尼兹利这边一个本地人的集贸市场值得一看。

Laodicea是另一个较少有人访问的地点，从帕莫卡莱坐当地小公共前往。免费进入，几乎没有游客。您不妨花半天时间来这里看一看遗址，风景不错，不虚此行。

正如您所看到的，帕莫卡莱这个地区背靠陡峭高山，这些白色的石灰石仿佛装点了一层白色的面纱。

主要景点都在高原上。当您中途过了山腰，会发现有三个入口，里面是一个遗址和旅游景点，需要付费（每人5土耳其里拉），从任何一个入口进入均可。

帕莫卡莱方向的大门口：从城镇您可以光着脚提着鞋，沿着布满石灰石的路上步行，大约15分钟就到了。

北入口：乘车从帕莫卡莱小镇到卡拉哈耶特约2公里，是进入的最佳入口，需支付费用。然后再驱车1公里通过宽广的墓地上方的石灰石区域，您将看到神圣池和希拉波里斯古城废墟。可惜很少有公共交通工具沿着这条3公里的路线前行，您可能需要乘坐出租车（如果您能找得到的话）。

南入口：从南入口进入不是最好的选择，您需要驾车前往大型停车场以南的高原，在烈日下再步行约15分钟才能到达。

古罗马剧场

古罗马废墟：建于公元前190年，公元2～3世纪是全盛时期，成为古罗马浴场的中心。遗址中不可错过的地方是，修建于公元2世纪半月形的古剧场。

希拉波里斯古城作为一个古代的健康温泉疗养中心，即使在今天，旅客也会来此参观娱乐疗养，而不仅仅为泡湿自己的双脚。

城市中最伟大的就是希拉波里斯古罗马剧场，可以容纳2万人的罗马剧院运用精巧的浮雕装饰保留至今，浮雕展现了帝王Septimius Severus和酒神迪奥尼索斯的生平。如今修复的座位可以容纳12000名观众，并提供了完美的场地。意大利的工匠于1972年恢复了部分花式大理石装饰以及舞台和座位。

您沿着山坡步行约10分钟就可到达神圣池，剧场的位置刚刚好，使人能充分利用城市山坡上的位置欣赏壮观的景色。

希拉波里斯古城（Hierapolis）

希拉波里斯古城(Hierapolis)，原是古代国王养生度假之处。现在的博物馆是由古浴池改建，里面陈列着贵族的石棺，全都是精雕细琢，个个宛如大型珠宝箱，其他陈列室还有古钱币、陶器与石碑。馆外露天部分还有柱子、石墙，穿着泳装顺道过来看古迹的棉花堡游客穿梭其中，整幅画面很富情趣。

如今已经是废墟的古罗马温泉水疗中心希拉波里斯古城，包括一个大剧院，满山的墓地（公墓）、石板大道、罗马大浴场以及众多石棺。

您需要用半天的时间参观废墟遗址。Tetrapylon是一个纪念碑式的建筑大门，它修建于公元2世纪，Hadrian国王统治时期，被认为是通往阿芙罗狄蒂神庙主要街道的交叉口。

如果您有自己的交通工具，可以从北入口（卡拉哈耶特一侧）乘车通过1公里长的墓地与罗马古墓进入高原。当时罗马人非常重视温泉这一有益身体健康的宝贵资源。他们远道而来在这里修养身心，在温泉周边建造了希拉波里斯古城供游客住宿。来这里的许多游客身体都不是很好，他们希望温泉能够帮助他们恢复健康。在希拉波里斯古城东边有一个很多石棺的墓地，这座城市中巨大的墓地告诉了我们另一个不同的故事：它是安纳托利亚最大的古代公墓，有1200个墓地，其中埋葬着公元1世纪希拉波里斯的烈士（Apostle Philip）。

高原的中心是大型停车区，大量的游客由此去参观神圣池、希拉波里斯博物馆和白色的石灰石。

卡拉哈耶特(Karahayit)

卡拉哈耶特（Karahayit）是帕莫卡莱以北的村庄，曾以其红色的温泉而著名，水中充满铁和钙。在20世纪90年代，当帕莫卡莱高原顶端的汽车旅馆被拆除后，卡拉哈耶特就成为了发展大型豪华水疗酒店的可选地点。进入卡拉哈耶特大道上的凯旋门是一座纪念碑，那里的人们希望本国和外国游客在这里的豪华温泉酒店停留一到两周，并且可以通过“治疗”，寻找到健康与幸福。

这里有很多新建成的酒店，但来这里进行水疗的游客很少，现在卡拉哈耶特五星级酒店的主要客源大多数是停留一晚的巴士旅游团。供过于求的酒店，房间状况不太好，许多非常舒适的酒店提供自助早餐和自助晚餐，每人35土耳其里拉，不可讨价还价。酒店还提供许多其他服务（需付额外费用）：饮品、按摩、旅游商品等。

乘车前往酒店的公共交通工具稀疏不便或者根本就不存在，所以您必须自己想办法。

神圣池(Sacred Pool)

从罗马时代保留下来的帕莫卡莱神圣池，当时它是水疗中心城市希拉波里斯的灵魂所在，如今这个现代化的游泳池是帕莫卡莱最好的公共游泳场所。

被桃树、棕榈树、松树和柏树环绕，到处是鼓形凹槽、倒下的大理石柱、柱基和附近阿波罗神庙的残垣断壁，池水不断被流入的温泉更新。

水温很舒适，不烫，让您身心愉悦。游泳池有不同深度，在大多数地方，一个成年人的脚可以接触到水池底部，头部露在水面之上。还有大量适合儿童的浅水区。

游泳入场门票：成人18土耳其里拉（13岁以上），儿童7土耳其里拉（6～12岁）。更衣室中可以储存物品的柜子费用2土耳其里拉。支付这些费用后，您可以有两小时的时间在水中嬉戏，但实际上很少有人会检查时间：不管怎样，游两个小时的泳已经足够了。

这里有男女更衣室、厕所、纪念品商店、小吃和饮料店以及大量安置在阴凉处的桌椅，提供给那些不想游泳的人们，您可在旁边休息观赏（如果您只是静坐不游泳，就不需要支付门票）。

提供毛巾要额外交费，您必须带一条自己的毛巾或买一条（小的7土耳其里拉，大的15土耳其里拉）。如果您需要毛巾，到帕莫卡莱城镇或代尼兹利的商店去购买，可能会便宜很多。

白色石灰石（Travertines）

在地球下方更深的某个地方，帕莫卡莱和古罗马希拉波里斯城流淌着被火山熔岩加热的丰富水源。水溶解纯白色的钙，然后饱和，裹挟着进入地球表面，在这里迸发然后从陡峭的山坡一泻而下。先在户外冷却，钙质在水中沉淀下来，黏附着土壤，形式了白色钙“瀑布”冻结在石头上，被称为石灰石（Travertines）。

在希拉波里斯和帕莫卡莱，温泉水已向外喷发两千多年。罗马人修建了希拉波里斯水疗之城，使得人民得以享受这里健康和有益的热温泉。石灰石的美丽还能让您赏心悦目。

从代尼兹利可以直接到达石灰石高地斜坡，那些通宵开车、乘坐小巴、城际巴士、乘坐出租车以及当天往返的游客通常会来到神圣池和向南一点儿的较大的公众泳池参观。

简单的汽车旅馆在高地边缘不断涌现，背后依靠着热温泉和富饶的山谷。简单的茶园开放，提供甜点饮品，您可以静坐在荫凉的松树下享受这一切。

由于旅客人数——特别是低预算的背包旅行者的增加，原本以石灰石为基础的小村庄变成了一个小镇。当地居民开放他们的房子作为小公寓和简单的家庭旅馆以及餐馆来招待游客。

在20世纪80年代，地方当局决定以一种较为系统的方式开发温泉。直至20世纪90年代，简单的汽车旅馆被夷为平地，在原来的土地上建成了一个公园。向上的道路被封闭，禁止车辆驶入，新的车辆出入口分别建于高原北端和南端。罗马浴场变成了一个良好的小型博物馆。

该设计图看起来很好，但在实践中却是一个败笔。南入口处，游客必须停车步行，然后在烈日下走上很长一段距离才能来到石灰石、神圣池、希拉波里斯古城遗迹和博物馆。北入口几公里的路程就可到达卡拉哈耶特村庄，在北口进入后，游客不得不步行或开车1公里才可到达高原中心的景点。

在任何入口都没有公共交通服务提供。轻型客车和城市公共汽车停靠在帕莫卡莱镇，所以没有自己交通工具的游客（汽车或旅游巴士）要乘坐出租车或步行很长一段路来到高原。

与此同时，众多豪华酒店修建在高原中心几公里以北的卡拉哈耶特，但没有提供酒店与高原之间的公共交通。

热泉水从高原转而注入卡拉哈耶特酒店的泳池，这家酒店是帕莫卡莱镇上一家规模较小的酒店。很多的石灰石没有做更新，因干燥被污染了。

高原，曾经是当地居民、土耳其游客和外国游客融合的一块乐土，跋涉于石灰石，沐浴在神圣池，在荫凉的茶园一边喝茶、品尝小吃，一边享受壮观的景色，惬意十足。因为没有正好到高原的公共交通，当地居民不再到这里，公共泳池和茶园关闭。过高的价格和公共交通的缺乏使得低预算的外国背包客也变得气馁。卡拉哈耶特（Karahayit）酒店的修建是希望土耳其本地游客和外国游客都能来到帕莫卡莱作长达一周的温

泉"治疗"，使帕莫卡莱成为艾菲斯，卡帕多西亚或安塔利亚之间观光巴士的一晚停留站。

没有什么可以和它相媲美，石灰石仍然是美丽的，希拉波里斯古城遗址很富有情趣，精美的剧院很优秀，恢复良好的古罗马建筑，博物馆也很好，在神圣池中游泳会是一次非常难忘的经历。

棉花堡博物馆

曾经的罗马浴场，希拉波里斯博物馆（以前的考古博物馆），位于帕莫卡莱石灰岩顶上的神圣池附近。如果您已经参观过希拉波里斯遗迹和罗马剧场，这里很自然是下一个游览地，对罗马考古有兴趣的游客来说一定会受益匪浅。

阿芙罗狄西亚斯(Aphrodisias)

古城遗迹位于曼德列斯河谷的西部，因爱神阿芙罗狄蒂而得名，人们早在青铜时代就定居于此。这座城市建于公元前5世纪，之后因阿芙罗狄蒂的神殿而得以闻名。此神殿是一座有四十根圆柱的爱奥尼亚式建筑。

也许是由于附近有极好的大理石（Carian）出产，阿芙罗狄西亚斯变成了一个艺术中心，在此还有一所很有名的雕刻学校。这所学校的毕业生遍布了整个罗马帝国。他们的名字出现在意大利、希腊、安纳托利亚以及其他地域上发掘的雕塑上。

除了美妙绝伦的雕塑，阿芙罗狄西亚斯还因精致的建筑而闻名，包括希腊时期用纯大理石修建的小剧院以及保存完好的露天体育场。经过稍稍的修缮，长达262米、能够容纳30000人的露天体育场可以用于赛跑、竞技和古罗马角斗。

Tetrapylon是一个纪念碑式的入口，它修建于公元2世纪Hadrian国王统治时期，被认为是通往阿芙罗狄蒂神庙主要街道的交叉口。

当基督教于公元4世纪传到阿芙罗狄西亚斯，阿芙罗狄蒂神庙变成了教堂。市民们都很虔诚于他们的女神，新的宗教信仰经过很长一段时间才被完全接受。最终这座城市成了大主教的栖身之地，之后又是Caria省的一个大都市。但时至今日，一些游客仍然希望能够在这里感受到爱神的光辉。

购买

帕莫卡莱、代尼兹利地区最著名的是他们的棉花和家用物品。这些都已成为世界各地人们来此必购的纪念品。当地人说，美国影星阿诺德施瓦辛格家中的窗帘和一些室内陈设品就是代尼兹利制造的。最好的购物地点在布尔丹镇，从帕莫卡莱出发大约30分钟车程。许多其他纪念品和传统的土耳其商品，您可以在靠近代尼兹利和帕莫卡莱的其他地区找到，这样会更便宜一些。

餐饮

最好和最新鲜的食物可以在小型的家庭旅馆中找到，在一个很好的露天餐厅里您可以吃到“borek”——土耳其煎饼，还可以在进入镇子之前，看到公路上的Alis餐厅，也是一种提供土耳其快餐的餐馆。

Mehmets Heaven：位于帕莫卡莱主要大街附近，拥有完美的帕莫卡莱景致。这里有味美的食物，很好的价格以及超级棒的业主。

您应该尝尝土耳其国饮——Ayran，它非常健康。回味十足！在帕莫卡莱地区生产的葡萄酒相当著名，赢得了很多嘉奖。Raki！众所周知的狮子奶，还有美味的鱼类菜肴都能让您食欲大开。

住宿

在帕莫卡莱村庄南部有很多小型的家庭旅馆。大多数都有温暖的、呈绿色的温泉，还提供美味的土耳其菜肴。

Allgau motel Melrose Place

这是一个很好的家庭公寓，位于城镇的东端。友好的业主提供廉价美味的家常菜。这里还为游客提供洗衣服务和充满温泉的游泳池。这里还允许露营者搭建帐篷。客房每晚 32 土耳其里拉起。

地址：Near the North entrance to the terraces Pamukkale Denizli

电话：+ 90（258）272 2250

邮箱：allgau@superonline.com

www.allgauhotel.com

阿耳特弥斯（Yoruk）酒店

非常好的位置，正好在城镇中心，巴士站的对面。大量的客房、宿舍、单人间、双人间、三人间及家庭客房。巨大的游泳池和美丽的花园是一个放松身心的好地方。传统的土耳其美食全天供应，晚上还可以在屋顶的天台上享受美景。这里提供大量的旅游信息，包括图书借阅、免费上网服务等。费用中包括早餐。

地址：Pamukkale kasabasi Atat

电话：+90（258）272 2674

手机：+90（525）799 8141

传真：+90（258）272 2675

E-Mail: artemisyoruk@hotmail.com

www.artemisyorukhotel.com

维纳斯酒店

是一家舒适、受欢迎的酒店拥有单人、双人，三人、四人和五人客房，并都已全新装修，而且价格合理，有无线网络连接，还有一个充满了著名的帕莫卡莱温泉的游泳池。酒店餐厅——这里是酒店的客人品尝传统的土耳其家常菜和葡萄酒的好地方。酒店还提供旅游服务信息，工作人员可以用流利英语进行交换。

地址：Pamuk Mh. Hasan Tahsin Cd，No16 Pamukkale Denizli
电话：+90（258）272 2152
传真：+90（258）272 2993
www.venushotel.net

Melrose Residence House

位于土耳其安纳托利亚半岛于西南，其中最熟悉的景象之一就是土耳其闪烁着白色石灰石水池的帕莫卡莱，Melrose Residence House酒店就位于这个美丽的区域之中，并以优质的服务而闻名。
地址：Hasan Tahsin Cad ，No19 Pamukkale Denizli
电话：+90（258）272 2767
传真：+90（258）272 3120
info@allgauhotel.com

帕莫卡莱四季酒店

来到这里您会感觉宾至如归，这家酒店是帕莫卡莱最舒适的酒店之一。这里有价格低廉、绝对无尘的房间，整洁的浴室，美味的食物和友好的工作人员！
地址：Hasan Ali Güzel Proprietor ，Pamukkale Village Denizli
手机：+ 90（533）729 9302
电话：+ 90（258）272 2009
传真：+ 90（258）272 2632
info@hoteldortmevsim.com
www.hoteldortmevsim.com

Ozturk whitehill 酒店

Ozturk whitehill 酒店是帕莫卡莱最好和最受欢迎的酒店之一，因为它一贯地被评选为该国档次最高的酒店之一。它是一家小型奢华酒店，到处充满了舒适的氛围，是在帕莫卡莱休闲放松的完美所在。
地址：Pamukkale Town，Denizli
电话：+90（258）272 2116 或+90（258） 272 2627
手机：+90（535）949 1319
www.ozturkwhitehill.com

离开

帕莫卡莱到卡帕多西亚交通，没有方便的航班或火车，所以您要在帕莫卡莱和内夫谢希尔（Nevsehir）地区之间坐巴士或开车。

巴士

您可以一路乘坐直达巴士从代尼兹利（帕莫卡莱）到卡帕多其亚的内夫谢希尔地区，反之亦然，但也有可能您将在科尼亚换乘巴士——这并不是很大的问题。如果您打算在科尼亚或帕莫卡莱沿途过夜，您可以乘坐这两条线路上的直达巴士。

汽车

从帕莫卡莱通过土耳其的湖区到达科尼亚大约306公里，驱车需要5小时。在伊尔迪尔（Egirdir）停留吃午餐，观赏一下风景。

夜间在科尼亚停留，可以看到其伟大的塞尔柱土耳其建筑（特别是Mevlana博物馆），然后继续沿着古老的丝绸之路途经苏丹哈尼第二天来到内夫谢希尔、卡帕多西亚（221公里，3小时）。

库萨达斯
KUSADASI

库萨达斯 KUSADASI

库萨达斯（Kuşadası）是一个沿海度假城市，位于土耳其爱琴海的艾登省。它现在已成为非常受欢迎的度假胜地，尤其深受来自欧洲北部和西部游客的喜爱。这里拥有约5万居民，在5月至10月的旅游旺季，人口增长更加显著。

历史

库萨达斯这一名字来源于土耳其语，意思是"鸟岛"，这里有一条长堤连接着库萨达斯半岛。库萨达斯是爱琴海一个主要的度假地和游轮口岸。紧挨着著名的艾菲斯遗迹，您只有亲临此地，才会感受到这里的独特之处，而且这种感受是不能由土耳其人与外国游客言传的。

曾因村庄农耕困乏，20世纪80年代开始库萨达斯的旅游业繁荣起来。尤其是沿着海边码头区的大道，逐渐成为了一个繁忙的海滩度假胜地。镇子的北边和南边还有一些其他的海滩。那里夏天很拥挤。

这里有大量旅馆提供给那些欧洲日光浴爱好者（尤其是来此躲避本国冬季的度假游客）。

当游轮停靠在口岸，库萨达斯瞬时人口骤升，在周围的市场上到处都可以听到讨价还价的声音。如果您登上游轮，要享受一个好的、合理价位的海滨之旅。请联络当地旅行社——可以信赖的包价旅游承办经营商。

> 提示：镇名的意思是"鸟岛：*kus* = 鸟，*ada(si)* = 海岛"。

到达

小巴在库萨达斯、艾菲斯和伊兹密尔之间运营，实际上是一个短程运输服务，特别是在夏季的月份中：全天大约每15～25分钟就有一辆小巴驶离。

最近的机场是伊兹密尔的阿德南机场。以下是机场交通信息。伊兹密尔阿德南（Menderes）机场距离80公里，时间将近1.25小时；博德鲁姆：151公里，2.25小时；艾菲斯：17公里，25分钟，伊兹密尔：95公里，1.5小时；马尔马里斯：200公里，4小时；帕莫卡莱：220公里，3.5小时；selcuk：20公里，30分钟；帕姆贾克海滩：8公里，15分钟。

到处看看

一些游客自驾车15 分钟，行驶8公里来到附近的帕姆贾克（Pamucak）海滩。这里很宽广、不拥挤，但服务性设施较少。您可以以此作为在这个区域参观旅游的落脚地：比如艾菲斯、Priene、Miletus、Didyma、Euromos、Pamukkale 和Aphrodisias。这些地方都有导游带领的旅行团，您自己参观也可以。

帕姆贾克（Pamucak）海滩

这是个广阔的、新月形的三角沙洲，位于塞尔柱以西7公里处（艾菲斯以西4公里）。庞大的度假酒店综合建筑在南部区域不断涌现，大部分的海滩是公共的。在最南端，沿着道路攀爬越过小山可以到达库萨达斯，您会看到那里浅绿色的幻想水上公园。

脚下柔软的沙子有些湿软，沙滩正对爱琴海，海浪不断冲击上岸，沙子成乳状。

您可以喝饮料、吃东西、在海滩附近的小旅馆里避暑，但沙滩上没有一点荫凉，所以建议您多带些防晒霜。更重要的是，这里虽然有一个海滩救生岗亭，但没有救生员，也没有救生装备，因此要靠您自己。可以冲浪，但请小心，注意安全。

您顺着塞尔柱或艾菲斯通向库萨达斯的沿海大道步行5分钟就可到达帕姆贾克（Pamucak）海滩，通过乘坐频繁快捷的塞尔柱—库萨达斯小巴（每隔20～30分钟一班）也能到这里。门票很便宜。

普里内（Priene）、米利都（Miletus）、迪迪玛（Dydima）一日游

从塞尔柱和艾菲斯，您可以花费漫长的一个上午或下午游览三个迷人的考古遗址：普里内（Priene）、米利都（Miletus）、迪迪玛（Dydima）。您需要交通工具，无论是租车或乘坐出租车。如果是乘坐出租车，向您所在的酒店咨询并让他们推荐一位驾驶员或者是到塞尔柱公交总站（Otogar）与一两个驾驶员谈价钱，让他们载您到普里内（Priene）、米利都（Miletus）、迪迪玛（Dydima）。如果您想花一些时间在每个景点游览一下，车子会在外面等待您约一小时。

在夏季，旅游小巴在这三个景点往返，从塞尔柱（Otogar）出发，上午9点离开，在普里内（Priene）停留一小时，在米利都（Miletus）停留一个半小时，在迪迪玛（Dydima）停留两个半小时（一小时参观一下神庙遗迹，也可以用午餐），然后再花一个半小时在迪迪玛南面的Altinkum海滩游泳，然后在下午6点返回到塞尔柱。

如果您自己游览，至少需要4个小时（5个小时会更好），这个旅行，饭食不包括在内。三个遗迹附近有一些简单的餐馆，但或许您更想自己带些食物进行野餐。您还要自带些水，沿路也可以买到饮料，以免在炎炎的夏日里脱水。

从塞尔柱驱车向南35公里或从库萨达斯向东南20公里来到Söke，然后跟随公路上Güllübahçe和普里内（Priene）的指示牌，行驶1公里的距离就到了。如果您需要服务（饮料、餐厅、商店、简单的住所），您可以在Güllübahçe找到。

游览普里内（Priene）之后，再驱车22公里去米利都（Miletus）(Milet，Balat)，向西沿Meander河冲击平原，直到北部边缘（Menderes Nehri），然后向南穿过宽阔平坦的平原，这里大多数种植着棉花。附近的河流从这一点涌入爱琴海，一度汹涌的河水现在只剩涓涓细流，其前浩浩荡荡的水流被分流到

周围狭窄的几个渠道内，沿Meander河道流淌的河水已经灌溉在广阔肥沃的土地上。

当您到达南端的平原地区后，巨大的米利都（Miletus）剧院在那里迎接着您。左转到达剧院，在您的前面是一个小灌木林，还有停车场、餐厅、饮料零食店铺以及厕所。米利都博物馆就位于去往Akköy约1公里的地方。

从米利都（Miletus），向南4.5公里就到了Akköy，无论是旧路（通过米利都物馆）还是较新的公路都可到达这里。Akköy以南，按照Yenihisar指示牌（迪迪玛idim / Didyma），驱车14公里来到巨大且神秘的阿波罗神庙。这里还有餐厅、饮料和小吃亭，神庙周围还有出租的房屋。Altinkum海滩，在迪迪玛（Dydima）以南4公里处，夏季非常忙碌，拥有特别多的英国人以及到此躲避欧洲寒冷季节的外来居民。

按原路线从迪迪玛返回塞尔柱（86公里）或库萨达斯（71公里）。如果您一直向前来到博德鲁姆，您可以从Yenihisar或Akköy驱车向东进入米拉斯公路，在它的南边向右转爬上山就到博德鲁姆了。

游览

从土耳其到意大利

沿着马尔马拉海有很多适于远航的大型游轮运载乘客往来于意大利和土耳其之间。这些游轮每周都从意大利的安科纳和布林迪西到达土耳其切什梅（çesme）码头（伊兹密尔西部）。

从4月到10月，游轮在安科纳和切什梅之间运营，航程历时44～56小时，票价包含两顿早餐。从6月到9月游轮在布林迪西和切什梅之间运营，航程历时34小时。

库萨达斯的很多旅行社可以提供详尽的信息，不管您是从意大利到土耳其还是从土耳其去往意大利，不管您有车没车，他们都能为您预定舱位。

安科纳——切什梅——安科纳

从4月到6月中旬，从8月中旬至10月（"淡季"），游轮在每周六晚从安科纳离开，在周二的早晨抵达切什梅码头，航程需时57.5小时。游轮在周四中午离开切什梅码头返程，周六晚抵达安科纳。

从6月下旬至8月上旬（"旺季"），游轮在周六晚上离开安科纳，下个周一的傍晚抵达切什梅码头，航程需时44.25小时。游轮在周四晚上离开切什梅回程，周六晚抵达安科纳。

在淡季，单人单程票价从150～355欧元，旺季为175～460欧元，根据您选择的船舱的级别不同价位不同。所有的收费都包括每天的早餐，其他膳食也可自行购买到。最便宜的是普通卧铺，最昂贵的是带空调的双卧铺套间，有电视、冰箱，以及带有淋浴的私人浴室。需要额外支付每人40欧元的港口税。

在冬季，从11月到次年3月中旬，马尔马拉海（Marmara）的游轮航线，安科纳（Ancona）到切什梅码头的航线停止营运，您可以乘坐米诺斯（Minoan）线的渡轮从安科纳到希腊的佩特雷（Patras），然后乘坐米诺斯线巴士来到比雷埃夫斯（Piraeus），再乘坐渡轮从比雷埃夫斯（Piraeus）到达切什梅码头。联系当地旅行社询问详细购票信息。

布林迪西——切什梅——布林迪西

从6月下旬直到9月中旬，在周三上午渡轮离开布林迪，周四晚抵达切什梅，航程需时31.25小时。在周一晚从切什梅离开返程，周三晚抵达安科纳。

单人单程票价80～275欧元，根据您选择的船舱标准而定价。早餐包括在内，其他饭食可自行购买到。最便宜的是普通卧铺，最昂贵的是带空调的双人卧铺套间，内有电视、冰箱，带有淋浴的私人浴室。需支付每人30欧元的港口税。

摩托车运输的票价是25欧元加20欧元的港口税，一辆长5米，高1.7米的客车运输票价为150欧元加40欧元的港口税。

折扣

往返车票享受20%优惠。4岁以下儿童不收费，但没有床铺提供，但要支付港口税。4岁到12岁的儿童享受50%的优惠（外加港口税），提供床铺。孕妇必须有可以进行航行的医生证明书。联系当地旅行咨询详尽信息、购票。

在希腊与土耳其之间旅行最简单的方式是从希腊的岛屿乘坐渡轮抵达土耳其（反之亦然）。渡轮（摩托艇和水翼艇）从希腊的至少六个岛屿离开，然后到达土耳其的十个港口。最繁忙、最便捷的土耳其港口是博德鲁姆、马尔马里斯、库萨达斯和切什梅半岛；在希腊的是罗德斯岛、科斯岛和萨摩斯岛。莱斯沃斯（Mytileni）与Ayvalik之间的渡轮一直都是最不确定和最昂贵的渡轮。

当地旅行社可以提供详尽的航行和费用信息，并为您提供预订服务，也可以预订希腊众岛屿之间的渡轮服务，土耳其、希腊和意大利之间的渡轮服务，以及希腊旅行业务（酒店、旅游、租车等）。

这里是一个渡轮班次及票价（港口税不包括在内）概要，其中的票价及港口税如有变更恕不另行通知。不断更新的时间表、票价及预订，请联系库萨达斯当地的旅行社。

库萨达斯——从土耳其到希腊船期时刻表：

Greek Island Port	Turkish Port	Frequency (June-Sept.)	Voyage Duration	One-way Fare
Chios	Çesme	每日	1.25小时	US$32
Kos	Bodrum	每日除周日	20分钟 (水翼艇)	US$38
Kos	Bodrum	每日	50分钟 (摩托艇)	US$32
Lesvos (Mytileni)	Dikili	周二，周四，周六	1.25小时	
Lesvos (Mytileni)	Foça	每日除周四，周六	2 小时	US$56
Lesvos (Mytileni)	Ayvalik	一周6天 (不确定)	80分钟	US$50
Rhodes	Bodrum	周一&周六	2.25 小时 (水翼艇)	US$63
Rhodes	Fethiye	五月，六月，九月 (每周三天) 七月八月：每日除周六	1.5 小时 (水翼艇)	US$82
Rhodes	Marmaris	每日	45 分钟 (水翼艇) 2.25 小时 (摩托艇)	US$39
Samos	Kusadasi	每日	1.5小时	US$38

重要注意事项

港口税惊人得高——相当于一些航行票价的30 %~ 60 %（例如，罗德斯岛和马尔马里斯之间的港口税为24美元）。如果您仅仅是做日间游览，港口税通常是不被征收的；也就是说，您在同一天乘船往返就不征港口税。但如果过夜，您就必须要支付税款了。

至少要提前一天预订。不管是从希腊还是从土耳其上船，您还必须头天晚上上交您的护照登记。

您通常可以购买同天往返旅行船票，它只比标准的单程票价稍高一点点，也就是说，您可以在早上起航，看一看港口的风景，然后在傍晚返回到您原来的港口。一个开放日的往返票价，意味着您可以在您选择的日子里乘坐往返渡轮，这将会有些昂贵，但至少比两个单程票的费用便宜得多。

淡季（11月至4月），渡轮服务不那么频繁。在冬季每周只有一趟船，船上乘客坐满就起航。最可靠的淡季服务是博德鲁姆—希腊科斯岛；其次是马尔马里斯—希腊罗德斯岛。

在冬季的时候，所有船只载客运输主要取决于船期，要仔细确认船只离港的日期和时间，提前关注天气情况，一旦天气恶劣，就有可能会导致取消冬季班次（在夏季天气通常不是一个问题）。

住宿

Hotel Onura, Kusadasi

酒店紧靠海滩，建在小山高处，您可以看到整个游泳池，非常方便。白色的扇形建设，让人感觉到这里就是为了度假。服务周到，您可以品尝到传统的土耳其美食，尤其是晚上的自助餐，品种非常丰富。这里有很多欧洲游客到访。

地址：Yavansu Mevkii Aydin

电话：+90（256）622 0505

www.onura.com/kusadasi

info@onura.com

KoruMar Hotel

酒店靠近海滩北部，环境非常优美，整个建筑富丽堂皇，还有私家海滩。250间客房，价格从70美元到140美元。Orient 和Efes餐厅全天提供自助餐，A La Carte餐厅主要供应海鲜菜肴，非常可口。在这里您将度过一个真正的爱琴海假期。

地址：Gazi Begendi Mevkii，Kusadasi

电话：+90（256）618 1530

www.korumar.com.tr

info@korumar.com.tr

Merit Sunset

181间客房、1间餐厅和1个酒吧构成了这里完美的一切。正像它的名字一样，您可以在酒店的凉台上尽情欣赏爱琴海的落日，非常惬意。对于喜欢安静的游客来说，这里的确是一个好选择，不过价格有点贵。房间价格从每晚150美元起。

地址：Gazi Begendi Beldesi Turkmen Mah，Kusadasi

电话：+90（256）618 1020

www.merithotels.com

info@merithotels.com

Pine Marina

对于海滩周围的5星酒店来说，这里似乎有点逊色，但是它的服务是高品质的，您只要步行5分钟就能到蓝色的爱琴海。您可以沿着漫长的海滩跑步，穿过栈桥，就到了这家温馨的酒店。习惯喧闹的游客或许会发现这里的宁静舒适更令人动心，尤其是日落后，您可以欣赏到海天一线的壮丽景色。

地址：Yat Limani Karsisi Aydin，Kusadasi

电话： +90（256）612 7252

Club Caravanserail

这是一家奥斯曼帝国时期的建筑，据说以前是个小城堡，修建于1618年，并于1995年作为度假酒店重新装修并营业。26间客房，舒适整洁，充满了家的味道。最让人喜欢的是它的庭院，棕榈树和土耳其地毯组成一个奇特的画面。这里是沙漠绿洲吗？也许夜晚的土耳其之夜将告诉您，这里是真正的爱琴海度假地。对于那些周游世界的游客来说，40美元到80美元一晚的价格真是物有所值。您一定不要错过这里，哪怕仅仅是到此一游。

地址：Ataturk Bulvari 2，Kusadasi

电话：+90（256）614 4115

www.kusadasihotels.com/caravanserail

caravanserail@kusadasi.net

离开

伊兹密尔阿德南机场：80公里，1.25小时

博德鲁姆：151公里，2.25小时

艾菲斯：17公里，25分钟

伊斯坦布尔：705公里，9.5小时

伊兹密尔：95公里，1.5小时

马尔马里斯：200公里，4小时

帕莫卡莱：220公里，3.5小时

博德鲁姆 BODRUM

博德鲁姆 BODRUM

博德鲁姆古代称为哈利卡那苏斯（Halicarnassus），是欧洲深受欢迎的爱琴海度假胜地和游艇码头。这里有值得引以为豪的世界七大奇迹之一摩索拉斯国王（Mausoleum）陵墓遗址，还有高高的十字军骑士堡垒——圣约翰城堡。昔日15世纪十字军东征的建筑，已成为世界最早的水下考古博物馆。

两个拥有美丽景色的海湾映托于城堡两侧，对于乘坐游艇的游客特别有吸引力。镇上的海滩很小，海水特别干净，在博德鲁姆半岛附近还有些其他值得一游的海滩。

概况

博德鲁姆的前身是古城哈利卡那苏斯（Halicarnassus），最有名的摩索拉斯国王陵墓（公元前353年建成）是古代世界七大奇迹之一。不幸的是，古代遗迹在中世纪的一次大地震中被破坏。一些残余的考古文物，被伦敦的大英博物馆收藏并展出。

博德鲁姆是一个迷人的地方，因为它令人惊奇的巨大反差，昔日古老城市的身影如散落的碎片，无处不在。如今喧闹的度假小城就像一个游乐场，富裕的土耳其人和海外游客构成了这里的中心。博德鲁姆半岛周边的一些城镇和村庄是繁荣的土耳其旅游业的一个缩影。

直到1960年这个城市还是一个渔村，当时一些土耳其知识分子聚集于此，他们写了很多关于博德鲁姆的文章，使之发生了巨大的变化。最显著的是，一位在英国牛津大学受过教育的土耳其人Cevat Sekir，他写了一本书《渔夫的哈利卡那苏斯（Hallicarnassus）》。书中专门描述了他在此世外桃源般的生活，他还描述了除了写作，种植花草树木以外，乘坐当地渔民的传统帆船沿土耳其海岸探索旅行的故事。在博德鲁姆周边畅游，蓝色的爱琴海，愉悦的心情，这一切鼓舞了整整一代人来效仿他的所作所为。博德鲁姆作为一个远航的新大陆，终于得到了世人的认可。

如今这里气候湿润，风光秀美，已经成为了一个旅游热门地点。旅客与当

地人分享着古老的过去和时髦的现代生活。大量的商店、餐馆、酒吧应运而生，还有那些端着精美的土耳其菜肴为您服务的侍应生。

时髦的博德鲁姆很奇怪，似乎永远是对立的统一。东边的城市有着悠长、细如薄纱般的海滩，在过去几年中，有关当局在很大程度上成功地创造了良好的游泳海滩。海滩背后的酒吧餐馆和夜总会构成了典型的爱琴海度假小镇。开放的酒吧门前熙熙攘攘，营业时间从晚上十时直到凌晨。这里有一些很不错的酒吧（除去每年3月的淡季以外），也有一些更疯狂的俱乐部吸引着来自欧洲的年轻人。对于不喜欢泡吧的游客，这儿还有一些让人满意的咖啡馆，您可以看着夕阳西下，喝一杯土耳其咖啡。Halikarnas俱乐部被无数喜欢夜生活的名流光顾，巨大的舞厅可以容纳4000人，它在室外的场地里用肥皂泡让跳舞的人群欣喜若狂。

城市另一半在海峡的西岸，周围围绕着玛丽娜游艇俱乐部。在这里生活非常惬意，您可以在店铺里寻找当地美食或者在游艇上小酌。除了便宜的超级市场、可口的葡萄酒和橄榄油之外，您不难发现一些米其林三星餐厅。这还有在欧洲大都市才能看到的名牌店，运气好的话您还会找到奢侈品店的打折货，或许您可以买一件新外套。像所有的度假村一样，这里的价钱不便宜。白天您可以在海上尽情嬉戏，傍晚您可以和当地人一样漫步在美丽的海边林荫大道之上，轻松地享受爱琴海的日落。

博德鲁姆最热门的地点是居姆贝特（Gümbet），西部下面的一个海湾，虽然居姆贝特（Gümbet）也有噪声的问题，但您可以选择较安静的地方停留。

在土耳其，博德鲁姆是一个真正的世外天堂！这里服务很齐全，无论旅馆的预订服务、汽车出租、帆船租赁、转机机票以及从博德鲁姆出发的渡轮票都能解决，除此之外还有游艇出租经纪人。

这里有很多文化活动，尤其每年8月在城堡或在露天剧场举行的芭蕾舞艺术节、流行音乐会等。这些建筑有的是在过去几年中才修复完善，有的已建成超过2000年，让人感觉时光倒错，永生难忘。

历史

博德鲁姆是"历史之父"希罗多德的故乡。公元前484年"历史之父"希罗多德出生在此。据希罗多德记载，在公元前650年吕底亚人在今日的博德鲁姆建立了哈利卡那苏斯古城。

公元前4世纪中期，小亚细亚卡里亚国王摩索拉斯（公元前353年）之墓，建于首都哈利卡那苏斯（今天的博德鲁姆）。卡里亚王国是安那托利亚高原西南部的一个小国，早在公元前6世纪中期，它就和小亚细亚海岸的其他希腊城邦一样，屈从于波斯帝国的统治。国王摩索拉斯于公元前359年把国都迁到哈利卡那苏斯，对之进行重建，然后下令修筑自己的陵墓，可惜他未能看到这座影响后世的陵墓竣工就去世了。去世前，他把政权留给了王后阿提米西亚，这位未亡人深谙亡夫的心愿，决定完成他生前的愿望——造一座精致宏伟的陵墓。如其所愿，这座陵墓果然成为希腊古典时代晚期最有名的建筑之一。

摩索拉斯陵墓集中表现了统治者追求威严与豪华的思想，许多优秀的希腊建筑师与雕刻家都被聘请参与这项工程的建设。除了要完美地传达出国王本人的意愿外，他们还力求使之成为一座融汇希腊和东方特色的创造性建筑。在古希腊建筑师庇者阿斯等人的设计建造下，这座陵墓确实成为了他们所希望的样子。

可惜的是，这座美丽的建筑和除埃及金字塔以外的其他五大奇迹一样，被岁月的变迁摧毁了。根据传说，摩索拉斯陵墓毁于公元1400年前的一次大地震。

公元前386年开始，这里被波斯人统治。罗马人统治时期，也在此修建了

到达

航空

博德鲁姆机场（Milas机场代码：BJV）是一座现代化机场，建于20世纪90年代末，位于距博德鲁姆市中心东北部36公里处。从伊斯坦布尔每日有直接的航班往来于此。在夏季许多公司运营往来于博德鲁姆的包机业务。您也可以飞抵伊兹密尔机场，距离博德鲁姆3个小时车程。（伊兹密尔的阿德南机场，每日有更多的航班。如果您打算租一辆车来博德鲁姆，这是一个可行的替代办法）

哈瓦斯机场巴士将带您到博德鲁姆城中。如果您没有旅游团的巴士接送，您可能需要一辆昂贵的机场出租车。找到其他旅客分摊车费也许是个好办法。

很多具有浓厚拜占庭风格的建筑。十字军后来在位于博德鲁姆海峡两个美丽的海湾间修建了一座罗曼蒂克风情的城堡，现在它是世界上最早的海底考古博物馆。

19世纪中叶以来，学者们先后对陵墓遗址进行了发掘，发现了墓内的甬道、地下墓室和国王的石棺。其中，1857年英国人牛顿所进行的发掘要算是最重要的一次，他从那里搜集到的主要雕刻遗物现藏于伦敦的大不列颠博物馆。借助古典文献与发掘材料，学者们绘制了不少这座建筑物的复原图。从这些可靠资料，我们能够大体想像出陵墓的原貌。

土耳其共和国成立后，这里才改叫“博德鲁姆”。

从机场到市区

哈瓦斯机场巴士服务，车费从机场到博德鲁姆中心是14土耳其里拉。哈瓦斯机场巴士运行在博德鲁姆机场及巴士总站（Otogar）之间。哈瓦斯机场巴士在每一个航班到达后都有班车接送。您最好在每个航班离境前2小时到博德鲁姆巴士总站乘车。45分钟之行的费用15土耳其里拉。

机场出租车服务比较昂贵，您可以在出租车里找到价格表，一辆出租车从机场到博德鲁姆中心要75土耳其里拉。

在博德鲁姆机场，因为所有接载乘客的小型面包车或旅游巴士必须要有旅游执照，因此在您的酒店，不是每一辆车都能送您去机场的，必须是一辆领有旅游牌照的车辆。

由博德鲁姆机场出发到各地的路程和时间：

博德鲁姆中心：40公里，45分钟
库萨达斯：125公里，2小时
马尔马里斯：133公里，2小时
穆拉：78公里，1.5小时
艾菲斯：140公里，2.3小时

乘船

博德鲁姆可以从海路去希腊科斯岛和罗德斯岛。在夏季，每日都有从希腊科斯岛和罗德斯岛到博德鲁姆的渡船服务。另外，伊斯坦布尔的航运码头（Denizline）有夜班渡轮在伊斯坦布尔、伊兹密尔和博德鲁姆之间往来。

巴士

博德鲁姆没有火车通行。这里有很多巴士公司经营城际巴士运输业务，从博德鲁姆到伊斯坦布尔、安卡拉、伊兹密尔、布尔萨、科尼亚等各大城市。乘巴士、从伊斯坦布尔到博德鲁姆13小时，从伊兹密尔到博德鲁姆4小时，从安卡拉到博德鲁姆10个小时。

景致

哈利卡那苏斯古城有其光荣的历史，公元前353 它是卡里亚王国（Karia）的首都。公元前4世纪在国王摩索拉斯的统治下，哈利卡那苏斯古城达到了最鼎盛的时期。摩索拉斯死后，他的妻子为他造了这座巨型的皇家墓室，完成他的心愿。这座陵墓被列入世界七大奇迹之一。除此之外，还有很多景点值得一游。

十字军城堡（The Bodrum Castle of The Knights of St.John）

十字军城堡相当漂亮、壮观，您可以在任何一个名信片上看到它。博德鲁姆骑士城堡——圣约翰城堡，公元1402年由骑士团建立起来，是最突出的城市地标。城堡现在作为一个博物馆，重点是水下考古。这是世界上保存最好的水下考古遗址之一，最远可以追溯到中世纪时代。德国建筑师曾在此监督城堡的完善工作，最新的设计可以在城市发展过程中发挥更大的作用。

http://www.bodrum-museum.com

摩索拉斯国王陵墓（Mausoleum）

众所周知，作为古代世界七大奇观之一，公元前355年摩索拉斯国王（Mausoleum）为他和他的妻子一起建造了这个陵墓。这座建筑具有极高的艺术价值，宽21米，高46米，在顶端有骏马战车的雕塑，象征着胜利，下面的36根大理石柱具有浓郁的爱奥尼亚风格。该陵墓在地震中被摧毁，1857年，当时的考古学家牛顿，发现此遗址，如今一些文物在大英博物馆得到妥善保管，供游客参观。如今废墟所在地建设成为一个小的城堡

（Halicarnassus），许多雕像和浮雕从陵墓中被挖掘出来，供游客参观。

博德鲁姆水下考古博物馆（The Bodrum Museum of Underwater Archaeology）

博德鲁姆水下考古博物馆，在博德鲁姆城堡内。电话：+90 (252) 316 2516，传真：+90 (252) 313 7646，每天上午9时至中午12时，下午2时至晚上7时开门，逢星期一关闭。博物馆成立于1961年，这个伟大的博物馆，赢得了无数奖项。沿土耳其海岸进行水下发掘，并取得了惊人的发现。其中包括最早和最富有的沉船。这里是您不容错过的游览地。

水下考古学博物馆展出的乌鲁布伦(Uluburun)古船，约在公元前1316年～公元前1305年左右沉没，被认为是世界上最古老的海底遗物船，同时也是水下挖掘最深的一次(195米到215米水深)。这一发现被认为是西方考古学界20世纪的十大考古发现之一，与“死海古卷”、“埃及图坦卡蒙王陵”等齐名。在这艘沉船上发现的珍贵文物包括古埃及王后的一枚金印。

古船故事：古船是在1982年被一名潜水爱好者偶然发现的，该船因在土耳其南部地中海港口城市卡什的乌鲁布伦海岸附近被发现而被命名为“乌鲁布伦沉船”。土耳其从1984年开始打捞工作，历时11年，共潜水作业2.5万人次，历时10年才完成，古船于1994年出水。考古学家说，这艘沉船和船上的文物对于研究青铜时代晚期的人类文化和生活，以及该时期的航海活动，具有“无与伦比的价值”。

这艘古埃及沉船长16米，用杉木建造，距今3370年。当时，该船在从埃及经叙利亚、塞浦路斯、阿纳多卢驶往罗得斯岛时沉没。船上发现的珍贵文物均为古埃及和古希腊时期的文物，其中有古埃及阿肯那顿国王的妻子奈费尔提蒂王后“Nefertiti”的金印、一枚刻有“图特摩西斯一世”的印章和一个由象牙把两片黄杨木树叶连在一起制成的便笺簿，以及用象牙、河马牙和乌龟壳制作的各种乐器、珠宝盒、首饰等。
http://www.bodrum-museum.com

居姆贝特海滩（Gümbet)

这是一个漂亮的海滩，建议您租用私人游船在海湾四周游览。确保您和其他所有乘客都穿上救生衣，并且在船上有一个紧急桨和潜水脚蹼。手提电话最好放在一个胶袋里。尝试一下浮潜（潜水眼罩和潜水脚蹼可在大多数商店购买，约20土耳其里拉）。野营和帆板爱好者尤其喜欢居姆贝特（Gumbet）海滩。

游览

土耳其浴(hamam)

博德鲁姆具有良好的Hamam设施，也称为土耳其浴，位于码头后面几个街区里面。这些设施是按性别分开的。

泥浴

您可以探访更远的泥浴旅游。您到了Rickety河，跳到泥浆中洗澡，非常有趣，然后在这里沐浴，清洁后再回酒店。这里也很容易去希腊的科斯岛或罗德斯岛游玩一到两天。当然您还可以骑踏板车去探索大量的老建筑，不虚此行。

风帆冲浪

在附近的Vass，可以进行风帆冲浪，这里有冲浪板和风帆供人租用。在旺季，这里有很多人在玩，它会给您带来刺激和乐趣，尤其是当有比赛进行的时候。

潜水

这有很多潜水俱乐部安排游客在周边地区进行潜水旅游，费用通常包括午餐及点心，还有气瓶和潜水船。您必须早一点预定这个行程，很多在玛丽娜游艇码头（Marina）的旅行社做这个业务。

乘船旅游

您可以参加任何一家的乘船旅游，几乎所有的海滩上都有报名地点。您必须早一点预定这个行程，在博德鲁姆游艇码头能找到很多这样的旅游经营者。您还可以先到博德鲁姆半岛最美的海滩卡拉因吉尔（Karaincir）和阿克亚拉尔（Akyarlar）嬉水，然后再参加乘船旅游。这可以让您用最好的方式探索博德鲁姆的水下世界，还可以去一些陆路无法到达的小岛和海湾。

购物

这里有很多欧洲知名设计师的服装品牌在打折销售（很多是半价）。无论是质量，还是商标都具有保证。鞋和裤子绝对值得您考虑，不管它是不是名牌。

餐饮

这里有比烤肉(Doner Kebap)更多更好吃的菜肴，请尝试当地熟食店做的传统蔬菜、豆类和肉类菜肴。一般餐馆都是一顿饭共三个菜，明码标价，适合两人吃，没有酒。

居姆贝特(Gumbet)海滩似乎是英国人走出家门喝酒的第二选择，这里的英国人和澳洲人比土耳其任何地方都多，让人感觉这还是土耳其吗？酒吧通常禁止当地人，虽然导致一些怨气，一般不会造成大问题。居姆贝特俱乐部通常是打开窗户的酒吧，音乐是R & B和电子舞曲，当地男子很多，不断追逐外国的女士们。

水族馆（Aquarium）

这里是古老的乡村中品尝当地鱼类菜肴的最高级地点。大约每人70土耳其里拉。

地址：Yali Mevkii

电话：+90（252）394 3682

Sea Balik河畔餐厅

被烛光和火把点亮的夜晚，Sea Balik高雅的河畔餐厅是Turkbuku最浪漫的约会地点。除了大量的土耳其开胃小菜（meze），菜单上还有世界级海鲜佳肴，如法式浓味鱼肉汤（bouillabaisse）、小虾天麸罗（日本）和茴香烤鲶鱼。大约每人120土耳其里拉。

地址：Keles Harimi Caddesi 26A

电话：+90（252）377 6118

Fidele餐馆

受欢迎的伊斯坦布尔Fidele餐馆，位于Turkbuku大道的心脏地带，另一家烛光码头的前沿地点。游艇飘浮而过，用餐者吃着地中海和大

陆特色美食，包括烤大虾、意大利面以及匹萨。大约每人80土耳其里拉；客饭的菜单上有无限量的当地饮品，大约每人70土耳其里拉。

地址：Yali Mevkii

电话：+90（252）377 5081

Yaghane餐馆

博德鲁姆非常值得亲临的地方是Yaghane餐馆。其设立在19世纪的石头橄榄磨坊内，这个乡村浪漫地点以章鱼、鲤鱼、鲈鱼、旗鱼和其他当地鱼类以及羔羊类菜肴著名。长长的酒水单中有来自法国、阿根廷、以色列、格鲁尼亚以及更远地方的葡萄酒佳酿。大约每人80 土耳其里拉。

地址：Neyzen Tevfik Caddesi 170

电话：+90（252）313 4747

库巴(Kuba)

这是一个酒廊餐厅，这里有很多高档的酒水和丰盛的菜肴。

夜生活

博德鲁姆半岛仍然是夜生活地点的首选。Cumhuriyet Caddesi，镇上的主要街道，被广泛地认为是酒吧一条街，这里大量涌现的酒吧和俱乐部充分证明了这一点。酒吧从英式酒馆到地中海设计风格的俱乐部，各种各样、丰富多彩。

博德鲁姆最著名的是它那热情四射的夜生活。如果您喜欢在喧闹的迪斯科和俱乐部熬夜，您一定会爱上博德鲁姆。如果您习惯早睡而且睡觉很轻，那么这些对您来说将是一种折磨。一位省长曾经说过："如果您需要安静，请去其他地方。"

Turkbuku的海滩俱乐部

作为这家俱乐部的特色，游客可以免费进入Turkbuku的海滩俱乐部，那里连接着两个海湾。然而，您更希望的是喝上一杯。支付5～10土耳其里拉就可以喝一杯软饮料，10～15土耳其里拉可喝上一杯啤酒，15～20土耳其里拉就能喝上一杯鸡尾酒。

Na Na俱乐部

下午三点动感十足的舞会在Na Na俱乐部开始了，还播放音乐电视。这里是富家子弟常常光临的场所。

地址：Keles Harimi Mevkii 26

电话：+90（252）377 5025

Maki俱乐部

很时髦，目标顾客大都在三十岁左右。

地址：Keles Harimi Mevkii

电话：+90（252）377 6105

People 酒吧

从年轻人、中年人到老年人，各个年龄段的顾客都有。

地址：Keles Harimi Mevkii 14

电话：+90（252）377 5307

X俱乐部

尝试一下！它在酒吧街的角落处，其中有很多度假的游客，音乐种类繁多，有R&B，电子舞曲，庞克摇滚和土耳其流行音乐。

Halikarnas俱乐部

名字的意思是巨大的，据说是世界上最大的户外夜总会。在旺季这里有很多时髦、年轻的欧洲人。庞大的Halikarnas俱乐部在每晚1点还在营业，其每周的时间表上包括肚皮舞之夜（周一）、免费的伏特加酒之夜（周四）和疯狂的泡沫晚会（周五和周六）。

地址：178 Cumhuriyet Caddesi

电话：+90（252）316 8000

www.halikarnas.com.tr

Ship Ahoy餐吧

Turkbuku的夜生活更加时髦、更加可看、更加高级。Ship Ahoy餐吧位于第一个沿途停靠的港口旁。这是一家航海主题的户外餐厅和酒吧，在夏日的夜晚这里热闹非凡，一些伊斯坦布尔的精英和一些土耳其名人会定期来这里聚会。

地址：Yali Mevkii

电话：+90（252）377 5070

比安卡（Bianca）俱乐部

越过Golkoy海湾就是比安卡（Bianca），这个多功能的、安逸的活动场所(包括一个海滩俱乐部、四个餐馆、一家夜总会和服饰精品店）。

地址：Akdeniz Caddesi 35

电话：+90（252）357 7474

www.biancabeach.com

双体船俱乐部（Catamaran Club）

双体船俱乐部（Catamaran Club）是一个建在大船上的俱乐部。船是双体帆船，玻璃甲板上为舞池。在夜间，大船载着客人到一个海湾。当地人说，您可以看到他们从舞池跳到海里游泳。在旺季到来的时候，小贩在街头叫卖门票，他们声称有“特殊的舞会”，往往一提就是大牌，比如欧洲的DJ Tiesto 什么的。当您上了船您会发现这只是一个普通的夜晚，没有特别的舞会，没有巨星Tiesto 打碟。如果第二天您去找这些弄虚作假的人，他们会突然忘记如何说英语。事实上，如果您在三月下旬到六月初来访，不要理会这些无聊的噱头。

地址：Dr. Alim Bey Caddesi 1025，Sokak 44

电话：+90（252）313 3600

www.clubcatamaran.com

住宿

真正的爱琴海假期是这样的，您来到博德鲁姆一个偏僻的旅馆、公寓、小别墅或博德鲁姆半岛其它他小镇上待上一周到两周，您的梦想就会成真。博德鲁姆周围是一些以小城镇和乡村为主导的度假村。这些度假村通常是为那些热爱水上运动的家庭所准备的。

旺季的时候，在博德鲁姆似乎很难找到住宿地点。度假村和酒店都挤满了带着儿童的家庭。然而，位于天堂湾的一些小型精致酒店，只接待成年人。天堂湾是少数未受破坏、宁静的海湾。您务必看一下这里的自然美景。海湾后面的Golkoy村很不错，您要么步行，要么乘坐出租车前往。您还可以在酒店里居住和消费。天堂湾以西有很多私人船只，这是一个很不错的游艇码头，您将在此度过一个完美的假期。

Ev Turkbuku 酒店

漂亮的室内陈设、无线网络服务和等离子电视，Ev酒店是Turkbuku地区最具未来风格的地方。双人房间起价在每晚150～350欧元，价格依据季节变化而不同。

地址：Turkbuku Caddesi Ballidere Mevkii

电话：+90（252）377 6070

www.evturkbuku.com

Ada旅店

旅店到处摆放着欧洲和土耳其古董，拥有12个房间，像城堡一样的复合建筑，还有美丽的土耳其式浴室和优雅的图书馆。价格在每晚305美元～725美元。

地址：Bagarasi Mahallesi Tepecik Caddesi 128

电话：+90（252）377 5915

www.adahotel.com

Mavi Suite酒店

Mavi Suite酒店是海滨地区风景的中心，白色别墅，有42个朴素但舒适的房间。酒店的海滩俱乐部和酒吧是您在Turkbuku夜生活的主要停留地。房间含双人早餐，每晚价格从100到190欧元不等。

地址：Koyalti Mevkii

电话：+90（252）377 6260

www.mavisuite.com

Hawthorn Suites酒店

可观赏到迷人的爱琴海全景，酒店具有卓越的品质和风格，无与伦比的个性化服务等待您的光临。

www.hawthorn.com

Su酒店

博德鲁姆Su酒店位于港口附近，在宁静的港湾西部，从这步行可到市中心。酒店的装饰用了很多当地的工艺品。庭院中摆放了地中海风格的古董、植被和花卉，包括榕树、橙子、仙人掌。这一切都给人心意盎然的感觉。

www.suhotel.net/eng/default.asp

离开

在旺季的时候，有直航的渡船和游轮往来于希腊各个岛屿之间：它们是Kalymnos岛、Kos岛、Simi岛和Rhodes岛。

地中海地区
MEDITERRANEAN

LEDER

安塔利亚
ANTALYA

安塔利亚 ANTALYA

概述

安塔利亚是土耳其地中海沿岸最大的城市，也是地中海各个海滨的中心。安塔利亚省的主要城市有：安塔利亚、加济帕夏、马纳夫加特、克梅尔、库姆卢贾、菲尼凯、卡莱、卡什、科尔库泰利、埃尔马勒。

安塔利亚（人口两百万），土耳其地中海海岸的"首府"，是一个慵懒的现代城市。这里有一个小而迷人的历史中心、一个有丰富藏品的考古博物馆、从东部一直延伸到西部的漫长海滩。还有绿松石沿岸最繁忙的机场、奢华的旅馆和令人震撼的山海景观。

围绕着罗马港古堡垒地区的历史中心叫作卡莱伊奇（Kaleiçi）。许多建筑起源于奥斯曼土耳其帝国时期，一些则起源于罗马时期，而且有些建筑已经被恢复作为住家房屋、奢华旅馆、小旅社、疗养院或餐馆。曾经获奖的安塔利亚卡莱伊奇游艇度假中心是土耳其首屈一指的游艇码头，该中心有众多土特产商店、咖啡店、餐厅。游艇可停泊于此，所有游客的要求都能得到满足。您可以上午乘游艇出海，下午在罗马港度过一段快乐时光，入夜探访灯光闪耀的古城堡，在寂静和悠远的气氛中度过一天。

安塔利亚一流的海滩是孔亚阿鲁特海滩（Konyaalti Plaji beach），海水碧蓝，沙石清晰可见，铺着鹅卵石的滨海小道一直向西绵延几公里远。拉腊海滩（Lara Plaji Beach）一直延伸到东部，这边海滩的沙子松软洁白，其他的海滩有远处的西戴（Side）、阿兰亚（Alanya）或是南部的克梅尔（Kemer）、发塞利斯（Phaselis）和奥琳帕斯（Olimpos）。

除了参观安塔利亚的卡莱伊奇老城区、博物馆和海滩之外，安塔利亚非常适合作为到周边名胜古迹一日游的出发地：您可以到附近的考古地点参观，如阿斯潘多斯（Aspendos）、奥琳帕斯（Olimpos）、佩尔盖（Perge）、发塞利斯（Phaselis）、古塞鲁盖（selge）、西戴（Side）和特摩索斯（Termessos）。居普茹鲁·卡因（Köprülü Kanyon）大桥峡谷国家公园甚至还有竹筏漂流一类的探险项目。

秋季举办的安塔利亚金橙（Antalya Altin Portakal）电影艺术节，吸引着大量观众和游客。阿斯潘多斯古代剧场作为

艺术节表演的会场，拥有美妙的舞台效果。安塔利亚每年还举办宝石博览会。

城市中心东部10公里处有一个现代化机场，北部4公里处还有一个大型现代化公共汽车客运总站（Otogar）。游客到达安塔利亚及其周边地区的交通路线和方式多种多样。

历史

公元前2世纪，培尔尬蒙（Pergamon）国王阿特拉斯（Attalos）二世建立了这座城市，并取名阿塔雷亚（Attaleia）。安塔利亚曾一度繁荣，先后经历了罗马帝国、拜占庭帝国、塞尔柱王朝时期。公元13世纪奥斯曼土耳其帝国开始控制这里，塞尔柱时期的阿拉埃迪因·凯克巴特一世苏丹（Sultan · Alaeddin · Keykubat）建造了尤利·米纳雷利（Yivli Minareli）清真寺，长笛形的尖塔如今已成为安塔利亚的象征。

建于同一时期的卡拉泰·梅德雷斯（Karatay Medrese）神学院是塞尔柱石雕艺术的最高杰作。最重要的奥斯曼土耳其时代的清真寺建于16世纪，此外，还有被瓷砖装饰的姆拉特·帕夏（Murat Pasa）清真寺和18世纪建造的特科利·麦合麦特·帕夏（Tekeli Mehmet Pasa）清真寺。在游艇中心天然泉水旁，耸立着一座在4根柱子上雕刻出的19世纪后期最富魅力的石造伊斯克雷（Iskele）清真寺。福德尔鲁克塔（Hidirlik Kulesi）是公元2世纪被作为灯塔建造的。科西克·米纳雷特（Kesik Minaret）清真寺历经罗马、拜占庭、塞尔柱、奥斯曼土耳其四个时代，述说着这座城市漫长的历史。

公元130年，哈德良（Hadrian）大帝进入安塔利亚时，为了炫耀荣誉，在城墙中建造了有三个华丽拱门的城门。在游艇中心附近，至今还残留着将城门与城墙分割开的两座塔。卡雷卡布斯（Kalekapisi）广场的钟塔也是古要塞的一部分。当您身在阿塔图尔克（Atatuk）公园和卡拉阿里奥鲁（Karaalioglu）公园里的时候，色彩鲜艳、异国情调的鲜花遍布四周，眼前是熠熠生辉的大海，背后是绵延不断的山峦，东海岸的水上公园可以享受水上滑行等水上运动，这一切似乎在告诉您，安塔利亚为什么会成为如此受人青睐的度假胜地。

到达

您可以通过搭乘飞机、巴士和汽车到达这里。很抱歉，没有火车到达安塔利亚。最近的火车站是西北方向300公里外的代尼兹利。从帕莫卡莱到伊斯坦布尔（海达帕萨火车总站）有舒适的夜火车往来于此，但您必须在代尼兹利和安塔利亚之间乘坐出租车或巴士。安塔利亚提供了多种不同的公共交通，如公共巴士、有轨电、小公共汽车、出租车和小公共，但是没有定期的轮船或渡轮往返。

航空

安塔利亚机场在旅游旺季时有很多海外的包机服务。国际航班大多是来自德国和俄罗斯，如今其他国家的客人也越来越多。安塔利亚机场是最近的机场，这里也有无数廉价航班从伊斯坦布尔以及欧洲各个地区直达（低至$ 50.00欧元的机票，需要在网上提前预订）。

机场

安塔利亚巨大的国际机场非常现代化，它可容纳百万计的乘客，尤其是在夏季，世界各地的游客通过这里奔向地中海海滩。新机场有两个国际柜台和一个国内柜台。航空公司无论使用哪个柜台，您都可以很容易找到。

国际柜台前有外汇兑换处（Döviz Bürosu），但汇率的价格，通常是相当

不合理的。您入住安塔利亚酒店的汇率可能好点，但最好的利率是在城市中心以北卡雷卡布斯（Kalekapisi）地区的银行和外汇兑换处。还有Kâzim özalp（sarampol）caddesi 地区，您会看到有中国银联标识的ATM机，只要使用您的银行卡，无论在机场，还是在城市，您都可以兑换土耳其里拉。

机场交通

安塔利亚机场位于安塔利亚城市中心以东10公里处。哈瓦斯机场穿梭巴士承担安塔利亚机场和城市中心之间的客运往来服务。

如果您参加旅游团，将有旅行社或酒店的巴士接送。否则，您可以乘坐哈瓦斯机场穿梭巴士、出租车或者小公共到城里。

哈瓦斯机场穿梭巴士停靠在法莱日（Falez）酒店和喜来登假日酒店（Sheraton Voyager Hotels）。车站克梅尔（Kemer）有小公共和城际巴士客运总站（Antalya Otogar）。在旅程即将结束前您可以看到土耳其航空公司办公室，这里是城市中心（Selekler），不远处就是老城区。

除了哈瓦斯机场穿梭巴士，也有公共汽车从机场往返，行程一个小时左右，

费用1土耳其里拉。当您从机场国际到达出口出来后，要赶上公共汽车，您先通过旁边出租车站，在有蓝色的"D"标志的站牌下就到了，这里还张贴着时间表。（不用考虑旁边的出租车驾驶员，他们会向您收取20欧元以上的车费）

如果您乘坐出租车从安塔利亚机场经过10公里到达东边的城中心，这会使本地的出租车驾驶员感到非常高兴！您会看到一个出租车的价格表。乘出租车到城市中心，白天的价格为15～20美元；如果去东边的孔亚阿鲁特海滩，价格是30～35美元。

您也可以在离开之前，找旅行社要一个私人的机场接机服务。

乘船

大多数旅客从希腊罗德斯岛抵达马尔马里斯（Marmaris），然后登上停在那的巴士。您也可以乘坐渡轮从希腊卡斯特洛里佐岛（Kastellorizo）小岛往返于土耳其的卡什（Kas），然后再到安塔利亚。

巴士服务

在安塔利亚，巴士四通八达，便宜快捷，即使是短距离的线路。有些巴士也提供空调和电视。前往偏远地区，您首先要到巴士总站。巴士总站有自己的巴士，鲜明的蓝色条纹是他们的标志，从城市中心到飞机场每两个小时一班。此外从"Güllük PTT"出发的哈瓦斯机场穿梭巴士，价格较昂贵但更频繁。

安塔利亚庞大的巴士总站还有几条巴士及专线小巴线路，你需要寻找巴士总站（Otogar）的招牌，也可以乘坐出租车前往。

长途巴士

土耳其巴士系统是全方位的，您可以随时从任何地方到达您的目的地，多付点钱。土耳其Ulusoy公司的巴士座位好像飞机里的商务仓，有些巴士公司甚至还有一个机载无线局域网。长途巴士票价低，您可以在任何的巴士总站（Otogar）看到价格表。安塔利亚和大多数城市一样都有夜班巴士运营。

市内交通

步行玩转安塔利亚是最愉快的方式，但这毕竟是一个大城市，很多景点之间还是有一定距离的。

电车

安塔利亚有轨电车是单行线，它连接安塔利亚博物馆、孔亚阿鲁特海滩、喜来登假日酒店和法莱日酒店，还在城市中心卡雷卡布斯、哈德良的大门、卡拉阿里奥鲁公园、Talya Oteli街区和东边的拉腊海滩停靠。有轨电车全程运行30分钟，乘客无论在什么地方上车都可以，价格每人1土耳其里拉。缆车最适合城市观光，它通过城市中心所有最美丽的地方。

小公共

这些是安塔利亚城市交通系统的心脏：小巴从城市东边，通过中心运行到另一边。他们沿指定路线运营和停靠。要了解这些路线显然是个复杂的工程，但幸运的是没有必要。

"Dolmus"字面意思是"装满了"。这里的小公共（Dolmus）由一家大型的客运公司经营，包括定点出租车或某条旅游路线的固定小巴。大部分主要的公共汽车站都有一个小公共站牌，找到您所需要的那条线路。

在安塔利亚，小公共不总是等到乘客满了才走，相反，它是按时运行。驾驶员虽然也希望找到更多的乘客。但是他们最后还是要遵守时刻表，不会拖延。

出租车

出租车是一个舒适、方便和快捷的方式。黄色出租车比比皆是，车价并不昂贵，通常从城市中心到周边费用是7～10土耳其里拉。

如果您想找到出租车站，那要看看这些驾驶员在哪喝茶。每个出租车的计价表都有两种不同的价钱。午夜后（24:00）到当天上午（06:00）要比白天的票价贵50%。对于热门目的地，有价目表显示，但价钱为欧元。一个公平价格大约是每公里0.8～1土耳其里拉。

如果你们是几个人一起旅行，并且有大量的行李，叫一辆出租车是必要的。如果您是独自旅行，想省钱，并要处理您的行李，以及不介意轻度不适的公共交通工具，安塔利亚的电车及市区小巴是最好的方式。

出租车最适合的是到安塔利亚附近的城镇和周边一日游。例如，如果您想

要访问安塔利亚北方美丽古老的山城特摩索斯，您可以租一辆车，包一天，先通过合同一类的文件，并购买昂贵的燃料，所付的价格包括一辆出租车及一名专业驾驶员，他知道去特摩索斯的所有道路，陪伴您去游览，当您准备返城时，可以再带2～4个同路的旅客，这是一个非常划算的旅行。

在附近的出租车站，您会看到一个票价的招牌。以下供您参考。

目的地票价（美元）。

阿兰亚 100美元，阿斯潘多斯 60美元，贝莱克45美元，德姆雷100美元，费特希耶125美元，克梅尔50美元，奥琳帕斯 90美元，西戴70美元，特摩索斯55美元。

如果您是与一个或两个朋友一起旅行，这可能不是太昂贵的方式。如果您是独自旅行，您可以节省点钱去城市北部的巴士总站，并考虑乘坐城际巴士去下一个目的地。

租车服务

在安塔利亚所有的知名租车公司都设有办事处。在巴士总站、机场和城市中心都有租车服务，甚至在卡莱伊奇地区几乎每一个酒店、餐馆和礼品店都能租您一辆汽车。电话：+90（242）248 0869

如果您想去城市中心，尽量不要使用汽车（特别是Cumhuriyet、Isiklar等老城区的街道），在这里找停车场可能是一个问题。请务必遵守停车规定，这里作为直辖市，交通管制是非常严格的。在道路上，有清晰的目的地标志用以帮助旅客认识道路。此外，大部分年轻人都会英语，并很高兴帮助您。您还可以从城市中心的旅游信息服务台获取城市地图。

骑自行车

在海边很少有自行车道，虽然您想领略令人难以置信的景色，但是在拥挤的道路上骑自行车可能是危险和劳累的。

游览

安塔利亚的历史性建筑，掩藏在狭窄、蜿蜒的卡莱伊奇（kaleiçi）老城区中。历史，建筑和考古遗址包括：长笛形尖塔（Yivli Minaret），卡拉塔伊博物馆（Karatay Medresesi），福德尔鲁克塔（Hıdırlık Tower），穆拉特帕萨清真寺（Murat Paşa Mosque），捷克利穆罕默德帕萨清真寺（Tekeli Mehmet Paşa Mosque），巴利贝伊清真寺（Balibey Mosque），思南清真寺（Seyh Sinan Efendi Mosque），哈德良拱门（Hadrian Arch），钟楼（Clock Tower）等，许多建筑可以追溯至古希腊时代。安塔利亚博物馆也是地中海地区一个考古中心。

您还可以在卡拉阿里奥鲁公园散步，在码头乘坐游船参加一个简短的地中海旅行。您可以先把价钱砍到一半，再等船主还价。当船快离开的时候，只要有空位子，都能有个好价钱。上午游船往往比较冷清，比下午更容易获得好价钱。

孔亚阿鲁提海滩（Konyaalti Plaji海滩）

阳光普照的托洛斯（塔乌拉斯）山脉，群峰紧靠海岸而立。孔亚阿鲁提海滩到克兹兰格奇(Kirlangis)半岛全域为国家自然保护区，组成贝伊山地（奥琳帕斯）国家公园。这里曾是古代利西亚半岛，历史可从新石器时代追溯到贝鲁弟比垦殖时期。

孔亚阿鲁提海滩在安塔利亚西侧，这里有铺满鹅卵石的海滨小道，周围还有公园、酒店及住宅区。安塔利亚拉腊海滩在城市的东边。

当您乘坐有轨电车从城市中心向安塔利亚西侧开去，沿线附近您可以看到安塔利亚博物馆，然后向山下步行10分钟，就可以到安塔利亚海滩公园东边的主要海滩——孔亚阿鲁提海滩。

安塔利亚海滩公园有遮阳的树木、小吃大排挡、酒楼餐厅及酒吧，海滩椅和太阳伞是要租金的。海滩背后，是一个大型停车场，很多接送游客的大巴停靠于此。您通常会沿着孔亚阿鲁提海滩看到很多的蓝色旗帜，这是一个标志，说明这里的海水是清洁的，游泳是安全的。

最简单的游览方式，从老城中心到达孔亚阿鲁提海滩，先在卡雷卡布斯（Kalekapisi）搭乘有轨电车，用现金支付车费，并坐到最后一站，可确保您登上向西行的电车（它正对着远处山脉的方向）。

在更远的西部地区，远离城市的是Beydaglari山脉，这里有少许服务，但足够了。

拉腊海滩（Lara Plaji海滩）

拉腊海滩是安塔利亚以东的一条长长的海滩，这里主要是悬崖，下面是一些沙粒组成的小海滩和一些掺杂着小卵石的沙滩。大部份海滩的后面都有商业服务，提供沙滩椅、太阳伞、小吃、饮料、淋浴，甚至还有一些游乐场等娱乐设施。

海滩从安塔利亚以东的法莱日悬崖开始，穿过下迪丹瀑布（Asagi düden selalesi）。东边瀑布观景点的位置，一直延伸到安塔利亚海湾以内。酒店、餐厅及服务设施都在每家酒店的海滩旁边。真正的沙滩，开始于东边一点，并延伸数公里。首个最大的海滩是拉腊（Halk plaji）海滩。

这里还有很多属于酒店附属的私家海滩，他们用号码标示出来（如1～8）。建议您先看一下拉腊海滩，如果不符合您的需求，向东走得更远，不难找到一处适合您的海滩。如果您不想租沙滩椅和海滩伞，找到一个空的海滩，铺上您的浴巾，晒个日光浴也不错。

您可以从安塔利亚城市中心乘坐小巴（第18，30或77路）到达拉腊海滩。该小巴运行的方向是沿海滩到老城区。乘车从老城卡雷卡布斯（Kalekapisi）到东边的泳滩需要约45分钟，如果您只打算在拉腊海滩附近散步，那只需要几分钟。

安塔利亚的其他海滩如Konaalti plaji海滩，在城市西部，这里更多的是粗砂卵石，但有更好的泳滩设施，从卡雷卡布斯出来到这里更快也更方便。

卡雷卡布斯城市中心（Kalekapisi）

这里是安塔利亚的中心，在旧城墙附近有一个古老的石塔，所谓卡雷卡布斯意思就是城堡的大门。前面就是海滨城市著名的标志，长笛形的尖塔（Yivli minare）。从此走下山来就是旧城，这里有很多奥斯曼风格的精致酒店、小旅馆、度假村和餐馆。

卡雷卡布斯有电车通过，在中部和东部都有运行。一些城市巴士也有往来，还有许多当地的专线小巴连接东西两地。

在卡雷卡布斯有安塔利亚老市场，向北扩大到Kazim özalp caddesi 区域，目前也称为Sarampol caddesi区。

哈德良门（Hadrian's Gate）

公元前2世纪，培尔尬蒙（Pergamon）国王阿特拉斯（Attalos）二世建立了这座城市。当时叫阿塔雷亚（Attaleia），这是国王去世后建立的最后一个罗马城市。作为一个繁荣的港口，阿塔雷亚（Attaleia）被厚厚的石墙包围起来，主要是为了防御海盗攻击。这些伟大的建筑，如今只有一个幸存，就是哈德良的大门（Hadriyanüs Kapisi），它以罗马凯旋门为蓝本，是一个不朽的三拱石门结构造型。

哈德良门，建于公元130年，以纪念皇帝哈德良寻访这座城市。哈德良的生活几乎是始终处在永无止境的旅途之中。在他统治期间，帝国所有的省份没有一处不曾受到这位专制帝王的光临。公元121年，哈德良巡游整个帝国，先到高卢和日耳曼，然后到不列颠，再从不列颠前往西班牙，镇压毛里塔尼亚发生的起义。此后东进，经陆路横越巴尔干半岛，然后取道爱琴海，抵达小亚细亚（安纳托利亚）。他与帕提亚进行谈判，然后视察小亚细亚的西北部。

注意在拱门上面有很多罗马风格的装饰，大理石柱中间的通道当时是皇帝哈德良大帝和他的家人通过的。仔细看一下地面上那些车轮压出的深槽，在铺满石板的中央拱

桥，车轮数以千计。大规模的锯齿形状的石制水塔建造于不同的时期。南部的水塔，您可以看到左边的林荫大道，属于罗马时期，一个石刻牌匾证明它是在那时建设的。北边的水塔重建于土耳其塞尔柱时期的Alaeddin keykubat苏丹（公元1219—1238年），上面的题词是用阿拉伯文雕刻的，大门今天仍然被使用。它是通往安塔利亚老城（Kaleiçi和Hesapçi sokak）的通道，旁边是新建的度假村和精致的小旅馆。让人愉快的绿荫公园和东面的林荫大道是最令当地人喜爱的休憩场所。您不时可以看到流动小贩卖土耳其茶(çayci)，是当地人最喜爱的饮料，悠闲的生活让无数游人心情无比愉悦。

卡莱伊奇老城（Kaleiçi）

也称为旧安塔利亚，在历史上被称为卡莱伊奇（Kaleiçi）。老城幅员广阔，街巷纵横，这座现代化的城市曾经历了古罗马、拜占庭、塞尔柱，还有最后的奥斯曼土耳其帝国时期，如今依然繁华。直到二战结束后，庞大的、现代化的安塔利亚才真正开始出现。那时，卡莱伊奇就是全部的安塔利亚，到处是巨大的石墙，蜿蜒的街道，如诗如画的老房子，还有狭窄的小街道。

今天卡莱伊奇是一个保护区，保存着具有历史价值的建筑物，对任何新的建设实行严格的管制。卡莱伊奇有好几个入口，但最方便的是卡雷卡布斯，当然要通过包含历史神韵的哈德良大门。

清真寺（Korkut Mosque）

残缺有时也许是最好的，意大利的比萨斜塔，之所以著名，因为它倾斜。未完成的花岗岩方尖碑，横卧在古埃及采石场，对尼罗河来说，非常著名，因为它尚未完工。

安塔利亚的残缺，是已经失去尖塔（Kesik minare）的Korkut清真寺（Korkut camii）。它原本是在公元2世纪建立起来的一个罗马神庙。后来还作为拜占庭教堂，在公元600年用于供奉圣母玛利亚。阿拉伯人入侵后，于公元700年期间严重损坏。在公元900年，这里重新建设成清真寺。

在塞尔柱时期，安塔利亚从拜占庭人手里被夺了下来，教会转化为一所带尖塔的清真寺，但在公元1361年时，彼德一世，来自现在属于塞浦路斯的十字军国王，又将安塔利亚从塞尔柱人手里抢了回来，重新成为所教堂。它后来又成为一所清真寺，是在Sehzade korkut 统治期间（公元1470—1509年），他是奥斯曼帝国苏丹（beyazit）二世的儿子。这里继续作为一个礼拜的场所，直到1846年，它被一场大火损坏。

神庙，教堂，清真寺，现在废墟，但尖塔依然存在。因此虽然定期进行维修，但是已经无法完全恢复。不过作为一个地标的建筑，这里记录着历史。

要塞（Hidirlik Kulesi）

安塔利亚的要塞（Hidirlik kulesi）是卡莱伊奇旧城中一个用陶土和岩石建设成的堡垒，它连接着卡拉阿里奥鲁公园 。塔楼，建在一个小公园里，旁边是法莱日悬崖和安塔利亚罗马港的游艇码头。这是一个吃饭、喝酒、聚会、休闲的好地方，您可以俯看海景，安塔利亚海湾尽收眼底。

卡拉阿里奥鲁公园（Karaalioglu park）

卡拉阿里奥鲁公园，安塔利亚的主要公园，在东面老城中心，步行或乘有轨电车很容易到达。周围绿树成荫，在凉爽的傍晚里，您可以在这里散步。这里有一个城市剧场，但让游客更感兴趣的是站在古代堡垒旁，俯瞰罗马港、法莱日悬崖和安塔利亚海湾。这是真正的蓝色地中海，公园是免费的，它永远敞开大门，邀请八方来客。

罗马港指南

安塔利亚建立于两千年前，由于其良好的地理位置，它成为罗马时代一个重要的地中海港口。罗马人加强了城市的防御工事并改善了港口设施，经过拜占庭帝国，以及塞尔柱王朝和奥斯曼帝国，巩固了以安塔利亚作为中心的港口。

今天的港口仍处于安塔利亚的心脏，因为水的优势，在卡莱伊奇老城周围有很多餐馆和咖啡馆，是一个游客最喜欢去的地方。从下午、傍晚到深夜都有人聚集在这品茶、喝咖啡、喝酒或与朋友分享一顿丰盛的晚餐。在港口，现在停泊的不是货轮，而是私人游艇。它能带游客到安塔利亚海湾捕鱼或进行经典的蓝色航行之旅。

安塔利亚的老市场指南

安塔利亚的传统市场区（çarsi）位于内陆，从卡雷卡布斯大道走下去，看到 Kazim özalp caddesi 就到了。培尔尬蒙国王阿特拉斯二世建立了这座城市，当然也包括这个市场。

寻找阿特拉斯（Attalos）的雕像，雕像在街对面，穿过石塔，里面就到了。在阿特拉斯(Attalos)的雕像后面是 Kazim özalp caddesi，这里有很多购物商店，到处是漫步的游客。

从卡雷卡布斯进来后，您首先看到几个外汇兑换处、货比三家，争取最好的利率，他们之间的兑换率有很大的差异。街上有很多服装店和鞋店，精品店出售女装、电子产品、游戏、玩具和您能想象的一切。

您步行穿过卡雷卡布斯，在雕像东边，挤满了很多小商店，大多出售珠宝和纪念品，还有经营餐饮的摊档。这是安塔利亚中央市场。

其他良好的购物地区和步行街，包括林荫大道，通过哈德良大门，就在狭窄的卡莱伊奇街道中。

安塔利亚博物馆（Antalya Museum）

安塔利亚博物馆，土耳其境内的一流博物馆，1988年曾获得欧洲年度博物馆大奖，展出的作品年代含盖了从史前时代到土耳其共和国建立这一期间。历史文物展示馆里有古代文物、腓尼基殖民地的出土品，也有葬礼仪式的仪式示范。众神雕像区是博物馆的重头戏，收藏大量公元2世纪的作品。美术展览馆，有小艺术品与沉船遗物，包括数件小型华丽的银雕像与象牙雕像，这些雕像是从公元8世纪的古墓里面挖掘出来的。帝王馆里则有从柏吉遗址出土的罗马大理石人像，时间大概是公元2～3世纪。

出色的安塔利亚博物馆是一个游人必去之地，展示着土耳其地中海沿岸丰富的考古文物。

现代的安塔利亚省，包括数十座重要的古希腊、古罗马考古遗址，最好的文物大多都成为这家博物馆的收藏。博物馆每天开放（周一闭馆）。

一种简单，廉价的到达方式，从卡雷卡布斯坐有轨电车向西（对着山峦）到底就到了。

从安塔利亚出发的一日游

安塔利亚有着丰富的历史艺术资源，无论是卡莱伊奇老城狭窄、蜿蜒犹如迷宫一样的街道，还是拥有大量历史文物的博物馆，各个时期的建筑物和考古遗址都让人流连忘返。

安塔利亚是这个区域最为便捷的短途旅游基地。从西南的奥林帕斯到东南部的阿兰亚。您可以游览pamphylian平原，特摩索斯（Termessos）山区，卡拉因洞穴（Karain Cave），佩尔盖（Perge），西戴（Side），阿斯潘多斯（Aspendos），居普茹鲁·卡因（Köprülü Kanyon）国家公园，发塞利斯（Phaselis），奥琳帕斯（Olimpos）和卡雷利（çirali）。

特摩索斯（Termessos）

在土耳其古老的城市中特摩索斯最具戏剧性，只要看看它的剧场就知道。这里是高山区，位于北地中海沿岸，距离安塔利亚38公里。

现在这里是国家公园（Güllük dagi），您要到特摩索斯至少需要半天时间（4个或5个小时，最好是在上午早点出发），带着水壶和零食来这里野餐。公园在夏季开放时间为上午8时30分，天气不好时，公园在17时30分关门，天气好的话直到19时30分才关闭。在冬季，公园只在5月开放，上午8时开放。如果有恶劣天气，往往16时30分就关门了。（门票9.50土耳其里拉）

您可以由安塔利亚老城开始您的旅行。上午8时35分，到达国家公园入口处，这有餐厅、咖啡馆和快餐店，还有野餐区和厕所。一个小的博物馆，里面的照片介绍了特摩索斯的废墟。导游大部分时间在这里等候（尤其是周末），如果您对考古学感兴趣，聘请他们不是一个坏主意。在停车场有用于野餐的桌子，旁边是哈德良皇帝和女神阿尔忒弥斯的神庙和一个古老的大水池。从停车场，您可以缓慢的沿着粗糙的山路向山顶进发。10分钟后，您可以看到较低的城墙。数分钟，您可以登上城墙，对面就是山谷。再步行几分钟就到了壮观的剧场它修建在险峻陡峭的山峰旁。主要景点在山顶，那儿有罗马时代的剧场废墟、水池、街道和科林斯神庙。

科林斯庙

从安塔利亚到达特摩索斯，您还可以到客运站乘坐巴士，然后经过Burdur、Korkuteli、Denizli 和 Mugla。公园的入口是在Burdur-Korkuteli 高速公路旁。

您可以从帕莫卡莱和代尼兹利到这一游，也可以考虑把这里和卡拉因洞穴结合起来参观。卡拉因洞穴在特摩索斯遗址停车场以东19公里处。一天旅行两个地方，然后您可以回到安塔利亚用晚餐。

卡拉因洞穴（Karain Cave）

想象一下，居住超过2.5万年的地方，这就是卡拉因洞穴，在土耳其的地中海沿岸，安塔利亚以北。还没有留下深刻的印象？尼罗河上建造的埃及金字塔也只有五千年。在这个星球上极少数地方，有人居住了几千年。

在Burdur-Korkuteli 高速公路，从特摩索斯左转，快到卡拉因再右转，就到了。狭窄的道路，通过农村和çiglik小镇（您可以从这里购买饮料和小吃）。道路到头后，您可以看到卡拉因博物馆，这时候您就抵达目的地了。

支付l2土耳其里拉门票，先参观一些史前文物，这里有史前动物的牙齿和旧石器时代的工具。然后开始顺着布满粗糙岩石的路径，向半山腰的洞穴进发。该溶洞入口考古学家还在挖掘。穿过入口是几个大房间与石头墙壁和天花板，旁边点燃着高功率电灯。这里非常惊悚，但引人入胜。您可以感受到洞穴内非常清凉，人们如何能在这里居住几千年？因为窑洞内的温度温和，无论是在酷暑或是寒冬。下面的平原可以提供丰富的农作物和猎物，从早期的狩猎、采摘，到后来的农作物耕种，原始人曾经这样生活。事实上，平原非常富饶，今天您依然可以看到耕种的农民。

洞穴的位置高，陡峭的山坡是最好的防御工事：一些敌人根本没有注意到它，另外锯齿状的石灰岩从山坡上滚下来相当容易。

您不需要长时间参观，回到博物馆所花的时间比上来时少得多。如果您还没有参观附近的特摩索斯，那里应该是您的下一站。

到佩尔盖，西戴 & 阿斯潘多斯做一日游（Perge, Side & Aspendos）

从安塔利亚到佩尔盖，只有几公里远，这里是令人印象深刻的古罗马遗址。西戴，其优良的海滩和度假氛围吸引着无数的游人。阿斯潘多斯拥有地中海保存最佳的古罗马剧场，如今仍用于表演。

游览居普茹鲁·卡因（Köprülü Kanyon）大桥峡谷国家公园 & 古塞鲁盖（selge）景区

居普茹鲁·卡因（Köprülü Kanyon Milli）大桥峡谷国家公园有一条美丽的河，一座跨距峡谷的古罗马大桥。上方的山谷，是古罗马城市古塞鲁盖（Selge）。这里最佳的一日游是去白水河做漂流探险运动。

激流涌动的Köprüçay河，它的名字从一座罗马石桥而来，今天仍然在使用。如今人们恰当地将此地命名为“大桥峡谷”。在这里做漂流（河水流速1.2级）最刺激，您可以沿着风景优美的峡谷顺流而下。

您可以从安塔利亚或西戴出发到大桥峡谷国家公园旅行，并安排一个整天游览。您可以泛舟、远足或探索罗马剧场遗迹。在山区小镇古塞鲁盖（selge），还有古老的城墙、神庙、宙斯雕像，中途您可以一边享受野外的午餐，一边欣赏地中海风光。

安塔利亚的旅游公司可以安排您旅行所需要的运输设备、导游和膳食，您也可以自己选择泛舟公司。

游览克梅尔（Kemer）、发塞利斯（Phaselis）、奥琳帕斯（Olimpos）和奇拉勒（Cirali）

克梅尔是安塔利亚现代的海边度假胜地，位于安塔利亚西南部。但发塞利斯，离大海较远，在一个国家公园内，它是一个古老的口岸。奥琳帕斯像森林一样，在树上搭建房子组成的度假村、偏僻的海滩胜地和古老废墟三者奇异而巧妙地混合于一起。在奇拉勒附近，自然、永恒的火焰仍然在燃烧着，如同它千年的历史。

购买

通常的纪念品，如蓝色幸运石、服装、鞋类、香草等旅游纪念品。出口古董是严格禁止的，并会造成很多问题，包括巨额罚款，但是商家可能会试图说服您购买这些。此外携带伪造品如视频光盘、鞋、手表等入关，可能会遭到海关遣返。

餐馆

安塔利亚是一个慵懒的度假胜地。拥有许许多多、各式各样的餐馆。随着旅游业的开发，这里的酒店业迅速发展，从而带来了城市建设的脱胎换骨，变得越来越好。游客们到达海边度假胜地，在充斥着海滩、旅馆和餐馆的炎炎夏日下寻找各自的所爱，之后他们在预示着雨水和潮湿的秋天，寒冷的冬天到来之前离去。

在夏夜，餐馆中服务生们愉快地为游客服务。然而这些餐馆也许会在冬天关闭，那是因为冬天的生意萧条，经验丰富的工作人员都会选择离开。

在土耳其，早餐都包括在旅馆的房价之内，除了那些特别昂贵的现代化豪华旅馆。午餐通常是在海滩上野餐，在安塔利亚古老的考古景点附近就餐也很不错。晚餐之后，您一定会想要一个更加宜人的场所，最好的选择是去一个可以看到海景的遮荫庭院。

如果您想下榻在卡莱伊奇地区的精品旅馆或乡村客栈里，旅馆内会有餐厅服务，提供给您丰盛的套餐（d'hôte or a la carte）或者是按其提供的菜谱点餐，价格合理，服务优质。实际上，晚餐包括在房价(一半的膳食费用)中。如果不包括，您可以到精品旅馆周围去购物并选择其中一个适合您味口的餐馆就餐。旅馆外面会有很多热情的迎宾服务生。

总之，食物非常便宜，而且很精致。您想吃到很地道的菜肴大概要花5 ~ 10土耳其里拉。这里的服务很好，对于饮食唯一需要建议您的是，值得体验一下当地甜点。

酒吧

在夏季，安塔利亚有丰富的夜生活，包括酒吧、夜总会、游乐场、现场音乐表演、迪斯科舞厅。旅客都喜欢到孔亚阿鲁特公园附近的俱乐部消遣。

蓝调酒吧，离破碎的清真寺只有5分钟路程，在Hidirlik sokak街上就到了。老板是一个真正的蓝调发烧友，这里的环境令人非常愉快。

住宿

您可以带着行李随便走一走，不必等待太久，您就会在老城区发现很多的民宿“Pansiyon”。在老城区几乎每一条街道都有小酒店。双人房价每晚在20～35土耳其里拉。在拉腊海滩，有很多精心设计的五星级酒店，这里是为团队游客准备的。

Whitegarden酒店

简单、干净和廉价的酒店，位于老城区，为旅客提供友好的服务和可口的土耳其早餐。房价每晚20土耳其里拉。

地址：pansiyon，kaleiçi，hesapçı geçidi 9

电话：+90（242）241 9115

传真：+90（242）247 4116

Tuvana Hotel

在卡莱伊奇老城区有很多精品酒店和旅馆，无论是建筑还是服务都令人倍感愉快！这里有花园、餐厅、游泳池、客房、私人浴室、空调、电视、迷你吧、吹风机和直拨长途电话。安塔利亚舒适的老房子，包括时尚的客房、漂亮的游泳池和阳台花园。

Tuzcular Mahallesi，Karanlik Sokak No. 18，Kaleiçi，07100 Antalya

电话：+90（242）247 6015

传真：+90（242）247 1981

Dogan Hotel

恢复了精美的奥斯曼风格，游泳池在充满绿树的庭院中。周围一派温馨的氛围，有不少古董陈设，舒适而便捷，价格合理。
地址：Selçuk Mahallesi，Mermerli Banyo Sok No.5
电话：+90（242）247 4654
传真：+90（242）247 4006

La Paloma Pansion酒店

在卡莱伊奇老城中最好的小酒店，La Paloma Pansion酒店是现代的，但设计上还是奥斯曼风格。这有给成人及小孩的单独游泳池。
Kiliçarslan Mahallesi，Tabakhane Sokak No. 3
电话：+90（242）244 8497
传真：+90（242）247 4509

Minyon Private Town House私人别墅

一个无可挑剔的，原始的客栈，在kaleiçi老城区，恢复了精美的装饰，饭菜也是最佳的口味。
Kiliçarslan Mahallesi Tabakhane Sokak No. 31
电话：+90（242）247 1147
传真：+90（242）247 8481

Atelya Art Hotel

多年来，主人收集了很多难得的艺术品，使得酒店恢复了曾经失去的旧时代奥斯曼氛围。挂在墙上的绘画、雕刻及其他艺术品，琳琅满目。这里更适合热爱人文艺术的游客小住。
Barbaros Mahallesi，Civelek Sokak No. 21
电话：+90（242）241 6416
传真：+90（242）241 2848

Argos Hotel

优良的奥斯曼式酒店，包括10间标准客房和5间带按摩水池的豪华客房。所有房间都备有电视、空调、吹风机、迷你吧和电话，有室内和室外的餐厅，此外还有游泳池、餐厅、池畔酒吧、桑拿浴和漂亮的花园。
Selçuk Mahallesi，Balik Pazari Sok No. 6
电话：+90（242）247 2012
传真：+90（242）241 7557

Karyatit Hotel

Yasar是土耳其语，Ria是荷兰语，是土耳其人和荷兰人联合设计了这间酒店。它位于安静的卡拉阿里公园附近。这里有餐厅、酒吧、咖啡厅和游泳池。标准客房都有淋浴、厕所和电话，套间有浴缸、电视，在角落和阳台上都有沙发。

Kiliçarslan Mahallesi，Kadipasa Sok. No. 9

电话：+90（242）244 0055

传真：+90（242）244 0054

Tütav Türk Evi Otelleri

大量的奥斯曼—巴洛克时期的镀金家具，露天和封闭的就餐区，漂亮的20间客房。但这家酒店真正的优势是这里的位置，在罗马港内建造而成，几乎快到古城墙上了。一个迷宫般的楼梯，游客经过通道可以进入各种餐馆、酒吧。

Mermerli Sokak No. 2

电话：+90（242）248 6591

传真：+90（242）241 9419

离开

克梅尔（Kemer）：从安塔利亚向西南方向一个半小时就到了，也是知名的旅游地区，以夜生活及酒店业著名。

阿兰亚（Alanya）：从安塔利亚向东南方向2小时的路程，这是一个热门的旅游目的地，有众多的高尔夫球场和豪华酒店。

卡什（Kaş）：从安塔利亚到这是约2小时车程，一个极佳的海滨小镇。乘坐火车和公共汽车先到代尼兹利最为方便。

卡尔坎（Kalkan）：从安塔利亚到这里约一个半小时路程。一个美丽的海港城市，拥有铺着鹅卵石的街道和高品质的餐厅。附近的帕塔拉有最好的黄金沙滩，并可以参观。

在高峰期，公共汽车直接从旅游中心出发，去往包括伊斯坦布尔、安塔利亚、安卡拉、费特希耶、博德鲁姆、马尔马里斯和艾菲斯在内的所有城镇。

Preuses
马尔马里斯
MARMARIS

马尔马里斯 MARMARIS

马尔马里斯是土耳其地中海沿岸的一个城市，属于穆拉省。它拥有大约31000居民，在旅游季节人口增加一倍。

概况

1798年，纳尔逊勋爵在这个地中海为数不多的天然港湾中集结舰队，并由此出发，打败了法国舰队。自那时以来，美丽的天然港马尔马里斯港一直相当平静。直到20世纪80年代和90年代以后，随着旅游业蓬勃发展，这里成为了蓝色航行中游艇以及游轮的重要港口，一切又热闹起来。圆尾帆船随时等候远来的游客，沿着海滨长廊，您会发现老城堡现在已经成为了一个博物馆。

在暑假期间，渡船从希腊的罗德斯岛每日频繁地往来与此，一拨又一拨的旅客把镇中心挤得水泄不通，在这您会和很多外国人擦肩而过。很多度假村在整个海湾上涌现出来，周围绿色的青松构成了完美的景观，当地人称为绿色马尔马里斯。

马尔马里斯是土耳其最热闹的游艇码头，也是沿绿松石海岸航海出游的起点。一片狭长的陆地从马尔马里斯向西延伸到海里，自然而然就形成了一条分割线，北面是爱琴海，南面是地中海。

土耳其南部沿海的古镇马尔马里斯曾经是古代商路的重要一站，如今它变成了土耳其最热闹的游艇码头。这里的海水温度适宜，从5月初到9月底都可以让游客沉浸在它温暖的怀抱中。这里蓝天碧海，适合各种水上运动，运气好的话，您还能碰到三年一度的海洋节。码头沿岸有许多餐厅和酒吧，在它们背后，隐藏着一个古老的城堡，几经周折才能参观到它。在马尔马里斯最重要的历史建筑物就是在镇中心的古城堡，城堡的入口处有块碑文，碑文上写着这个城堡是公元1522年著名的奥斯曼帝国苏莱曼苏丹在出征罗德斯岛时下令建造的。17世纪，在土耳其旅行家齐拉比的游记中也有记载。据说，苏莱曼苏丹曾两度居住在城堡内。

到达

您可以乘坐航班来到达拉曼机场（Dalaman），这里距马尔马里斯100公里。您乘坐巴士1个半小时就到市区了。

最方便的旅行方式是乘坐本地小公共（Dolmus）。在马尔马里斯和伊丘美勒（Icmeler）的主要道路上运营着11条线路的小巴，费用是1土耳其里拉，您可以随时随地在马尔马里斯转悠。您也可以在伊丘美勒（Icmeler）和马尔马里斯之间往返，费用1.5土耳其里拉。马尔马里斯的小公共有一个绿色车身，而橙色的是去伊丘美勒（Icmeler）方向的小巴。

您可以在道路旁边招手，他们会停下来，然后带您去任何您想去的地方。

四处看看

马尔马里斯城堡位于海滨旁边，这里是真正的地标。您可以到许多地方去游玩，包括距离马尔马里斯非常近的希腊罗德斯岛。

推荐您到附近一日游。提示：预订一日游，最好从马尔马里斯周围的旅行社预定。如果您有讨价还价的技巧，您可以获得优惠一半的价格。

游玩

伊丘美勒（Icmeler）指南

靠近马尔马里斯海湾西南侧的伊丘美勒，是一个海滨度假地。这里有驳船定期在马尔马里斯和伊丘美勒之间往返，非常频繁，5公里的距离。度假者普遍反应这里的沙滩、交通等等要好于马尔马里斯。

伊丘美勒也是一个很好的旅游出发地，尤其是去那些欠发达城镇，比如博兹布尔也恩（Bozburun）和达特恰（Datça），如果向西就到地中海了。

马尔马里斯是这个海湾最重要的交通枢纽，在这非常容易就能赶上一辆巴士去达拉曼机场，然后畅游地中海各个旅游胜地。

当地的很多旅游公司都提供以下旅游项目：

吉普自驾车旅行

开车在马尔马里斯四处闲逛，并参观乡村、瀑布，到隐蔽的小海滩游泳。想象一下您身穿最古老的衣服，像海盗一样把丝巾绑在头上，您的吉普车已经准备就绪。驱车深入地中海的内陆，您将穿过绿色的森林，横跨半岛，从山顶

眺望水晶般湛蓝的大海和蜿蜒曲折的海岸线。车队可能在一个山泉旁休憩或寻找瀑布潜水。这就是真实的土耳其，您将目睹嬉戏的儿童、寂静的村庄和辽阔的平原。

达鲁亚（Dalyan）和卡努斯 (Kaunos) 一日游

从马尔马里斯到达鲁亚（Dalyan）和卡努斯 (Kaunos) 一日游的时候，您也可以参观海龟海滩，尝试一下泥浴，参观国王的陵墓和16公里长的海滩。

达鲁亚（Dalyan）和卡努斯 (Kaunos) 在土耳其的西南沿海，这里是广阔的三角洲，环境保护的天堂，自然美景和历史的沧桑构成了这一地区的全部。

从马尔马里斯有巴士前往达鲁亚镇的海龟海滩。这里的风景是一流的，陡峭的山崖上布满松林，还有真正的土耳其小村庄。如果您选择乘船前往，可以看到岩石山后面的小港湾，经常会有两三条小渔船停泊，周围是深绿色的海水。

当您抵达古城卡努斯(Kaunos)的时候，会惊奇的发现，从公元前400年起这里就有了剧院和雅典卫城。卡努斯(Kaunos)曾经是地中海的港口城市，但从达鲁亚河涌出的超过百年的淤泥堵塞了港口，如今您可以到这些充满淤泥的河道中洗澡。泥浆池里含有矿物质，到热泥浆试一试吧，您会发现周围的每一个人都在泥泞之中。请不要忘记用您的照相机拍下这一瞬间啊！

最后，您可以再去著名的沙滩！为了濒危的海龟，因此，您将不允许使用其中的一段沙滩游泳，但可以在此晒日光浴和玩耍。

土耳其浴

传统的土耳其浴（Hamam），桑拿浴，水疗，精油Spa按摩。

土耳其之夜

娱乐的夜晚，您将欣赏到包括肚皮舞在内的土耳其传统舞蹈艺术表演。如果这是您第一次来土耳其，强烈建议您去一下土耳其之夜！肚皮舞，土耳其传统舞蹈（Folkdance），土耳其美食和葡萄酒，观众参与，伴随着很多笑声。通常节目开始于20时30分，并继续下去，直至午夜12时。我们向您发出提醒，演出前如果您坐在前面，您有可能被挑选上，为其中一个有观众参与的节目中提供笑料。您可以和许多观众一起学习怎么跳肚皮舞蹈，非常有趣。

马尔马里斯提供了很多土耳其夜间表演的场所，您可以到“Kervansaray”观看，他们是专业人士和最佳表演团体。优美的土耳其音乐，配上美味的食品和免费的葡萄酒，漫漫长夜，尽情享受吧！

此外，还有更远的，如达鲁亚海龟海滩、泥浴、棉花堡、利西亚之路等。

罗德斯岛（Rhodes）的旅行

为什么不抓住机会看一下另一个国家，另一种文化呢？这里很容易前往罗德斯岛——最受欢迎的希腊小岛。前往罗德斯岛是便捷和舒适的，任何一个快速渡轮或水翼（飞行船）快船即可到达。渡轮上也有电视、视频娱乐和酒吧。他们在上午9时15分离开马尔马里斯码头，仅短短一个多小时就到达罗德斯岛。回程船的时间在下午4点。临行前，乘客可以方便地乘坐小巴到港口。如果您坐水翼快船前往罗德斯岛，只要45分钟，千万不要错过啊。

沙滩派对

您想不想来个派对？它是一个简单的问题！一个马尔马里斯最偏僻的海滩。当您抵达该海滩后，现场将准备就绪，等着您来享受。巨大的冰箱充满了汽水、啤酒、葡萄酒和水果。这里还有鸡尾酒酒吧，您可以坐在酒吧里，享受最好的DJ播放的音乐。您可以随意地聊天、唱歌、跳舞、游泳、喝酒、睡觉。水上运动爱好者可以去玩滑水、香蕉船、高速快艇、潜水、滑翔伞。船员和工作人员将为您烧烤一些鱼、肉和鸡！您下午6时左右可回到马尔马里斯

购买

很多商店出售旅游商品，以及本地特产，如土耳其幸运眼、地毯等。如果您能够讨价还价，那么购买皮具时可以得到一个好价钱。

在海港和码头旁边的Tansas购物商场，那里面几乎包括了所有的国际品牌。

餐饮

在海边的主要道路旁边有许多地方提供国际性的餐饮服务，有土耳其菜、英国菜、荷兰菜、德国菜和其他国家的食物。离海港和游艇码头越远，价格越便宜。

好的餐馆一般都坐落于海滨长廊上，您可以先在门外看他们的菜单，如果感觉价格昂贵，可以换一家。价格是主菜5～8土耳其里拉，套餐是

10～20土耳其里拉。省钱的秘诀：很多地方接受外国货币，英镑、美元、欧元，如果支付这些可能有折扣。

如果去超级市场也可以买到便宜的食品。马尔马里斯比较大的超市是TANSAS、MIGROS和Tesco KIPA。

一瓶水在一间酒店的价格是4～8土耳其里拉。一瓶1.8公升矿泉水在这里购买只要不到3土耳其里拉。许多超市的面包房还烘烤新鲜的面包。

本地啤酒Efes到处都是，而且非常好喝。此外，一些进口的啤酒，如百威啤酒往往比较昂贵。葡萄酒非常昂贵，看上去更像本地出产的。Aryan也值得尝试的，这是一种基于酸奶的饮料，非常凉，但对您身体有益。

以下是一些餐馆信息供您参考：

Buhara 餐馆

电话：+90 (252) 412 3969

Dede餐馆

电话：+90 (252) 413 1252

Joy 餐馆

电话：+90 (252) 455 3002

Kýr Çiçeði餐馆

电话：+90 (252) 413 7710

传真：+90 (232) 464 3090

Love Boat餐馆

电话：+90 (252) 455 2156

Pasaport Pizza餐馆

电话：+90 (252) 412 1674

Sirena 餐馆

电话：+90 (252) 412 3331

Taj Mahal餐馆

电话：+90 (252) 412 4484

Tilla 餐馆

电话：+90 (252) 412 1088

Turkish House餐馆

电话：+90 (252) 455 3300

Uno Momento餐馆

电话：+90 (252) 413 8211

夜生活

马尔马里斯最出名的是夜生活，大大小小的酒吧沿着海滩一字排开，很多派对在这里举办。最好的位置是那些可以看到日落的酒吧。沿着海滨根据您喜欢的不同风格，选择一家好的俱乐部，这里可以提供不同的口味。

在酒吧街，会经常有一些派对。在老城区的这条街上有超过100家酒吧和俱乐部，从摇滚酒吧到时尚俱乐部，一个巨大的户外夜总会可以举办泡沫派对。所有酒吧的营业时间都至少到凌晨4时。

> **注意**
>
> 这里所有的酒水价格均高于海滩前的价格。

Irish Bar
地址：Bar Street downtown

Back Street
地址：Barlar Sok. Yat limani

Bar X Coctail Dance
地址：Uzunyali Sok No: 50

Bacchus Restaurant & Bar
地址：Uzunyali Cad. No: 42

Beach Paradise
地址：Uzunyali Cad. No: 140

Cheers Coctail bar
地址：Uzunyali - Marmaris

Coctail Bar
地址：Barlar Sok. Yat Limani

Davy Jones's Locker
地址：Barlar Sok. No: 130

Dream House
地址：Uzunyali Cad. No: 106

Green House
地址：Barlar Sok Yat Limani

Sport Inn
地址：Cumhuriyet Cd. No: 18 Icmeler

The Beach Club
地址：Uzunyali Sok No: 90

住宿

在马尔马里斯城市中心一般都是舒适的商务酒店。马尔马里斯海滩后面都是度假酒店，这里总有一间酒店适合您。

Marmaris Park

整个酒店呈S形，棕色的建筑外表显得非常富贵。酒店周围绿树成荫，离海滩仅一步之遥。您还可以驾驶摩托艇在地中海中畅游。房间价格每晚60美元～140美元。

地址：Pamucak Mevkii Icmeler，Marmaris

电话：+90（252）455 2121

www.marmarispark.com

info@marmarispark.com

Divan Marmaris Mares

典型的地中海风格度假酒店，有一个大的蓝色游泳池，非常漂亮。酒店白色的建筑与背后翠绿的青山构成一幅壮丽的画面。无论怎么样，这里以舒适的房间、精美的菜肴、优质的服务和高昂的价格耳闻名。房间每晚180～250美元，如果您住在这里，那么您最好还要尝一下这里迷人的巧克力甜点。

地址：Pamucak Mevkii，Marmaris

电话：+90（252）455 2200

www.mares.com.tr

hotel@mares.com.tr

Marti Resort Marmaris

国际连锁酒店，5家酒店分布于土耳其爱琴海到地中海沿岸。这里的酒店建筑有很多白色的尖塔，奥斯曼建筑风格的屋顶真可谓画龙点睛。泳池很大，中间居然还有一条小路隔开。这里的价格还不错，每晚150美元起。

地址：Inonu Cad，Dersan Han，90/2 Taksim，Mugla

电话：+90（212）292 1919

www.marti.com.tr

kantard@N0SPAM.marti.com.tr

Maritim Hotel Grand Azur Marmaris

3家餐馆，4家酒吧，还有288套客房构成了这里的一切。这里有很多优惠的活动，您可以游泳或桑拿，在优雅的酒店房间里有欢迎的礼物等待着您。传统的晚宴与欢迎酒会在期待您的光临。价格一般要看当时的牌价。

地址：Kenan Evren Bulvari No. 13, Marmaris，Turkey

电话：+90（252）417 4050

www.maritim.com

info.res@maritim.de

Welcome Hale Hotel

享受自助早餐和一杯香槟酒之前，请先看看周围愉快的环境。在晚上，厨师会盛大的自助餐。除了丰富的体育和休闲设施以外，也许您还可以步行游览一下城市。

地址：Siteler Son Durak 3 Sok 2, Marmaris, Turkey

电话：+90（252）417 3436

离开

可以乘坐渡轮和高速水翼艇离开，在这里每天有几个班次到希腊的罗德斯岛。从达拉曼机场出发的国际航班飞往世界各地。

费特希耶 FETHIYE

费特希耶（Fethiye）保留了土耳其地中海沿岸一些最好的海滩和游艇码头。这里有很多酒店提供舒适的住宿设施。

查勒什（Çalis）海滩，数公里长，距离费特希耶东北部只有5公里远 。乌卢蒂尼兹（ölüdeniz）海滩，又叫死海，也许是土耳其最美的海滩之一，位于费特希耶以南8.5公里处。这两个海滩都有很多自己的酒店和餐馆，任您选择。

除了海滩，游客最喜欢参加长达一天的包括游览12个小岛的巡航之旅，游船每天都从繁忙的费特希耶游艇码头起航。游客特别喜欢停靠在 Gemile 岛上，这里可以浮潜，观看水下拜占庭遗址。大约在二千四百年前的费特希耶，利西亚人建立了特摩索斯（Termessos），但地震使他们损坏了，在老城只有少数利西亚（lycian）石棺，宏伟的艾米达斯陵墓（Tomb of Amyntas）建造在岩石峭壁之上，在这里您可以俯看整座城市。

费特希耶是利西亚之旅的出发点，穿过崎岖蜿蜒的山脉，就到了安塔利亚。不远处的乌卢蒂尼兹（ölüdeniz）海滩有托胡姆生态中心，这是一个修身养性的好地方。

绝大多数人来费特希耶乘坐巴士。最近的机场是50公里处的达拉曼机场。从6月中旬至8月有直接的渡轮服务往返于费特希耶和希腊罗德斯岛之间。

住宿

Club & Hotel Letoonia

这家酒店深受游客喜爱。除了饭菜可口，服务一流以外，它距离游艇码头非常近。有时候那些自己驾驶游艇远航的游客会在这里小憩。Lykia 餐馆中有很多精美的绘画，更像个画廊，而Marina 和Tropical 酒吧更适合那些航海者交流经验，不过每晚100～250美元的价格有点昂贵。

地址：Pacariz Burnu Mevkii Mulga，Fethiye

电话：+90（242）715 1450

www.letoonia.com

letoonia@letoonia.com

Hillside Beach Club

整个度假村建立在海滩旁，新月型的海滩一直延伸到小山尽头。周围绿草遍地，鸟语花香。还有什么地方让您这样近距离地欣赏到如此美妙的湖光山色呢？唯一遗憾的是，这里常常客满，或许您应该提前预订才好。建议体验一下这里的健康理疗SPA.。

地址：Kalemya Koyu，Fethiye

电话：+90（242）614 8360

www.hillside.com.tr

hbc@hillside.com.tr

Club Belcekiz Beach

舒适的海滨酒店，有一个非常大的游泳池，这里距离死海非常近。您可以在松树掩映的山林中散步，也可以在碧波荡漾的湖水中畅游。

地址：Oludeniz，Fethiye

电话：+90（242）617 0077

Majesty Club Tuana Park

在所有的度假酒店中，这里是孩子们的乐园。巨大的海滨游乐场到处是欢声笑语，您可以尝试一下激流勇进的水道滑梯。酒店的房间价格从每晚130美元起，适合全家人度假。

地址：Yaniklar Koyu Fethiye

电话：+90（252）633 6316

www.majesty.com.tr

LykiaWorld

这里也是死海边上的度假中心，它更像个疗养院。度假村中有很多松树，非常恬静。不过每到旺季这里仍然热闹非凡。很多土耳其富裕阶层的游客常常逗留此地。如今越来越多的欧洲游客欣然到访，海滩上一字排开的太阳伞与天空翱翔的飞行滑降伞相映成趣。这里的房间价格随行就市，一般从每晚100美元起，但是淡季的时候有折扣。

Kidrak Mevkii，Oludeniz，Fethiye

电话：+90（252）617 0200

www.lykiaworld.com

lykia@lykiaworld.com

卡尔坎
KALKAN

卡尔坎是地中海一个迷人并具有历史性的小城镇，也是土耳其利西亚海岸中最美丽的地方之一。这里没有大规模的旅游开发，因此它仍然是一个未受污染的避风港。水晶般清晰的海水，悠久的历史建筑，古老的街巷构成了这里的一切，热情好客的土耳其人民欢迎您的到访。

概况

略向西行，您就看到建在美丽山丘上，俯视小小海湾古趣盎然的城镇卡尔坎(Kalkan)。涂成白色的传统风格房屋，百叶窗紧闭的窗口，垂至路上的鲜花掩映的阳台，构成了这座城镇。这里是您度过幽静假日最适宜的地方。狭窄曲折的道路两旁土特产品商店林立，直通向充满魅力的游艇码头。每天早晨，船只繁忙地将游客送往附近的海滨和入海口。日落后游客聚集在阳台上，晚餐前喝一杯，低头俯视往来的游艇和码头的喧杂，这才是具有卡尔坎风格的生活方式。

卡尔坎经历了从地中海渔村转变为奢华度假村的过程。城镇保留了很多奥斯曼土耳其帝国时代的特色，非常美丽，魅力无穷。虽然这里也经受着无可避免的旅游开发，最明显的是，庞大的度假酒店和别墅屹立在卡尔坎湛蓝质朴的小

海湾对面。如果您想在卡尔坎获得一个完全不同的旅行感受，建议您到半山腰上去寻找一处度假公寓。

卡尔坎附近有个奥斯曼风格的渔村名叫Kalamaki，这里有白色的房屋，非常美丽。旁边有一个小的海滩，大多数人游泳的时候是顺着混凝土做成的阶梯，从路上走到大海中去。

卡尔坎的小游艇码头非常繁忙，由此向东7公里，您可以乘船去探访蓝洞(Blue Cave)，洞中波光粼粼，还可以去隐藏的卡普特斯海滩（Kaputas）游泳。

卡尔坎是一个深受英国游客喜爱的目的地，他们经常来这度假一周。如果您只是旅行路过这里，住上一个或两个晚上也是让人愉快的。

通过费特希耶或安塔利亚乘车或乘船都可以到达。

到达

航空

在旺季来自英国的航空包机全部抵达达拉曼机场。一些航空公司提供专门往返于费特希耶的机场接送，也有到卡尔坎的巴士接送往来。从达拉曼机场到卡尔坎乘出租车最便捷，需要1小时30分钟。

巴士

从伊斯坦布尔客运总站每天都有巴士往来于此。晚上9时出发，第二天上午11时到卡尔坎。由伊兹密尔、阿菲永、费特希耶、安塔利亚也有巴士往来于此。

巴士无论到达还是离开都在镇子中心，但现在新巴士站建在山丘顶上。您从这到卡尔坎其他地方，需要走一段距离。

骑自行车

从费特希耶至此

如果您骑自行车畅游地中海这些小镇的话，交通非常方便。沿着耶希尔柯伊非常陡峭、狭窄的环海山路骑行，到大路交界处（Islamlar），然后下坡，留意这边有两个交通指示牌。看到标记有"Bezirgan"方向的道路，您可以顺着骑行，这是一条新的道路，不远就会看到一些水源标志和服务站，这里就到了。

从卡什骑车至此

您可以看到壮观的大海。在土耳其，从卡什去西利夫克（Silifke）一段路，是地中海沿岸最好的一段骑车路程。这里有狭窄的拐角和一座叫卡普特斯（Kaputas）的狭窄小桥。

四处看看

在村里，您可以徒步旅行。不过，租辆轻便摩托车大概是最常见的旅行方式了。虽然不一定安全，但肯定好玩！在卡尔坎的镇中心，您可以在街上找到租车的商店，轻便摩托车的租金大约30土耳其里拉。汽油也非常便宜。

请务必乘坐当地的小公共（Dolmus）去世界著名的帕塔拉海滩看看，另外还建议您参观德姆雷（Demre）那些遗迹。在有集市的日子里，享受一小时的费特希耶巴士之旅。还有以下这些近距离的目的地，特如罗斯（Tlos）遗址，赞西亚（Xanthos）遗址，雷顿（Ietoon）遗址，萨克尔肯特（Saklikent）峡谷，卡斯特洛里佐岛（Meis / Kastellorizo希腊最东端的岛屿，从卡斯乘船前往），开可瓦岛（Kekova）水下古城，在贡贝的绿湖等等。

游玩

卡尔坎是著名的水肺潜水和水上运动中心。卡尔坎有很多年老的英国游客。这里没有大型迪斯科舞厅，对于年轻人来说也许不适合。不过，和其他度假胜地一样，您依然可以享受到众多的酒吧。在夏季期间（7月起）有一些富裕的欧洲年轻人来访，几个酒吧有时候要忙到凌晨。

您可以参加乘船游览。有些船将带您到帕塔拉或卡普特斯海滩。您可以去拥抱那寂静的小海湾。因为品质各有不同，所以您需要比较一下价钱。

购买

在镇子和周边的村落里有很多小商店，最好的商品似乎是土耳其地毯。有许多商店销售名牌衬衫，但游客不认为那些是真正的原厂货。

餐饮

卡尔坎的餐厅超过200家。他们提供的菜肴各有不同，从很简单但有益健康的土耳其快餐到美丽乡村里面的传统饮食。这些餐馆中有很多屋顶露台，您可以一边品尝美食一边欣赏美丽的夜景，有的还可以看到远方碧蓝的海湾，非常惬意。

玛丽娜餐厅

这里的土耳其菜是阿纳多卢菜式。奥斯曼和安纳托利亚饮食非常喜欢用天然香料和橄榄油。这些膳食在陶器烤炉及传统的盆子里煮熟后食用。

在鳟鱼养殖场islamlar 午餐也是一种美好的度假体验 。

以下是当地有名的一些餐馆供您参考：

伊利亚达Ilyada餐厅

伊利亚达（Ilyada）餐厅的名字来自古希腊史诗，自1986年以来，。厨师将地中海和土耳其厨艺这两种风格融合起来。地中海烹饪文化由橄榄油、鱼类和绿色蔬菜构成。从西地中海打捞上来的海鲜先煮熟，然后再与橄榄油和香料拌在一起食用。营业时间08:00-01:00 。
www.ilyadarestaurant.com

CATI 餐馆

有人说土耳其美食是东方的法国料理，也许这些还不足以让您相信一个信奉伊斯兰教国家的菜肴具有如此的魅力。土耳其人特别爱吃羊肉，而蔬菜中则对茄子偏爱有加，二者的结合自然是美味又正宗。尝尝这里的羊肉茄子。
地址：Mehmet Atasoz Mentese Mah. Sehitler Cad. No: 55，Kalkan
电话：+90（242）844 3069

GIRONDA 餐馆

当地人信奉伊斯兰教，所以一般烤肉用的是牛羊肉或鸡肉，这里的蔬菜烤肉非常美味。
地址：Yaliboyu Mah. No: 28，Kalkan
电话：+90（242）844 3136

JIMMY'S 餐馆

这里的沙拉口感丰富，与众不同是这道沙拉的最大特色；另外，小米不作主食当菜吃也很有意思。他们将生菜洗净用手撕碎，加入小米和洋葱丝，用鲜柠檬汁、橄榄油、黑胡椒一起调匀食用。
地址：Cumhur Ovacik Yaliboyu Mah，Kalkan,
电话：+90（242）844 2070

KAYA餐馆

色彩鲜艳、形状美观、酸甜俱全是土耳其菜的又一特点。酸奶黄瓜真是土耳其菜的创举，味道只能用无法想象来形容。
地址：Kadir Ovali Mentese Mah. Sehitler Cad. No: 41，Kalkan
电话：+90（242）844 3718

KORSAN MARINA 餐馆

这里大部分的菜以羊肉为主，牛肉和鸡肉也有供应，当然还可以吃到新鲜的鱼。
地址：Uluc&Claire Bilgutay，Kalkan
电话：+90（242）844 3622

KURU'NUN YERI餐馆

这里也是地中海传统菜式，烹调时加了很多橄榄油。这里向您推荐他们的咖啡。咖啡是苦的,为了润喉,所以土耳其人发明了乐口饴糖(Lokum)。喝了咖啡,含一口饴糖,苦尽甘来。饴糖由淀粉与果汁、糖水制成,可加上核桃等调味。

地址：Ulugol Mah，Kalkan

电话：+90（242）844 3848

MAHMUT'S 餐馆

这里最著名菜肴是土耳其代表性的季节沙拉“萨拉特”，清脆爽口；而且番茄特别好吃，多汁又软硬适度，是土耳其的首选蔬菜。

地址：Islamlar Koyu，Kalkan

电话：+90（242）844 6344

MERKEZ 咖啡餐吧

这里著名的菜肴是鱼。土耳其海鲜讲究将鱼快速冷冻后，再烹饪。一般喜欢制作烤鱼，种类很多，品尝一下这里的剑鱼，别有一番风情。当然别忘了餐后的咖啡。

地址：Salih&Mustafa Karsak Yaliboyu Mah. No: 17，Kalkan

电话：+90（242）844 2823

以下餐馆都在附近，菜式雷同，您可以多走访几家比较一下价格。

SHANGAI CHINESE 餐馆

地址：Mentepe Mah. Sehitler Cad. No: 33，Kalkan

电话：+90（242）844 3101

ZEKIS 咖啡&餐馆

地址：Metin&Paula Keskin Yaliboyu Mah. 2 Nolu Sok.

电话：+90（242）844 3743

ZEYTINLIK餐馆

地址：Rebecca&Fatih Karsak Yaliboyu Mah. Hasan Altan Cad，Kalkan,

电话：+90（242）844 2820

AKIN 匹萨店

电话：+90（242）844 3025

ALTERNATIF ATLANTIS 餐馆

地址：Ozcan Turk Kalamar Yolu Kalkan

电话：+90（242）844 2983

AUBERGINE餐馆

地址：Yat Limani Kalkan

电话：+90（242）844 3332

BELGIN'S KITCHEN

地址：Belgin&Umit Akci Yaliboyu Mah.

电话：+90（242）844 3614

住宿

您可以在很多小村庄住宿，价格便宜，还有田园风情。这里也有大量的别墅出租，但很多都在村外，要走很长的路到食肆及港湾。

Kalkan Regency Hotel

这里有很多奢华别致的小酒店。蓝色的游泳池就建在半山腰上，远远望去前面就是碧蓝的地中海。价格也很公道，每晚70～120美元。

地址：Kalamar Yolu, Kalkan, Turkey

电话：+90（242）844 2230

Happy Hotel Kalkan

酒店不大，房间只有50间，包括一家海鲜餐馆。不过，店主布置得非常得体，让人感觉置身于奢华的别墅中。在这里，您可以找一间这样的公寓型酒店长租，价钱相当合算，一个月用不了1000美元。

地址：Kalamar Koyu Kalkan, Antalya, Turkey

电话：+90（242）844 1133

Villa Mahal

这是一间可以看到大海的别墅酒店，只在每年4月到9月开放。有3间餐厅，提供从当地传统菜肴到西式菜肴。价格有点昂贵，每天100～190美元。

电话：+90（242）844 3268

离开

您可以乘坐巴士到伊斯坦布尔、伊兹密尔、阿菲永、安塔利亚或者安卡拉，包括黑海沿岸的哈塔伊。您乘坐出租车可以去达拉曼机场或安塔利亚机场。

卡什 KAŞ

卡什是位于土耳其南地中海的一个小镇。

概况

从开可瓦岛（Kekova）向西前进，便到达三面环山，美丽的卡什小镇。您搭乘当地渔夫的快船，可沿着海岸到您喜欢的海湾、入海口和沙滩游览。卡什周围透明的海水最适宜游泳。它有一个非常细小的泳滩，也许就10米宽，不过它有漂亮的岩石台阶，您可以走下去游泳。很多咖啡馆和餐馆提供免费浴巾，在您回来的时候，最好买一点他们的饮料。小镇上有许多不错的旅馆和餐馆，这里是您假期中的活动中心。

卡什曾以古代安迪菲勒斯(Antiphellos)而闻名，如今仅残留着岩石剥落的墓地和石棺，但城市的魅力依然如故。在街上悠然信步，可尽情观赏贩卖土耳其工艺品、皮制品、铜制品、银制品、绵制服装、手工地毯的土特产商店。

购物后可在鲜花怒放的阿库德尼兹(Akdeniz)小街游览散步，在椰树荫下小憩。在卡什的酒吧和餐厅可充分享受夜生活。您能在城镇四周的山丘岸边欣赏美丽的风景，穿越森林去探访远处村庄和古代遗迹，游兴更浓的游客不妨攀登本地最高峰库兹拉—希乌里希山（Kizlar Sivrisi，3086米）或第二高峰阿克山（Akdag，3030米）。沿着景色秀丽的卡鲁罕路伸延出去的卡普塔什(Kapitas)有美丽的海滨，其顶端有“土耳其石窟”等名胜古迹。

到达

卡什在达拉曼机场（180公里）和安塔利亚机场（距离192公里）中间。从这些机场有各种方法去卡什，最简单的方式是乘坐出租车。您可以在机场内找到预定中心（价钱通常较昂贵，大约200土耳其里拉），从您下榻的酒店或本地旅行社到卡什（约150土耳其里拉），巴士及小公共汽车（Dolmus）也到这里。

四处看看

卡什曾经是一个世外桃源般的地中海渔村，现在是一个相对未受大规模旅游业发展影响的滨海小镇。卡什是一个很小的镇子，您可以步行10分钟逛遍整个镇子。

尽管这里有许多新的旅馆和疗养度假村，卡什仍然很有魅力。她的魅力一部分来自它处于一座山脚之下，而对面是闪闪发光的地中海，其他的魅力部分来源于卡什从容不迫的氛围。

安迪菲勒斯（Antiphellus）古镇的遗迹与现代建筑混合。横跨水域向南位于希腊卡斯特洛里佐岛(土耳其语是Kastellorizo；Meis Adasi)。您在白天的旅行中，很容易到达那里。

海滩很小，上面有很多鹅卵石，非常拥挤，因此游客常常待在海边的咖啡屋中，乘小船到附近的乌卡格兹（Üçagiz）、卡雷（Kaleköy）或蓝色洞穴游览，或到邻镇卡尔坎（Kalkan）参观或攀登峭壁，看一看古老的岩壁陵墓。

您可以乘坐小汽车或公共汽车来到这里，在费特希耶或安塔利亚换乘最方便。

不过，您可能需要在沿途的每一个小村落停靠，需要耽误点您的时间，但是据说这是一种特别的体验。

伊斯坦布尔和卡什也有直接的通宵巴士往来。如果您想要去伊斯坦布尔，您可能会喜欢乘坐一个晚上的巴士，第二天早上睡醒时您已经在伊斯坦布尔了，这比浪费一整天前往机场合适得多。

怎么到这里和附近的小镇

您可以从卡什乘坐小巴去费特希耶或安塔利亚，以及乘坐夜间巴士前往安卡拉、伊斯坦布尔和伊兹密尔。如果您想去希腊卡斯特洛里佐岛（希腊岛屿megisti，kastellorizo），联系当地旅行社，这里每日都有驳船往返于卡什和希腊岛屿。

游玩

在这里有很多旅游娱乐项目，水肺潜水、远足、狩猎、浮潜、峡谷散步、海上独木舟、骑自行车和滑翔伞，以及在美丽的小海滩游泳。当地的旅游公司都乐意安排这些活动。

附近的“沉没之城”开可瓦岛（Kekova）是一个吸引人的一日游目的地，一般包括一个参观周围小山村（Simena）的内容。旅行社也提供划着海上独木舟到开可瓦岛（Kekova）的旅行（每人60土耳其里拉）。

购买

卡什可以购买很多当地的旅游产品。这里的旅游商品往往比大多数的旅游城镇质量更高，但最重要的是，当地政府严格的规章制度，店主根本不会给您添麻烦。投诉一家店主可能会导致其丧失营业执照。

餐馆

在卡什，餐厅的价格是有点高，但大多数餐厅提供的菜肴都是物有所值的。酒吧很多，酒水最低消费为5土耳其里拉。在卡什有很多酒吧每天开放至凌晨3时。流行音乐、爵士乐一一俱全。不过您不要期望太高，因为卡什是一个很小的城镇，这里的夜晚还是相对比较安静的。

住宿

卡什

有60多栋酒店、疗养度假村和出租公寓别墅。最令人喜爱的是一些公寓，双人房间很便宜，还包括早餐。

Ani Pension

这是一个受欢迎的背包客小旅社，每晚30土耳其里拉包括双早餐。房间大，有一个阳台（上面有晾衣架）此外，如果您要求，除了标准土耳其早餐，您也可以得到法式烤面包片。晚宴（额外支付每人12土耳其里拉）虽然有点令人失望，如果能有额外的预算，您可以得到一餐更好的膳食。床位从6.4欧元起。

地址：Recep Bilgin Cad. No:12，antalya，Kas

电话：+90（242）836 1791

www.motelani.com

Gardenia Boutique Hotel

这是一个非常受夫妇欢迎的精致酒店（特别是度蜜月的情侣）。客房都很大，可以步行到小镇中心。夜晚周围非常安静。窗外是迷人的风景，可以看到希腊卡斯特洛里佐岛和卡什的海湾。如果您有同行的孩子，需要注意的是，酒店不接受12岁以下的儿童。

地址：Hükümet Caddesi No 41 Küçükçakıl Mevkii，07580 Kaş，Antalya
电话：+90（242）836 2368
　　　+90（242）836 1618
传真：+90（242）836 2891
www.gardeniahotel-kas.com

Phellos俱乐部

位于卡什中心高高的小山上，Phellos俱乐部在欧洲度假者中很受欢迎，他们可以提供你想要的一个真正的既有阳光又有乐趣的假日：丰富的活动，为孩子们准备的嬉水滑道，为父母准备的大泳池，而且离镇子只有几步之远。
地址：Doğruyol Sok. No:4 07480 Kaş
电话：+90（242）836 1953
传真：+90（242）836 1890
www.hotelclubphellos.com.tr

Tamara别墅酒店

或许这里是Çukurbag半岛上最有趣的旅店了。小的流水瀑布沿着山坡上的石灰岩向下滑落，最后正好流入大海。有葡萄藤装饰的漂亮庭院，还有一个质朴的游泳池和一家可以看到美丽海景的餐馆。你还可在海里游泳。
电话：+90（242）836 3273
传真：+90（242）836 2112
www.hoteltamara.com.tr

离开

在夏季（6月至9月）每天有35辆小巴和几个大型巴士，在安塔利亚的主要客运站和卡什的客运站往返载客。卡什距离安塔利亚大约185公里，乘坐巴士需要3小时路程，中间在奥琳帕斯(Olimpos)、奇拉勒（Çirali）、发塞利斯（Phaselis）和克梅尔（Kemer）都有停靠。

达拉曼：150公里，3.5小时。
德姆雷：45公里，1小时。
费特希耶：110公里，2小时。每天10个班次小巴，从卡什到费特希耶。
菲尼克：67公里，2小时。
卡尔坎：29公里，35分钟。每天都有频繁的小巴往返。
帕塔拉：45公里，45分钟，在夏季有频繁的小巴往来于帕塔拉海滩。
乌卡格兹：33公里，45分钟。在夏季有频繁的船只及小巴往来。
赞西亚：47公里，50分钟。在夏季每天10个班次小巴往返。
奥琳帕斯：110公里，2.5小时。

帕塔拉 PATARA

沿曲折的山道而下，便到达古代利西亚主要的港口城市帕塔拉(Patara)。据神话传说阿波罗降生于此，但据史料记载，这座城市是圣诞老人圣尼古拉斯的诞生地。当然，这里还有许多意味深长的遗迹。

帕塔拉有美丽的海滩，20公里的白色沙滩一望无垠地伸延开来，这里是沙滩体育运动的绝好场所。这座远离都市，至今尚未人知的小镇，使人倍感亲切，好像有家的感觉。

圣诞老人？您在开玩笑么？根本没有！圣诞老人，也被称为圣尼古拉斯，公元三世纪出生在帕塔拉后来搬到德姆雷（Demre），他后来成了主教并在那里为人民做了许多好事。

帕塔拉海滩长20公里，50米宽，因为小村庄内陆到海滩仅有唯一的几百张酒店床位，所以海滩从来都不拥挤。古老的帕塔拉废墟遗迹从海滩延伸到内陆。因为无法在考古区域内建造大量酒店，海滩因而得以保护，并避免过度发展。

如果说海滩有一个缺点，那就是这里树木很少，这也导致了阴凉地很少，因此您要准备好晒一天的太阳了。

帕塔拉的废墟遗迹很有趣：一个满是沙子的剧院，一个三拱形状的凯旋门，包括很多利西亚人墓地的古代墓葬群，一间被破坏的大教堂和罗马公共浴室等。

帕塔拉小镇，分布在南部海岸高速公路3.5公里范围内，非常适合旅行预算较低的游客。这里有众多家庭小旅社和背包旅行者，双人房间大约25美元或更少些。

汽车，巴士及出租车都可以到帕塔拉。任何巴士都通过费特希耶至卡什的高速公路，在Ovaköy 3.5公里处停靠下来。您也可以乘坐出租车到一个叫Gelemis的小村庄，每个人都称这里就是帕塔拉。

乌卡格兹 ÜÇAGIZ

在您看到地中海小渔村乌卡格兹之前，它才刚被人们发现不久。来这里最好的办法是从附近的卡什乘船游览。

乌卡格兹很多人说它就像是地中海海边的哈姆雷特。在1990年，政府限制了新的建设，使这里传统建筑保护的相当完好。

在旧村落里有很多超过2000年的西利亚石刻墓葬，在大理石废墟之下，罗马“沉没之城”一直延伸到地中海海水之下。

在1990年以前甚至没有一个像样的道路到这。大多数人坐船来，今天游人仍然这样做，因为道路虽然铺平了，但是要通过19公里曲折的沿海盘山公路。

您无论是从卡什或Çayagzi，还是在乌卡格兹加入乘船游览的团队，

您可以经过原始的小村落kaleköy村，在街道散步，有茶社，咖啡馆，还有小堡垒。

乌卡格兹有一些不错的餐厅，为停泊在这里的游艇上的游客提供午饭，还有几个小的、简单的住宿地点，因此，如果您想要在这里呆一段时间，您最好先来一整天的考察，问问周围，找到一个房间，预定后，再决定住下。

乌卢蒂尼兹 ÖLÜDENIZ

乌卢蒂尼兹（ölüdeniz）海滩，又称为死海，土耳其地中海沿岸最美丽最著名的海滩之一。乌卢蒂尼兹海滩，只有8.5公里长。在费特希耶以南的山区下方，非常大，可以游泳和晒日光浴，周围有很多度假村，但是道路并不拥挤。

在风和日丽的日子里，打开五颜六色的滑翔伞，只需跑几步，就可以从附近的山顶上飞跃而起，在沙滩和海面上翱翔，清风拂面而来，掠过耳际，紧张的心情化作悠然自得。人与伞似乎融为一体，按个人的意愿上升、滑翔和盘旋。感受天地之间驾御自我的刺激与满足，享受远离尘嚣的宁静时光。最后在海滩上着陆。一前一后的滑翔伞，可以让二人一起飞翔，在这里非常流行。

肥沃的冲积平原背后就是游泳海滩，现在充满了小酒店，家庭旅社和小餐馆，还有附近山顶上的城镇Ovacik和Hisarönü。

死海——海滩的名字令人毛骨悚然，其来源于海滩西头Meri旅店旁边的

一处隐蔽的盐水湖。这里被小山环绕保护着，通过狭窄的一个小道进入，就到了。在这里，即使是在暴风雨肆虐的时候，盐水湖依然保持风平浪静，因此这一地区被称为死海。

您可以参加利西亚之路的旅行项目。它是一条有着500公里的乡间小路，从费特希耶出发，漫步穿过小山，下行来到乌卢蒂尼兹，再上行来到Kidrak和Faralya，通过蝴蝶谷，最后来到安塔利亚。

如果您计划在乌卢蒂尼兹海滩作短暂停留的话，建议您待在费特希耶，那里的消费较低，而且每天都有频繁的小巴开往乌卢蒂尼兹。所有城市间的公共汽车都在费特希耶外面的公共汽车总站（Otogar）始发。

奥琳帕斯 OLIMPOS

奥琳帕斯(Olimpos)有众所周知的一个原始的小海滩，一个松树林，充满大理石的古代庙宇，树屋度假村，几千年来燃烧不断的自然火焰。

奥琳帕斯这座古代城市位于塔夫塔鲁山南侧。从陆地或海上均可到达被桃树和月桂树掩映的奥琳帕斯峡谷。静静的池水波光闪烁，澡堂的马赛克图案引人驻足。神庙大门和剧场是古代遗物，港湾四周的外墙和尖塔建于中世纪。

奥琳帕斯北面的奇拉勒(Cirali)海滩上屹立着300米高的雅纳塔休山。据神话流传，在这里利西亚英雄贝鲁雷罗冯(Bellerophon)乘着生有双翼的天马贝卡萨斯，制伏了吐火怪兽基梅依拉(Chimaera)。这里从地下漏出的沼气到了夜晚会燃烧，并发出耀眼的火光，从拜占庭时代即被封为圣地。

奥琳帕斯南面的查布休湾(Cavus)铺展开平稳的海面和沙滩。这里海水平缓，可尽情的在水上滑行、欣赏色彩斑斓的海洋生物，还能在北面海岸洞窟探险。

“发现”这里的是那些背包客。奥琳帕斯成为流行的早期就是那些树屋和像流浪者一样的背包客，最有名的就是著名的卡迪树屋。树屋提供各种舒适设施，还有什么地方您能生活在一个树与树连接的世界中呢？这里是奥琳帕斯最漂亮，最舒适的住宿所在地。

奥琳帕斯西面的门户菲尼克(Fenike)湾被柑橘果园所环绕。沙滩向东扩展，西面绵延着很多布满岩石的海湾和入海口，小溪经岩石嶙峋的峡谷，到达地中海。

奥琳帕斯村的自然之火坐落于山腰约7公里处。远古时代在海上航行的水手可以远远的看到这些火焰，但今天它虽然已经减少到了只有一系列微小的火苗，但依然令人印象深刻，的确是让人感觉震撼的自然现象。

游览奥琳帕斯最好的交通方法是，乘坐汽车沿着7公里以南的沿海公路前行，一会就到了。如果您打算乘坐巴士，从安塔利亚、克梅尔、法瑟里斯向北或从卡什、卡尔坎、登雷向西都可以，您应该问司机，让您在快到奥琳帕斯的路上帮您停车。

在夏季，出租车及小巴通常在路口待客，只需要3个土耳其里拉。

德姆雷 DEMRE

沿着大路再向前，有一座在土耳其屈指可数的，称为阿利罕大的利西亚城市。在这里可登上山顶，俯瞰绚丽峡谷的。在开阔的废墟遗迹中有古代阿哥拉剧场、竞技场、会议厅、水道设施、澡堂及石棺。

菲尼克以西25公里处的德姆雷城堡(Demre)，在古代称为米拉(Myra)。有许多雕刻精美的陵墓俯视着旁边的罗马剧场。

德姆雷这座城市带给您的是圣诞老人的第一声祝福。实际上，圣尼古拉斯曾经在这里居住和工作过。圣尼古拉斯于公元四世纪曾在这座地中海城市担任主教，公元342年辞世。每年12月举办圣诞老人纪念活动时，都有大量游客来访，在照耀着古代利西亚阳光的海岸度过别有风情的圣诞节。

圣尼古拉斯出生在附近的帕塔拉，开始是一名牧师，后来当了主教，他的大部分时间都在这个罗马小城生活，后来这里称为米拉（Myra）。

传说，他把小袋金币从烟囱中放下，房屋中穷人家的女孩于是有了嫁妆，可以结婚了。因为他爱护需要帮助的普通人，于是他成为了妇女，水手，儿童，商人的神圣守护神。

今日的圣尼古拉斯教堂是德姆雷访问最多的场所，但除此以外，这是还有其他值得一游的地方，在这个地中海沿海小城，向前约两公里的内陆地区有古罗马米拉（Myra）遗迹，一个保存完好的剧场，令人印象深刻的岩石，以及古墓群。

德姆雷是一个很小的城市，虽然只有几个小餐馆，但是它是通往卡什或奥林帕斯的必经之地。Çayagzi，德姆雷以西5公里，在罗马时代被称为Andriake，这里有更多的遗迹，一个不错的海滩和几家小餐馆。

西戴 SIDE

土耳其最有名的古代城市之一西戴(Side)，是以石榴之意命名的古代港口。

西戴曾经是传统的土耳其地中海小渔村，田园诗般的美丽，2公里远就是遍布大理石的罗马遗迹。从安塔利亚或阿兰亚到未受污染的海滩只有一个小时路程。

自20世纪80年代起，西戴的旅游业逐渐发展起来，现在还不错，只是在炎热的夏季游客才拥挤而至。如今作为闻名的旅游城市，每年大量的游客来访，这里拥有古代遗迹、两处海滨、众多的商店、庞大的游客住宿设施。

这里有众多的能眺望大海的咖啡馆和餐厅，狭窄的路旁排列的商店出售着皮制品及著名的精美金首饰等典型的土耳其工艺品。建于带有圆柱的拱门之上的古代城市，最著名的是宏大的罗马剧场，能容纳25000人。此外，还有阿哥拉、临海阿波罗神殿、泉水、公共墓地。宽阔的罗马澡堂现在变成了美术馆，展示着土耳其屈指可数的考古收藏品。

无论是土耳其人还是外国游客都是冲着完美的白沙滩，海边的餐厅和酒吧，不同的住宿设施（从廉价的家庭旅馆到豪华酒店），以及令人印象深刻的古希腊，古罗马遗迹而来。

最好的季节是每年的四月下旬，五月，六月和十月。如果您在夏季来到这里，一定避免在周末，每年据说都有一半安卡拉人到这来游泳。

汽车，巴士和小公共汽车都可以到此。巴士及小巴来自安塔利亚和阿兰亚。最近的机场在安塔利亚以西55公里处。

安纳托利亚中部
CENTRAL ANATOLIA

安卡拉
ANKARA

安卡拉 ANKARA

安卡拉是土耳其的首都，也是土耳其仅次于伊斯坦布尔的第二大城市。它位于土耳其安纳托利亚中部。人口约三百五十万。

概况

当地人热情好客。许多年轻人可以用英语与您做简单交流。虽然大多数人会尝试说英语，但是有一本土耳其短语字典会更好。安卡拉是土耳其的行政中心和大学城，因此，大部分居民由公务员，学生和学者构成。

安卡拉以前主要以羊毛以及羊绒制品贸易为主。在成为首都之前，安卡拉只是一个小城市，土耳其独立战争时期，凯末尔·阿塔图尔克和他的将军来到安卡拉后，这里成为战时的作战指挥中心。而今天这个海拔848米的城市已然成为一个大都会，有人口350万，他们中的许多人受聘于政府各部委和驻外使领馆，大学和其他教育机构，医院和医疗中心，以及一些在郊区的轻工业单位。

到达

安卡拉是安纳托利亚中部的交通枢纽，火车，飞机，长途客车和高速公路网络非常完善。

航空

国际航班到达频率较低，除了土耳其航空公司，只有德国汉莎航空公司，奥地利航空公司和英国航空公司提供直航，并往返各自在欧洲的航站。伊朗航空公司也有两个航班，每周从德黑兰往返。土耳其航空公司，Onur Air航空公司，Atlasjet航空公司和Flyair航空公司都有频繁的航班自伊斯坦布尔往来与此。对于其他进入土耳其的航空公司，一般都先到伊斯坦布尔，然后再转乘土耳其航空公司的班机到达安卡拉。从安卡拉可以飞到周边大部分距离300公里以上的城市。

机场

新机场已于2007年启用。它出口很多，停车系统更有秩序，使得交通往来更加流畅。从安卡拉机场一直到市区的环线路都得到了充分的翻新。

安卡拉Esenboğa国际机场位于城市东北部28公里处。机场穿梭巴士由哈瓦斯（HAVAŞ）经营，哈瓦斯机场穿梭巴士在阿斯蒂（AŞTİ）城际交通总站或安卡拉火车站（Ankara Gar）都有停靠站，乘坐出租车价格比较昂贵。您可以乘坐机场穿梭巴士通过城市中心到达Ulus站（城市历史中心，接近博物馆），以及阿斯蒂（AŞTİ）城际交通总站（长途巴士几乎可到达土耳其所有城市）。价格约10土耳其里拉。

客运

阿斯蒂（AŞTİ）城际交通总站

安卡拉庞大的阿斯蒂（AŞTİ）城际交通总站，是该国公路运输网络的中央枢纽。阿斯蒂是一个安卡拉城际交通总站的缩写AŞTİ（Ankara Şehirlerarası Terminal İşletmesi），这样您就可以明白，为什么大家都喜欢称之为阿斯蒂（AŞTİ）了。巴士服务涵盖所有地点，无论白天黑夜都有车辆接送客人。

阿斯蒂（AŞTİ）城际交通总站是一项庞大的建设工程，数百辆巴士，每时每刻，沿着不同的路线，到达土耳其所有的城市和城镇。服务包括票务柜台，风味小吃，餐馆，糕饼店，食品摊位，电话亭，银行自动取款机，厕所，淋浴，网吧，娱乐，以及两个行李检查柜台（在楼下）。阿斯蒂（AŞTİ）城际交通总站有自己的地铁站，并有通道连接车站。

巴士

土耳其大部分的城市有直接的巴士开往首都安卡拉。在土耳其巴士速度远远超过火车。从伊斯坦布尔到安卡拉，巴士之旅需时约5小时。

机场巴士连接Esenboğa机场和阿斯蒂（AŞTİ）城际交通总站，您也可以通过安卡拉火车站去机场。几十个公司经营着频繁往返于伊斯坦布尔的巴士业务。游客想乘坐巴士到卡帕多西亚，到票务柜台第50号（Nevsehir turizm）办理。

火车

安卡拉火车站（Ankara Gar）提供优质的服务。列车从伊斯坦布尔埃斯基谢希尔火车站往返于此，同时也有到伊兹密尔的列车，还包括更远的几个城市。两列火车前往土耳其东部旅游胜地：埃尔祖鲁姆，ekspresi，dogu和ekspresi。

因为正处于土耳其的中心位置，安卡拉是所有从伊斯坦布尔开往东部的列车的一个停靠站。在土耳其，从伊斯坦布尔到安卡拉的火车之旅需要6-7小时，这主要看您乘坐什么类型的列车（现在最快的是巴斯肯特列车，不过，在不久的将来会有更快的列车，旅程时间将缩短至3小时）。乘坐从伊斯坦布尔出发的通宵夜火车，可以节省您一晚的住宿成本。提前预定您喜欢的卧铺位置。

火车站

安卡拉火车站（Ankara Gar）有着悠久的历史，20世纪30年代的包豪斯风格，随眼望去，安卡拉车站周围那优美的建筑物，让您感觉似乎是回到了奥斯曼土耳其时代。安卡拉火车站非常繁忙，早晨郊区的通勤短途火车不断的驶来，来自伊斯坦布尔和伊兹密尔的夜班车在这里停靠，然后再开往其他城市。

火车站的服务包括门票销售窗口，小吃站点，报摊，ATM自动提款机，候车室，厕所，行李储物柜（有一些储物柜是提供给安卡拉客运站的）等。这些都方便减轻您的行李，轻装游览安卡拉，然后继续您当天的旅程。

安卡拉火车站有良好的，老式的（有些人会说是"历史性"的）餐厅提供午餐和晚餐。安卡拉火车站还以合理的价格提供给乘客体面而传统的土耳其美食及饮品。晚餐与酒所需的费用不超过25土耳其里拉。便餐15土耳其里拉 。

安卡拉火车站的服务对象，有些是一个小圈子里的当地常客，95%为男性，他们在一起聊天，或者来一杯raki 酒。侍应生对大家照顾周到，气氛非常和谐。

出租车在火车站前面等待，哈瓦斯机场穿梭巴士站也在这里，这里也是Esenboğa机场和安卡拉的主要客运站阿斯蒂（AŞTİ）城际交通总站两条线路的交汇处。

最重要的列车到达和离开安卡拉的时候，都在第1轨道——最方便的轨道。从地下通道下行30级台阶，就到其他的轨道了。

地铁

安卡拉的地铁系统包括两个地铁线路，这就是安卡拉城铁（Ankaray）和安卡拉地铁（Ankara Metro），以及郊区的铁路系统。

安卡拉城铁（Ankaray）从AŞTİ站（Ankara Şehirlerarası Terminal Işletmesi - 安卡拉城际交通总站）到Dikimevi站，距离8.7公里，其中有8公里为地下隧道。设有11个车站，分别为：Dikimevi，Kurtuluş，Kolej，Kızılay（此站换乘地铁），Demirtepe，Maltepe，Tandoğan，Beşevler，Bahçelievler，Emek ，AŞTİ。

安卡拉地铁，从城市中心Kızılay站出发，是自东南到西北之间运行的地铁，连接着中央Kizilay广场和西北部的Batikent站。地铁线全长14.7公里（6.5

公里地下，4.5公里地上，3.7公里是高架铁路）。设有12个地铁站，分别为：Kızılay（换乘城铁），Sıhhiye，Ulus，Kültür Merkezi，Akköprü，İvedik，Yenimahalle，Demetevler，Hastane，Macunköy，Ostim，Batıkent。

在安卡拉，主要的巴士总站阿斯蒂（AŞTİ）城际交通总站在西部，郊区铁路系统Dikimevi在东部地区运行。车票是含有磁条的纸质票，每张票的有效期为单次旅程，无论是地铁站还是城铁线只可以单方向乘坐一次（转乘另外的线路，在Kızılay广场，快速且轻松）。所有车站的车票为1.25土耳其里拉/张，如果您购买5张以上可以打8折。

插入检票，在电脑上旋转，如果有杂物堵塞不能进入，请再次尝试。车票并不能显示出您旅程的具体目的地。

有点混乱，只有一条线名叫地铁，事实上它只是整个地铁线路的一部分，两条都是同样的“地铁”系统。以后会修建更多地下捷运系统。

来往于安卡拉火车站（Ankara Gar）和阿斯蒂（AŞTİ）城际交通总站的地铁列车不是特别快。Ulus地铁站是最接近老城区的车站，那里有安纳托利亚文明和古罗马文物博物馆。它实际上坐落在Ulus广场的西南角，步行约5分钟即到。如果您的目标是老城区，您可以乘坐出租车到达，而不是攀登陡峭的Ulus山过去。

从火车站到地铁站

旅客可以从火车站去安卡拉Maltepe地铁站，需要步行，并不容易。首先，您必须走一小段台阶通过一个坡道，再步行几百米，沿着通道，然后通过一个地下商场（Tandogan Çarsisi）的区域。从地下商场（Tandogan Çarsisi）走到底，您必须向上走50个台阶，出口就到大街，左转步行几分钟即到安卡拉城铁（Ankaray）Maltepe车站。

如果您的行李沉重，这好像多了一个麻烦。最好是到阿斯蒂（AŞTİ）巴士总站，在西区的路头是城铁线。您到安卡拉城铁/地下铁系统的其他方式是徒步至火车站前，沿着Cumhuriyet Bulvari路，走到Gençlik Parki大街，车站就在您的右边。在下一条街（Istiklal Caddesi），是高耸的拉迪森SAS酒店，这里是Ulus地铁站。

从火车站步行到Ulus站会更简单快捷，同方向的Maltepe地铁站，距离相同。但如果您在Ulus站乘车，您必须在Kızılay站换乘（从地铁线向城铁线）。

驾车

因为交通十分拥挤，指示标志不足，所以不建议您在安卡拉驾驶汽车。不过，从安卡拉到土耳其其他各城市无论在距离上还是在驾驶时间上都比较适合。如果您想在安卡拉租车去往其他地方，选择在Esenboğa机场租车可能会更容易一些。

到处转转

凯末尔·阿塔图尔克陵园 (Mausoleum of Kemal Atatürk)

安卡拉成为土耳其的首都还是近代的事情。在显赫一时的奥斯曼帝国时期，土耳其的首都是博斯普鲁斯海峡边上的伊斯坦布尔。随着奥斯曼帝国的日益衰落和俄、英、法等帝国主义势力的侵入，到了19世纪末和20世纪初，土耳其面临被瓜分的危险。首都伊斯坦布尔也经常处于欧洲帝国主义列强的炮舰威胁之下，1920年伊斯坦布尔市还被英军占领过。被尊为“土耳其之父”的穆斯塔法·凯末尔便到小亚细亚半岛组织对外反抗外国侵略的革命斗争。由于地理位置适中，交通方便，安卡拉逐渐成了斗争的中心。同时也出于安全方面的考虑，革命胜利以后，安卡拉便被定为共和国首都。

凯末尔·阿塔图尔克陵园，在安卡拉中心约两公里的一座小山上，土耳其共和国的创始人和首任总统，穆斯塔法·凯末尔就葬在这里。

凯末尔·阿塔图尔克陵园，非常壮观，值得一游。在您进入陵墓之前，两边都有检查亭和一些雕像，旁边是陵园中心的模型，施工期间的图片。继续沿着一座座丰碑旁边的内部通道前行，来到主庭院，两边排列着新赫梯风格的石狮雕像。在右边，您所进入的庭院是纪念伊斯麦·特伊诺努的纪念碑，在土耳其的独立战争之后，他是凯末尔·阿塔图尔克的朋友，战友，参谋长，外交官，首相和第二任土耳其共和国总统。

对面的伊诺努和平纪念碑，质朴威严。在它的前面有高大的警卫护卫。攀登气势雄伟的楼梯进入，请留意题字，摘录了阿塔图尔克在1932年共和国成立10周年时的讲话。通过庞大的黄铜大门进入陵墓，出于尊重，请脱帽（如果您忘记这样做，会有民警卫队提醒您）。空旷的大厅，内衬红色的大理石，简单装饰的马赛克，回顾了安纳托利亚不同的年代与不同的文明：赫梯，希腊，罗马，塞尔柱以及奥斯曼时期。北面的纪念碑是一个由巨大的大理石制作而成的整块石墓。阿塔图尔克的墓就在下面。

在庭院的东边有一个博物馆——它同陵园一起坐落于壮丽的小山之上。博物馆于1953年完工。该博物馆介绍了阿塔图尔克个人的人生经历，展示了他的一些随身用具以及他的几辆汽车。您可以通过多媒体的演示，了解到他生命中最重要的几个时期，这些都融入了土耳其历史之中。

该陵园每天从上午9时至17时开放(冬季上午开放到下午4时)，免费入场。博物馆全天开放(每周一休馆)。您去陵园以及纪念堂(Anitkabir)参观，乘坐出租车（大概不超过5土耳其里拉到7土耳其里拉）或者乘坐城铁到Tandoğan站，步行上山，约1.5公里，还可以乘坐的士（约3土耳其里拉 ）20分钟就到了。

城堡指南（Citadel）

这座城堡开始由葛拉特亚人(Galatians)建设，由罗马帝国最终建成。后来又由拜占庭帝国和塞尔柱王朝进行了修复和改建。这一带是安卡拉最古老的地区，城墙内有很多传统的建筑物，有广阔的绿地，人们的生活轻松愉快。安卡拉地区在公元前2000年作为赫梯文明发源地而闻名。在这一城区，有很多房屋作为传统的土耳式建筑被修复保护，还有的已经成为可以品尝土耳其等各国料理和葡萄酒的餐厅。

您可以进入安卡拉崇高壮观的城堡内部进行游览。在大约二千年前的赫梯时代，就有了此地。站在城堡上，您可以从各个角度欣赏这座革命之城。

外墙都是由拜占庭皇帝米迦勒二世建于公元9世纪之前。据说有些部分的城墙，从公元600年开始就已经存在。

进入一个不规则的广场，可以找到Çengel Han Rahmi M Koç博物馆，沿着街往下坡走，附近就是安纳托利亚文物博物馆。而在其他方向，还有Ahi serafettin清真寺和陵墓（Arslanhane Camii，公元1290年）。

通过一座土耳其风格的大门（Parmak Kapisi大门），也称为时钟门（Saatli Kapi），因为市民可以看见这个白色的八角形大钟塔。然后，经过这里，还有两个不错的餐厅。

在外城墙旁边，一个土耳其小街巷，这里虽然处于土耳其现代首都的心脏地带，但是没有太大的改变，数百年一个样子。

直行从门经过Kalekapisi Sokak路，就到了安哥拉首都酒店的Asmali餐厅和Kinaci餐厅。对面的Kinaci餐厅非常豪华。经过Kinaci餐厅，左转进入石塔。如果咖啡馆开着的话，登上塔顶部的阳台可以看到安卡拉北部壮观的景色。

小清真寺，在大堡垒里，Alaettin camii 清真寺，原建于公元1100年，但至今为止已修复多次。继续沿水泥台阶向上来到Sark Kules（东部城堡），从这里可以望到土耳其首都的全景。随着您的堡垒参观一行，您还应该计划游览一下附近的安纳托利亚文明博物馆，以及Çengel Han Rahmi M Koç博物馆和Ahi serafettin清真寺（Arslanhane Camii，公元1290年）。

罗马时期遗迹

安卡拉是一个重要的罗马城市(Ankyra)，很多文物证明了这一点。伟大的奥古斯都和罗马神庙，现在毁坏相当严重，但仍然开放着。罗马皇帝曾访问过朱利安柱，以及废墟里的罗马浴场。如今这些仍然保存完好。所有这些遗迹都是在Ulus广场附近（地铁Ulus站），还有在城堡旁边的一部分，其中城墙也具有悠久的罗马历史。

从Ulus广场出来，可以看到骑着马的凯末尔·阿塔图尔克雕像，他是土耳其共和国的缔造者，也是土耳其共和国的军队领袖。步行上山，然后左转，走到北边的部分是罗马之路，朱利安柱（公元362年）屹立于此，安卡拉总督府这座罗马建筑物就在它的旁边。

继续步行上山，然后左转爬上楼梯到Haci bayram camii清真寺，一个非常受欢迎的清真寺，旁边的墓地是穆斯林圣地（Haci bayram veli 公元1400年）。

右旁是奥古斯都和罗马神庙，还有几座高墙。碑文用土耳其文和英文讲述着这里的历史。神庙：这里显然是遗址中建立较早的一个（公元25-20年）神庙，为了纪念安纳托利亚生育女神（Kybele）和埃及天神（Phallic）之子。

步行下山，回到çankiri caddesi，向北部延伸就是阿塔图尔克陵园，主要通道在北边。跨向西侧，接着向北步行，就是罗马遗址，安卡拉的罗马浴场——不太大的看点，除非您非常着迷浴池遗址。

奥古斯都与罗马神庙和朱利安柱，所有时间都开放，免费。罗马浴场，限制参观时间和很少的门票费用。

博物馆和画廊

安纳托利亚文明博物馆（Medeniyetleri Müzesi）

它是由城门边的古代商队旅店改建装修而成的。里面展示旧石器，新石器，赫梯，西泰特，菲尔吉斯，乌拉尔(Urarriar)，罗马等各个时代的文物和西利亚(Lydian)时代的珍宝等具有历史价值的各种珍贵文化遗产。该馆每周一休馆，但夏季不休馆。

民族志博物馆（Etnoğrafya Müzesi）

位于塔拉托帕夏(Talat Pasa)大街歌剧院对面。展示着塞尔柱和奥斯曼时代清真寺的珍贵工艺品。该馆每周一休馆。

绘画雕刻美术馆（Resim - Heykel Müzesi）

位于民俗学博物馆的旁边，在这里您可以看到从19世纪末到现代的土耳其艺术作品。这里还可以外借展览室，以供展出本美术馆藏品之外的绘画雕刻作品。该馆每周一休馆。

独立战争博物馆

(Kurtuluş Savaşı Müzesi)

位于乌尔斯(Ulus)广场的附近，曾是土耳其共和国最初的国会建筑。这里曾是举行独立战争的作战会议地，展示当时的照片和纪念品，还展示土耳其历代总统的肖像。该馆每周一休馆。

共和国美术馆

位于独立纪念美术馆的附近，曾是第二次国会的会议场所。展示着当时共和国所发生的各种重大事件的记录。该馆每周一休馆。

阿塔图尔克美术馆

美术馆位于羌卡亚(Cankaya)的总统官邸内，是建国后阿塔图尔克迁来居住的建筑物。展示着各种活动的照片，并保存着当时的原状。该馆星期日和节假日开馆，开馆时间下午1：30～5：00。

游览

安卡拉是歌剧、芭蕾舞、爵士乐和交谊舞的表演中心，又是著名的指挥家、交响乐、乐队(Presidertial Symphony)的演出之地。这里拥有几个古典音乐和歌剧表演的音乐厅，另外还有很多新创作上演的作品。传统音乐同样活跃，从小型酒吧和餐馆到大型的音乐厅在这里您都可以找到。在阿塔图尔克文化中心也举办各种展览，这里还有各种各样的国营或私营画廊。安卡拉在Kavaklidere路和cankaya 路附近还有几个上映国内外影片的电影院，每年都举办电影节。每年4月和5月，举办国际艺术音乐节，土耳其以及各国活跃于第一线的音乐家都来到这里演出。4月23日的儿童节也非常盛大，世界各地的孩子们都来参加。每年阿尔顿公园里都会举行很多盛大的联欢活动。

购物

安卡拉城堡（Citadel）一直是贸易中心，数百年来，买卖地毯，皮革及古董，以促进旅游和贸易。在乌鲁斯附近的街道(Ciknkcilar Yokusu)有很多深受游客欢迎的传统商店，特别是聚集了很多加工铜制品商铺的铜街(Bakircilar Carsisr)，非常有名。这里不仅有铜制品，还有宝石，地毯，服装，古董，刺绣等，既有旧货也有新品。在这里您可以发现各种有趣的东西。

登上城门的小山岗，可以看到有很多卖香料，辣椒，干果，核桃花生等干鲜果品以及所有食品材料的商店。其销售的食品种类丰富，而且非常新鲜。

在克兹莱(Kizilay)，卡茹姆(Karum)购物区的托那鲁西鲁米(Tunali Hilmi)大街上，高档商场很多在埃斯基谢希尔（Eskisehir）大道上，也有电影院和餐馆。羌卡亚的阿塔克雷(Alakule)大厦是现代化的购物中心。从阿塔克雷大厦的最高处，可以看到大街的全景，非常壮观。另外，这还有旋转餐厅，可以轻松地看到360度的风景，令人非常愉快。

Kerim Sefer（地毯商店）

总店地址:Kalekapisi Sokak No: 2，Kale，Ankara
分店地址:Gozcu Sokak No: 9，Kale，Ankara
电话: +90 (312) 310 6971，+90 (312) 309 1427
传真: +90 (312) 312 2384

餐饮

安卡拉最著名的是它的“Döner Kebap”烤肉。为了挑选一个好的烤肉餐厅，您应该看看周围的烤肉（Döner），对比一下。好的肉串（Döner）应该是矩形的和切口平整而未分隔的肉块。

像许多其他国家的首都一样，在土耳其，安卡拉一年到头都可以让您吃上最好的鱼（虽然并不是最便宜的）。在Sakarya街的周围，有各类的鱼餐馆，从快餐厅到时尚餐馆，您都可以有机会好好的尝一下rakı酒，这是一种众所周知鱼类菜肴的好伴侣。鱼类餐厅在这个城市中比比皆是，在Cankaya至少有两个优秀的地点：“akdeniz akdeniz ”和“lazoli”，分别以地中海美食和黑海美食为特色。

除了众多经典的烤肉（Iskender Kebab）餐厅之外，这里还有许多以某一具体城市传统美食为特色的餐厅，照顾到了较富裕的移民群体：从辛辣的Urfa到各种各样的与烤肉（Adana Kebab）一起的蔬菜，品种多样，应有尽有。

Zenger Pasa Konagi 餐厅

这个用砖石垒起的传统奥斯曼老房子里充满了浪漫的怀旧气息，您可以看到整个城市。品尝一下拌着大蒜酱调料的烤肉（Kebap）最惬意不过了。即使是廉价的晚餐，这也提供现场的吉他音乐伴奏。建议您尝试新鲜烘烤的“Pide”（扁平的面包）。

地址：Doyran Sok. 13，Ulus

电话：+90（312）311 7070

营业时间：中午11点到午夜。

Mantar餐厅

这是个精致的小餐馆，分成室内和室外两部分（如果天气条件允许的话）。向您推荐以下美食，那些用奶油做成的甜品，放在土耳其面包里，做成汉堡包模样（Karamanmaras Koftesi），还有各种各样的腌制酸黄瓜（Yaprak Dolmasi），新鲜的酸奶和餐后甜点（Irmik Helvasi）。这样的晚餐平均每人15土耳其里拉。

地址：4 Cadde 4/A Yildiz

电话：+90（312）440 0978

营业时间：早上9点到晚上10点

Divan Brasserie餐厅

想要一些土耳其传统风格餐饮体验的话，可以到城堡去寻找，尤其是那些带有一些风景阳台的餐厅。建议充分利用机会，访问这个恢复16世纪商船客栈的餐馆，这有一些沙拉和安卡拉著名的红烧鲈鱼。作为菜单的补充，如果您正在寻找一些小吃，这里的巧克力甜品和其他甜食（Baklava），会让您领略真正的土耳其饮食风貌。

地址：Tunalı Hilmi Cad. Güniz Sok. Kavaklıdere

电话：+90（312）457 4000

传真：+90（312）457 4040

www.divan.com.tr

Washington Restaurant餐厅

首先，餐厅位于城堡之内，它非常有名，不仅仅是因为名字。业主和厨师在首都与菜单之间兑现了他的餐饮经验，问一下侍者，比尔·克林顿曾经坐过的位子。讽刺的是，这个餐厅开业时正处于冷战时期，它在安卡拉复制了俄罗斯受欢迎的冷盘和沙拉等菜肴。土耳其餐台都是精选的，另外还有一个巧克力甜品（Soufflé）非常受欢迎。

地址：Nene Hatun Caddesi，97 Gaziosmanpasa

电话：+90（312）445 0212

饮品

以下是一些很好的酒吧所在地：位于托那鲁西鲁米的玛丽莲·梦露酒吧，特别是在周五的晚上，其实每晚也还都不错。热闹的气氛包围着整个酒吧。另一个地点是黑与白俱乐部，您最好先向别人打听一下其所在位置，或者是先来到玛丽莲·梦露酒吧，在拥挤的人群中您或许会得到答案。

乌鸦酒吧，在Bestekar街，有摇滚音乐。在与Bestekar街平行的那条街上也有很多喝酒的地方。边缘酒吧，缠绕者酒吧，Yer Fistigi俱乐部（土耳其音乐）都是很不错的地点。肯尼迪街上的单独轨迹俱乐部是一个非常独特的地方，电子，雷鬼或复古舞曲等多种多样音乐形式。在同一条街上的Mono酒吧是一个让人愉快的地方。

And Evi Café

这个咖啡屋背后就是城堡，您很容易找到。楼下您可以找到一个画廊，楼上是咖啡屋，从这您可以看到整个安卡拉。除了古董地毯，您还可以吸一下水烟，品尝咖啡。这里是当地艺术家最爱去的聚集地，这里同样提供品质优良的葡萄酒。

地址：İç Kale Mahallesi 29，Kalesi

电话：+90（312）312 7978

营业时间：上午10点到晚上9点

夜生活

夜生活在安卡拉是严格划分的。外交官聚集在咖啡屋，酒吧和爵士酒吧里。在市区南面，学生在啤酒花园里讨论政治。在城市中心（Kizilay），有些酒吧有现场的音乐表演，而城堡附近更吸引老年观众。

曼哈顿俱乐部

这个酒吧正试图团结几代人。为了实现这一点，既有吸引外交官一类客户的爵士乐，也有另类摇滚供学生狂欢，都是现场表演。通过协调，以便适合所有的年龄组。这些良好的意愿，仅是值得看一看！喝啤酒，相对昂贵，要3.80欧元一瓶。

地址：Cevre Sok. 7，Cankaya

电话：+90（312）427 6263

www.manhattan.gen.tr

单独轨迹俱乐部

选择俱乐部的名称时，业主并不是很乐观（它的字面意思“寂寞的地方”）。看来，他们错了：在电子音乐的伴奏下，有很多球迷频繁造访这个俱乐部。服务很好，啤酒相对便宜（2.70欧元）。在夏季，人群有时转移到外边。

地址：Bestekar Sok 60

电话：+90（312）468 6788

www.locussoluszone.com

北盾酒吧俱乐部

在安卡拉北盾酒吧俱乐部有最舒适的沙发。进入酒吧感觉象在家里：黑色装饰木材，典型的酒吧菜肴，熟悉的酒吧音乐和传统酒吧顾客。这个酒吧还提供了一个花园，以及优质的服务。

地址：Güvenlik Cad，111

电话：+90（312）466 1266

www.thenorthshield.com

住宿

Radisson 酒店（位于 Ulus，火车站附近），Swissôtel 酒店（位于 Çankaya 的一个巷内）以及最近入驻的 Ramada 酒店（在 Kavaklıdere，时髦的 Tunalı Hilmi 街上），提供了看起来很新的客房，但是比起希尔顿和喜来登酒店的客房略显局促。

喜来登酒店

位于Kavaklıdere区，是安卡拉最显著和最耀眼的酒店（价格可以证明）。在喜来登的拐角处是希尔顿酒店，这里已经度过了它的繁华期，但现在仍然是一个可以让人接受的住宿地点。每晚160欧元起。

地址：Noktalı Sokak

电话：+90（312）457 6000

www.sheratonankara.com

Swissôtel酒店

在这个崭新的豪华瑞士酒店中，客人很多来自政府和商界的精英。如果“奢侈品”是标准的话，在这里的商务酒店中，它以设计标准客房和套房出名。这里的健康中心，提供优质服务，尤其是高价的Spa水疗。体验一下是一个不坏的选择。

地址：yildizevler mahallesi，21 sokak

电话：+90（312）409 3000

www.ankara.swissotel.com

Gordion Hotel

酒店占据城市一个安静的角落，然而方便的餐馆，吸引很多本地人来用餐。商店有超大的“精品店”，销售皮革，黄铜和木材作为主要设计材料的艺术品。这一切都非常舒适，插花版画非常漂亮。地下有游泳池及健康中心，其中包括美容，温泉疗养和健身服务。在您的旅途中这里将是一个完美的开始。

地址：Büklüm Sokak 59，just off of Tunali Hilmi，Kavaklidere

电话：+90（312）427 8080

www.gordionhotel.com

国王酒店King Hotel

独立的酒店，地理位置绝佳，在议会大厦的后面，美国大使馆附近。

地址：Guvenlik Caddesi No：13 Asagiayranci，06540 Ankara

电话：+90（312）418 9099
传真：+90（312）417 0382

迈达酒店
Mega Residence Hotel

酒店在Kavaklidere北的Tunus Caddesi。酒店位于别致的购物区，建筑不高但设计豪华。宽敞的浴室和超大床，令人愉快。

如果您想家了或者厌倦了土耳其的美食，可以到“schnitzel”餐厅享受一下法兰克福口味的西餐。房间价格从100欧元起。
地址：Tahran Caddesi No 5
电话：+90（312）468 54 00
www.megaresidence.com.tr

Sahinbey酒店

Sahinbey 酒店性价比最高，缺点是可能有点远。其建筑风格象一个油漆罐。但是内部绝不是华而不实，性价比和中央交通位置都是好的。您花费不多，甚至有一些剩余的钱投入到疯狂购物之中。双人间起价22到50欧元 。
地址：Hisarpark Cad. Alataş Sok
电话：+90（312）310 4955
传真：+90（312）310 7877
www.sahinbeyhotel.com

安哥拉旅馆Angora House

旅馆位于堡垒区，是一个迷人的精品酒店，这里拥有奥斯曼帝国时期古老的房子。客房里的装饰象古董一样，有6个客房，楼下的客人可以享受开放式庭院和宁静的花园。
地址：Kalekapisi Sok. 16，06240 Ankara
电话：+90 (312) 309 8380.
传真：+90 (312) 309 8381

离开

Beypazarı 以其传统的民居，矿泉水，大集市，当然还有被他们称之为 Beypazari Kurusu 的面包店而闻名。它是一个小而富足的安纳托利亚城镇，旅游景点占地面积很大。您必须空出一个周末来游览此地才不会感到后悔。

安卡拉是一个交通相当便利的地方，以这为落脚点，到安纳托利亚，卡帕多西亚或黑海海岸旅游最为适宜。越来越多的旅游经营者和相关服务行业都很对游客的味口。在这里有各个层次的住宿设施，在伊斯坦布尔或南海岸各地巴士站的交通指示牌上标有清晰的价目表，从安卡拉到达土耳其各地的运输服务也是切实可行的。

到其他地区的时刻表

安卡拉是中安纳托利亚的心脏，作为土耳其的首都，拥有贯穿全国所有地区的运输线路。

以下是从安卡拉到土耳其的其他重要城市和城镇的距离和平均旅行时间。如果您乘坐巴士，这些数字应该是比较准确的。如果您驾驶自己的汽车，并且中途不频繁停车，您的旅行时间可能会更短些。

阿达纳：490 公里，东南，9 小时
阿菲永：260 公里，西，3 小时
阿克萨赖：230 公里，南，3 小时
阿马西亚：335 公里，东北，5 小时
安塔利亚：550 公里，西南，8 小时
卡帕多西亚：300 公里，东南，5 小时
埃尔祖鲁姆：925 公里，东，12 小时
埃斯基谢希尔：232 公里，西，4 小时
伊斯坦布尔：450 公里，西北，5 小时
伊兹密尔：600 公里，西，8 小时
开塞利：330 公里，东南，4 小时
克尔谢希尔：175 公里，东南，2 小时
科尼亚：260 公里，南，3 小时
萨夫兰博卢：225 公里，北，4 小时
锡诺普：445 公里，东北，9 小时
锡瓦斯：450 公里，东 6 小时
特拉布宗：780 公里，东北 12 小时

科尼亚
KONYA

科尼亚
KONYA

科尼亚是土耳其安纳托利亚中部的一个古城，它以托钵僧回旋舞和优秀的塞尔柱建筑而闻名。

历史

科尼亚是土耳其最古老的城市，至今人们仍然在此安居乐业。在罗马时代被称为依阔尼乌姆（Iconium）。从12世纪到13世纪是塞尔柱王朝的首都，土耳其主要的文化中心之一。在文化，政治，宗教都得到发展的时期，梅乌拉那·杰拉鲁丁·鲁米(Mevlana Celaleddin Rumi)创立了在西方以进行回旋舞祈祷而知名的苏菲(Sufi)教团。镶嵌着碧绿瓷砖的梅乌拉那陵墓是科尼亚最有名的建筑，陵墓旁边曾是祈祷会堂，这里现在作为博物馆展示着鲁米的著作和与教团有关的神秘艺术品。科尼亚每年12月上旬举行盛大的回旋舞祈祷仪式，包裹着白色衣装的男性舞者就像失去控制的那样旋转，将观看的人们引入一个神秘的世界。

概况

科尼亚的托钵僧回旋舞相传了700年，这里有很多值得一游的景点，有一些不错的酒店，交通也非常方便。

科尼亚的历史可以追溯到赫梯时期，称为（Kuwanna），这里作为一个罗马城市被叫做（Iconium）。从公元1071年至公元1275年这里一度是安纳托利亚中部的兴盛地区。今天这里仍是土耳其的骄傲。

游览科尼亚的原因是看梅乌拉那（Mevlana）博物馆，梅乌拉那·杰拉鲁丁·鲁米（公元1207年至公元1273年）的陵墓也在这里，众所周知，他是一个穆斯林诗人，神秘主义者和一个伟大的思想家（鲁米是土耳其托钵僧Mevlana中的简称，其在英语文学作品中全名为Mawlana Jalal ad-Din Muhammad Balkhi-Rumi）。回旋舞（Mevlevi Sema）是苏菲派的祈祷仪式，其中托钵僧（Mevlevi），通过15分钟神圣的回旋舞，以追求神秘的天人合

一（托钵僧人也在伊斯坦布尔的加拉塔Mevlevi Hanesi和Sirkeci车站进行回旋舞表演）。

许多伟大的塞尔柱建筑物——如清真寺和神学院都是科尼亚的骄傲。阿拉伊丁清真寺于公元1220年建在古代科尼亚城内。那个时代的统治者伟大的塞尔柱阿拉伊丁·凯克巴特苏丹统治着科尼亚一带。在清真寺的一角有塞尔柱宫殿遗址。现在成为博物馆的卡塔拉依神学校，可以欣赏到大胆华丽的塞尔柱陶器。

清真寺对面是建于公元1258年的印杰（Ince）尖塔，其正面的塞尔柱时代装饰品很引人注目。作为塞尔柱时代的遗迹，还有玻璃神学院（Sirçali Medrese）和Sahip-i Ata清真寺建筑群。游客会被考古学博物馆丰富的藏品所吸引，这里收藏了从自然文物到古代基里姆方面的丰富藏品，还再现了科尼亚富裕家族的生活场景。

到达

您可以通过巴士，火车和飞机到达科尼亚。这里交通非常方便，从安卡拉到科尼亚，驾车需要3小时，到伊斯坦布尔需要10小时。从伊兹密尔到科尼亚大概7小时。从安塔利亚驾车需要3个半小时。

飞机

土耳其航空公司每天拥有往返于伊斯坦布尔和科尼亚之间的早晚航班。Atlasjet和Onur Air也有飞往科尼亚的航班。在夏季，这里还有从欧洲（荷兰，德国，挪威，丹麦）飞往科尼亚的航班（土耳其航空公司，Onur航空公司，飞马航空公司）。

火车

在科尼亚乘坐火车出游比搭乘巴士更加便宜，但所需时间比乘坐巴士或汽车要多。从伊斯坦布尔、埃斯基谢希尔、卡拉曼、阿达纳以及加济安泰普乘坐火车可以达到科尼亚。

梅拉姆Ekspresi（梅拉姆快车）是非常舒适的日常卧铺列车，在伊斯坦布尔（海达帕萨火车站）和科尼亚之间运营。

托罗斯Ekspresi（托罗斯快车）一个星期运营三天，有专门的软卧车厢，两个坐卧两用车厢，和普尔曼豪华列车车厢以及硬座车厢，在伊斯坦布尔（海达帕萨火车站）和科尼亚之间运营。

这里还有Iç Anadolu Mavi Tren（安那托利亚蓝色列车），是在伊斯坦布尔（海达帕萨火车站）和科尼亚之间运营的夜间列车。带有卧铺车厢和普尔曼豪华车厢。

巴士

有几家公司运营从土耳其各地前往科尼亚的巴士，包括阿克萨赖，安卡拉，安塔利亚，厄斯帕塔&伊尔迪尔，伊斯坦布尔和内夫谢希尔（Nevsehir）。

巴士服务快捷、频繁、舒适。如果您来自安卡拉或卡帕多西亚，巴士和汽车是您唯一的选择（没有火车或飞机）。

最好提前预订座位（向酒店询问），如果您没有提前预订，那就到巴士站自行乘坐巴士，依您自己的方式大约需要1到2个小时就能舒适的到达科尼亚。

科尼亚拥有现代的巴士车站。在科尼亚城区您可以乘坐合租巴士，大巴（Belediye Otobüsü），有轨电车或出租车。

景观

博物馆

梅乌拉那博物馆（Mevlana- Müzesi）

博物馆位于科尼亚中心，是科尼亚必游之地。这里有苏菲派思想家鲁米的陵墓，旁边的博物馆展示了他一生的事迹，还有一些关于他的珍贵文物，范围从旧的手稿、手写可兰经副本到乐器，以及追溯到塞尔柱时代的众多艺术作品。

鲁米是一位圣人，所以这里成为一处穆斯林朝圣地。他平等博爱的诗篇，如今在更加广泛受众之中引起回响，远远超过了700年前鲁米的口传心授。今天，来自世界各地的穆斯林和非穆斯林朝圣者都会来到这里参拜他的陵墓。

当您走进庭院，伊斯兰托钵僧的单人房间就在左边，行政办公室在右边。主建筑是其独特的绿色瓷砖圆柱屋顶，进入室内之前您要用塑料罩套在鞋上以保持清洁。您走到内部的右边，在角落处的圆顶下方，装饰华丽并被金布遮盖的就是鲁米陵墓。鲁米家庭及子孙的墓葬在旁边。这是建筑中最古老的一部分，可追溯到塞尔柱时期，其余的建筑都是稍后附加的。在鲁米墓较远的一边，有

两间大房，曾经用于托钵僧回旋舞祈祷仪式，现在展示着历史文物：鲁米的个人财产，包括他的锥形帽和祈祷地毯；他儿子和后继者Sultan Veled的衣服；鲁米的精神伴侣Semsi Tebrizi精心制作的帽子。其他物体包括古老的托钵僧乐器——Ney（竹制长笛）。这些文物已经超过7百年！

在隔壁房间是古老的祈祷地毯——用丝绸制作，有四百多万个结！在外面，您可以参观一下伊斯兰托钵僧房间，有图片解释说明他们的日常生活以及祈祷仪式。

每年在12月17日(Seb-i Aruz)都在科尼亚举行纪念仪式，称为“鲁米之夜”。来自世界各地的信徒和朝圣者来到这里看托钵僧回旋舞，来表达他们对圣人的敬意。

博物馆归政府管理，同时也是一处神圣之地。博物馆的开放时间为每天上午9时至下午5时30分，入场费5土耳其里拉。在中午和下午这里都是最繁忙的，所以最好的参观时间是在早上一开门或是午饭时间。在这里参观大约需要30到45分钟。允许摄影，但要谨慎、礼貌，并限制使用闪光灯。

印杰尖塔博物馆（İnce Minare）

这是13世纪由安纳托利亚塞尔柱土耳其人修建的伊斯兰大学遗址（Ince Minare，意思是很薄的尖塔）。科尼亚最优秀，最令人印象深刻的塞尔柱建筑杰作。它位于靠近市中心附近的“Alaaddin Tepesi”北端，这座尖塔及周围的小型建筑物，今天作为一个博物馆，展示着来自塞尔柱时期和奥斯曼帝国时代的各种工艺品。这里的装饰性建筑保存了数百年，是一处非常受欢迎的旅游景点。

这座优美的塞尔柱建筑（公元1267年），现在已经被恢复成科尼亚木制文物和石刻博物馆。内部展品很有意义，但其建筑物本身也是您来参观的目的。它宏伟的入口，大量的塞尔柱装饰和精心雕刻的Kur'anic碑文是众多塞尔柱建筑中最精美的。

部分尖塔在1901年被雷击毁坏，它非常高而且由典型的塞尔柱蓝色瓷砖装饰，十分精细。内部的瓷砖装饰也很精美：圆屋顶，以及其上方的窗口处只有一小部分瓷砖装饰完好，但即使是这样，它还是会给人留下非常深刻的印象。博物馆内部的展品包括精心雕刻的木制清真寺门及装饰面板，大理石面板雕刻着典型的塞尔柱风格的鸟类、狮子和双头鹰、甚至还有一些大象。此建筑的原始用途：主大厅，水池等是神学院生活的中心，大的房间被用于上课，小的房间是居住的宿舍。

卡拉塔伊瓷砖博物馆
(Büyük Karatay Medresesi)

这里位于Alaettin山北面，沿阿拉伊丁清真寺（Alaettin）下山，灵感来自于附近的印杰尖塔博物馆（Ince Minare Medrese）。这里比神学院修建的还要早（公元1251-1252年），拥有塞尔柱令人不可思议的瓷砖艺术精品，现在是瓷砖博物馆。

博物馆的圆屋顶用深浅蓝色的塞尔柱瓷砖装饰，看起来十分壮观。主大厅中心有一个雕花装饰的水池，并发出柔美的音乐以安抚那些在学习中的神学院学生。这座优雅的神学院由Emir Jelaleddin Karatay授予，他是塞尔柱土耳其帝国最伟大的将军、政治家。

虽然博物馆目前对游客是封闭的，您还是应该徒步游览一下其精细大理石门以及深色石刻，而且您顺便参观一下附近的阿拉伊丁清真寺、Ince Minare Medrese、Sirçali Medrese 和 Sahip-i Ata清真寺综合建筑体。在2006-2007年，这里已经关闭进行维修，不知何时重新开放。

玻璃神学院
(Sirçali Medrese)

“玻璃神学院”名字来源于它的像玻璃样的蓝色瓷砖。现在是一座墓碑博物馆，一座奇妙的建筑。

考古博物馆
(Arkeoloji Müzesi)

科尼亚的考古博物馆（Arkeoloji Müzesi）有非常值得一看的展览，尤其是那些来自çatalhöyük新石器时代遗址的文物。

清真寺

梅乌拉那清真寺
(Selimiye Camii)

科尼亚的梅乌拉那清真寺，正好挨着梅乌拉那博物馆，伟大的奥斯曼时期清真寺建筑的典范。其创始人是塞利姆二世苏丹（公元1566年至1574年），他捐建了清真寺，当时他还是一个奥斯曼王子和科尼亚省的地方长官。完工之后，他已成为苏丹。

如果您游览了伊斯坦布尔，您就会发现虽然它的规模较小，比例不是很精细，但它还是与其他奥斯曼清真寺有相似之处。人们好奇的是尖顶（讲坛）：它的形状像在鲁米墓上的绿色圆顶。

阿拉伊丁清真寺 (Alaettin Camii)

阿拉伊丁清真寺座落于土耳其科尼亚中心的小山（Mlaettin Tepesi）上，是科尼亚最古老、最大以及最庄严的清真寺（公元1221年），其宏伟的大门之后是众多塞尔柱土耳其苏丹陵墓。

开始于塞尔柱Ruknuddin Mesud苏丹统治期间（公元1116年至1156年），中央的圆顶和讲坛，由Kiliç Arslan二世苏丹（公元1156年至1192年）完成。稍后又由叙利亚大马士革一位名为Muhammed Ibn Khawlan的建筑师设计监督完成庭院、西侧的扩充和东侧的巨大圆柱结构（Hypostyle）。这些在Izeddin Keykavus一世苏丹（公元1210年至1219年）和Alaeddin Keykubad一世苏丹（公元1219年至1236年）统治时期完工。您现在所看到的清真寺，大致在公元1221年完工。

壮丽的北部大门用双重大理石柱装饰，再现古罗马和拜占庭帝国建筑风格，还有一个大的、令人印象深刻的塞尔柱风格入口（今天不再使用）用深浅色大理石装饰。现在的入口在东侧，进入多柱式建筑结构的大厅，其中许多都是从旧建筑中重新回收利用的。顶上的圆柱是从古罗马和拜占庭帝国建筑中拿来并再使用的。讲坛，部分是原有的，十二世纪清真寺的一部分被细微的描画，看起来像著名的塞尔柱瓷砖艺术。不过，这只是油漆。

阿拉伊丁清真寺的前庭院内，密封式房间和废弃的北入口之间，是八角形的塞尔柱陵墓。这里有众多塞尔柱土耳其苏丹陵墓，包括Alaettin Keykubad、Kiliç Arslan一世和三位Giyaseddin Keyhüsrevs苏丹（一世、二世、三世）。

在阿拉伊丁陵墓（Alaettin Tepesi）北部的山脚下对着伟大的卡拉塔伊瓷砖博物馆，它是一处苏丹（Kiliç Arslan）塞尔柱宫殿，由一个现代混凝土结构庇护着。阿拉伊丁陵墓本身是一个古墓。如果挖掘很可能会出土一些来自赫梯时期甚至更早时期的考古遗迹。参观完阿拉伊丁清真寺，向北走下山，经过现代塞尔柱苏丹宫殿遗迹来到伟大的卡拉塔伊瓷砖博物馆和印杰尖塔博物馆。

每天上午8时至17时30分对游客开放。

Semsi Tebrizi清真寺 & 陵墓

Semsi Tebrizi是鲁米的同伴。Mehmet Semseddin Tebrizi是一位伊斯兰托钵僧，在公元1244年他旅行到科尼亚并遇见了鲁米，于是这两人成为精神上的朋友。对于鲁米，Semsi就是“太阳”，精神之光指引着他的追求。后来鲁米停止了在神学院的教学，以便可以花更多的时间与Semsi交流。

Semsi Tebrizi清真寺是平凡的。它曾经被用作托钵僧祈祷大厅，这正是主大厅设计为方形的原因。在纪念碑

下方有一个墓室，现在被认为是Semsi Tebriz之墓，但一直没有定论。小清真寺和陵墓是一个非常感人的地方，从科尼亚中心只需一小段路就可到达。

白天免费开放，从阿拉伊丁清真寺向北只需一分钟的路程，在科尼亚中心的大街上。

Sahip-i ta清真寺

Sirçali Medrese南，这里曾经是一处豪华的清真寺建筑群（külliye）。（külliye从单词“kûl”产生出来，指围绕一所清真寺以及它管理的厨房，澡堂等其他对社会服务的综合建筑群），所附的几处令人印象深刻的建筑物很值得一游。考古博物馆就在西边。

Lplikçi清真寺（Lplikçi camii）

位于城市中心，离梅乌拉那博物馆不远，还可以找到其他一些具有历史价值的建筑物和清真寺，它们是起源于12、13世纪塞尔柱土耳其（最重要的之一要数Lplikçi camii清真寺）。这座大的箱子般方方正正的清真寺正好位于科尼亚中心，可追溯到公元1100年，但后来被广泛修复。如今的清真寺50年前被恢复，现在仍然开放。这座建筑是塞尔柱建筑在科尼亚的典范。

其他

Aleaddin Tepesi

这是一座由塞尔柱Aleaddin Keykubat苏丹修建的人造小山。今天其矗立在城市中间的右边，大部分区域是一个公园。公园本身并不是很有乐趣，但有两处很有情趣的地方您可以顺便参观一下，它们是阿拉伊丁清真寺和一个古老宫殿，其部分建筑坐落于山的北端。这座古老的建筑结构被混凝土良好的保护着。

梅拉姆（Meram）

这是科尼亚的一个行政区，位于远离城市中心的位置，拥有较少的建筑和较多的草木。名为“Meram”亦指受欢迎的野餐区，位于梅拉姆较远的地区。在野餐区附近有几处具有历史价值的建筑物，其中一些是“Tavus Baba Türbesi”和“Ateşbazı Türbesi”。

梅乌拉那文化中心

现在每年都在科尼亚的体育馆举行Seb-i Aruz纪念仪式。这座奇妙的新文化中心的建立无愧于庄严的仪式和鲁米的全球知名度。

科尼亚的新梅乌拉那文化中心（Mevlâna Kültür Merkezi），位于梅乌拉那博物馆以东1公里处，过去的üçler mezarligi（墓地），如今是世界上最重大的托钵僧回旋舞会堂。

文化中心的建立是为了纪念鲁米，中心有一个庞大的回旋舞会堂以及一个较小空间提供其他与托钵僧相关的文化活动。

科尼亚周边游

在科尼亚北方10公里处的布鲁雷有拜占庭时代的阿亚艾雷尼（Aya Elen）教会和装饰着壁画的洞窟礼拜堂。其西北方的阿库谢希尔（Aksehir）是13世纪的幽默家纳斯列丁·霍加（Nasrettin Hoca中国称为阿凡提）诞生的地方，在土耳其很有名，街里有他的墓室。13世纪的乌鲁清真寺和阿鲁托恩卡雷梅斯基德也很值得一看。萨西普阿塔的陵墓现为城市的博物馆。

向贝谢伊尔（Beysehir）南下途中，顺便去湖边的艾夫拉通·普那尔（Eflatun Pinar），可以看到西泰特珍贵的纪念建筑物喷水池。贝谢伊尔湖是土耳其的第三大湖，湖岸边的贝谢伊尔周围，散布着塞尔柱时代令人兴趣十足的建筑物。湖的西南面是自然环境保护得很好的贝谢伊尔湖国立公园。其它纪念建筑物还有：艾休雷夫鲁（Esrefoglu）清真寺和神学校，湖的对岸有库巴多·阿巴多（Kubad Abad）夏宫。在库巴多·阿巴多夏宫对面的克兹卡雷希（Kizkalesi）岛上，还有一座中世纪的城堡。哈基阿基夫（Haci Akif）岛可以带给人们安逸和快乐。

科尼亚东南方45公里的恰塔勒胡尤克（çatalhöyük）是公元前8000年新石器时代的村落，著名的新石器时代考古遗址，世界上最古老的城市之一。由詹姆斯在20世纪50年代发掘，目前仍在进一步研究之中。考古学者推测用泥建造的房屋屋顶上的空洞是当时人们的进出口。安卡拉的安那托利亚考古学博物馆里，展示了复原了的著名寺院、当地出土的女神像和新石器时代的壁画等。

在科尼亚以东96公里的卡拉普那尔（Karapinar）周围，有很多火山口形成的湖泊。最有名的是位于卡拉普那尔东南7公里处美丽的梅凯·库雷塔湖。通往艾雷利（Eregli）的道路北面，离卡拉普那尔8公里的地方有阿久·库雷塔

（Aci Crater）湖，湖中的岛是一个天然宝库。在科尼亚地区最大的都市之一的艾雷利周围，种植着樱桃树，可以结出很甜的黄樱桃。在艾雷利的考古学博物馆，陈列着西泰特、罗马、拜占庭、塞尔柱等各个时期的工艺品。

位于科尼亚以东168公里，艾雷利以南18公里处是西泰特的部落依布利兹（Ivriz），在这里您可以看到土耳其最优秀的西泰特时代后期作品中丰富的人物浮雕。

曾经是卡拉曼管辖区域的首都卡拉曼（Karaman）是不使用波斯语的，在土耳其，这里是用土耳其语作为公用语的最早地区。最早使用土耳其语的13世纪伟大诗人尤奴斯艾姆雷（Yunus Emre）正是住在这里。周围的要塞是塞尔柱时代建造的。城内最引人注目的阿拉博鲁（Araboglu）、尤奴斯·艾姆雷、阿库特凯（Aktekke）清真寺、哈多尼耶（Hatuniye）神学校等均建于卡拉马尼多（Karamarid）时代。

离科尼亚150公里的卡拉曼地区被称为“1001教会地区”，是一片还未开拓的神秘土地。在倾斜弯曲的山岗和山谷边，山峦耸立，到处都有修道院、教会和礼拜堂。对于摄影家，喜爱散步以及爱好自然的人和探险家来说，这里是最理想的地方。西泰特人曾定居于此，所以在这里可以看到很多西泰特人的村落和纪念碑遗迹。这一地区最高的山是海拔2288米的卡拉达（Karadag）山。当地的人们用古代天使米卡艾鲁的名字马哈拉丘来命名它。在山顶上有西泰特人建设的寺院，在祭坛上还刻有碑文。另外，还有修建于4世纪的修道院、教堂、礼拜堂等组成的综合设施遗址，称为安杰尔·麦凯尔孔综合设施（天使米卡艾鲁复合设施）。从这里可以远眺美景。

即使离卡拉曼45公里的马德因谢伊尔（Madensehir），在卡拉达山的北坡上也有教会和礼拜堂的遗迹。

卡拉曼以北30公里的德尔贝(Derbe)，作为基督教徒最早的部落，在历史上是非常重要的。这里是圣保罗来传教的地方。卡拉曼东面48公里的塔什卡雷(Taskale)附近的耶什德雷(Yesildere)溪谷起伏不平的北坡有马那占(Manazan)颇具历史意义的古代都市遗址。其建于拜占庭时代，有狭窄的小路、住宅、广场、仓库、礼拜堂、墓地（3公里长，5层楼高）等。街道全都是凿开岩石建造的。现在街上的一部分谷物仓库仍在被使用。

沿着卡拉曼南面危险的小路登上去的话，有拜占庭时代美丽的修道院阿拉汗遗址。另外，还有若干处为了信仰而凿开岩石的地方。这景象令人赞叹不已。

游览贝谢希尔湖

科尼亚位于大贝谢希尔湖的东海岸，拥有安纳托利亚最优秀和最不寻常的塞尔柱土耳其清真寺，（Esrefoglu Camii）。如果您驱车从卡帕多西亚或科尼亚去往安塔利亚，代尼兹利，帕莫卡莱等地的时候，贝谢希尔湖是一个非常棒的停靠点，很多游客都停下车喝些茶或吃顿湖鱼。

丝绸之路&苏丹驿站

古老的丝绸之路东边从科尼亚到阿克萨赖和卡帕多西亚，到处点缀着土耳其塞尔柱商队驿站。您可以驻足停留至少看看其中之一，非常宏伟精美的苏丹驿站。

游览Çatalhöyük 指南

Çatalhöyük，科尼亚东南45公里处，保存着新石器时代的古村落遗迹，被认为是世界上最古老的人类社区（9500年历史）。

如果您对非常古老的事物有兴趣，尤其是约9500年的历史，那么这处考古学遗址是必须参观的地点。一些遗迹（例如，Jericho）更加古老。参观从整洁的博物馆开始，这里有土耳其语和英语标识的展品。然后参观入口右边的房间，看过这两处建筑物之后，您会感到更加容易欣赏遗址本身。

Çatalhöyük的开放时间是：每天上午8时至下午5时，免费。参观时必须由导游陪伴。可以拍照，但不可吸烟或捡拾遗迹地点的任何东西。您从科尼亚通过一次全天游览来参观这些遗迹。您可以自驾车进行半天游览或乘坐公共交通工具进行全日游览。

Sahip-i Ata Fahrettin Ali 指南

塞尔柱 Vezir Sahip-i Ata Fahrettin Ali是塞尔柱土耳其帝国伟大的建设者之一。除了科尼亚崇高的Ince Minare Medresesi，他还建设了位于科尼亚的Alaettin Tepesi南的Külliye（清真寺综合体），建立于公元1259年至1283年期间，直至蒙古入侵，君主权位的没落才使得塞尔柱建筑的黄金时代走到尽头。

正式入口是精美的塞尔柱纪念碑式的大门（Taç Kapi）——不对称但是看上去很和谐的结构，以及它本身宏伟而不寻常的尖塔。大门是在2006-2007年被修复的。综合建筑体的中心当然是清真寺，这一部分已存在数百年。清真寺的后面，精美的Medrese（神学院），已被修复（2006-2007年）成为一个美丽的塞尔柱艺术博物馆（Sahip Ata Vakiflar Eserleri Müzesi)。其经典的塞尔柱十字形构造有四个房间用于上课，中央水池可以聆听流水之声，还可以看到高雅的蓝色塞尔柱瓷砖艺术。

远处是一个墓室（Türbe），包括Sahip-i Ata自己的以及他的女儿，儿子和孙子们的衣冠冢。（实际古墓在地下）长长的、优美的题字（Kur'anic）高悬在墙壁和拱门之上，这里显示了一位塞尔柱瓷砖制造者和优秀建筑师的艺术成就。

Sahip-i Ata Külliyesi和Ince Minare Medresesi的建筑师是Kelûk ibn Abdallah，他还设计了锡瓦斯的Çifte Minare Medrese。

综合建筑体中还有一个托钵僧大厅和公共浴堂（Tekke），目前正在修复之中。在Sahip-i Ata Külliyesi的西部是科尼亚最有价值的考古博物馆，馆藏文物来源于在Çatal Höyük挖掘的新石器时代文物。

丝绸之路指南

丝绸之路（Uzun Yol），是沙漠商队悠久历史的体现，他们通过土耳其、波斯，印度和中国，开拓了过去几个世纪的贸易繁荣与文化交流。

据说这段旅程最早是伴随着亚历山大大帝的征服之旅，并最终创造了丝绸之路。当时随着军队的征战与行进，商人们迅速跟进。帕提亚战役之后，罗马人不断对丝绸产生好感，后来就形成了这条贸易线路。拜占庭人喜爱东方的奢华品，并保持与东方诸国的往来。塞尔柱土耳其人甚至做得更好，他们改善了道路，建设许多美丽的商队驿站以鼓励与东方的贸易往来。蒙古帝国统一了丝绸之路的周边地域，使得来往更加便捷。政府制定了一项先进的“驿马快信制度”（Ulak）系统，这就使得来往于欧洲和中国的重要信息和商队更加迅速和安全。

马可波罗利用当时有限的交通方式，跟随商队在公元1271年从威尼斯来到蒙古和中国。随着奥斯曼帝国的崛起，贸易蓬勃发展，不久之后奥斯曼帝国就统治了所有安纳托利亚及其周围的水域。随之大部分的商业活动转移到海上。

丝绸之路左侧是什么？最突出的部分在科尼亚和卡帕多西亚之间。车队的路径已经被现代的碎石公路覆盖，但还有很多塞尔柱商队旅驿站保存至今。

例如，Karatay Han就是最美丽的塞尔柱土耳其商队驿站和丝绸之路沿线的主要停车点。

Sultan Han，在阿克萨赖和科尼亚的道路之间，是土耳其最大的塞尔柱商队驿站。大多数商队驿站已被毁坏，其中一些已经恢复，所有都非常值得一看，它时刻提醒我们，当时世界上的旅行比起今天更为困难，需要冒更大的的风险。

旋转托钵僧指南

Mevlevi（Mevlâna Jelaleddin Rumî，鲁米的信徒），如今大多是指在土耳其生活的托钵僧。他们最吸引人的是回旋舞祈祷仪式（Mevlevi Sema）——托钵僧身着长长的白色长衫，哼唱着古代伊斯兰圣歌入神的旋转长达一刻钟。

Sema起源于鲁米的一个习惯，他会偶尔因喜悦而在科尼亚的街道上沉醉的旋转，这与苏菲派的神秘主义有些相似。在公元1273年，鲁米去世后，信徒们把这个回旋舞传遍了整个塞尔柱和奥斯曼帝国。

鲁米的教义，表示爱是通往精神成长和见识的路径，要广泛的包容所有民族和其他信仰的人们：

无论您是谁，请来吧，
即使您可能是
一个无信仰者，异教徒或者是火信徒，请来吧，
我们的兄弟，不会让您绝望，
即使您已变坏
您发誓悔改1100次，也请来吧。

每年的纪念仪式都会重申这一和睦相处的理念。鲁米的和平、友爱、宽容和容忍宣言出自遥远的塞尔柱时期，那是鲁米生活的历史时期至关重要和迫切需求的，同样也是我们今天应当牢记的。

购物

您在这里可以买到很多传统的工艺品。您可以在位于Rixos酒店旁边的Truva购物中心和Kule Site购物中心购物。您也可以在科尼亚小街道上的店铺里淘宝，在这您会发现很多价格低廉的衣服或礼品。

在Meram（Aydincavus）喝杯咖啡，从上面欣赏一下科尼亚的风景。您可以去游艺市场逛一下Afra购物中心，购买梅乌拉那纪念品（跳旋转舞的小玩偶），还有别忘了带点传统的梅乌拉那糖果回家（白色薄荷口味）。

餐饮

Etliekmek餐厅

长长的土耳其匹萨（用肉馅和奶酪混合在一起），它可以长达1米！您可以在科尼亚的很多餐馆吃到。

Gülbahçesi餐厅

餐厅位于梅乌拉那博物馆的后面，您可以在这里吃到很多美味的土耳其传统膳食，在传统的土耳其客房里您还可以看到梅乌拉那博物馆的花园。

Adanali Köfteci奥斯曼餐厅

此餐厅位于著名的科尼亚火车站附近。您可以在这里尝一下其美味的“阿达纳”——烤肉。这个餐厅并不昂贵。

Asya餐厅

在这里您可以吃到传统的饭菜。

Kösk Mutfagi餐厅

在Piri Esat Cd（Mengüc Cd街末端，离梅乌拉那博物馆500米）别墅餐厅里供应着传统的膳食。在前面停车。没有酒类服务。其价格并不昂贵。

快餐

有汉堡王，麦当劳和其他美国快餐餐厅

住宿

科尼亚并没有太多很好的酒店。它是一个重要的商业、旅游城市，但酒店太少。不过最近科尼亚也有一些五星级酒店开门迎客，如科尼亚Rixos酒店，科尼亚德德曼酒店。科尼亚喜来登酒店也已经营业了，42层高的摩天大厦位于科尼亚中心。

如果您提前预订房间，找一处不错的地方落脚也应该不成问题。但是在12月上半月，鲁米的纪念活动期间，届时所有的科尼亚酒店都会被提前预订。

科尼亚Rixos 酒店

科尼亚最豪华的酒店，位于一个小山顶上，城中心西北17公里处，紧挨着塞尔柱大学，具有与五星级酒店相匹配的奢华风格和舒适服务。

科尼亚德德曼饭店

科尼亚最新的豪华酒店，比Rixos酒店更接近市中心，乘车一会儿就可到达（步行要很长路程）梅乌拉那博物馆和梅乌拉那文化中心。这里非常舒适与方便，在科尼亚很受游客的欢迎。

Balikçilar酒店

Balikçilar酒店正好位于科尼亚的市中心，从梅乌拉那博物馆穿过街道即到。酒店相当舒适，深得游客喜爱，在这样一个比较便捷的地点价格却很公道。

鲁米酒店

几乎同Balikçilar酒店一样方便，一家规模较小的酒店，在梅乌拉那博物馆的对面（北面），从博物馆建筑群中穿过街道就到了。它是很漂亮的三星级新酒店，舒适，有电梯，屋顶天台餐厅可以看到梅乌拉那博物馆，并且还有免费Wi-Fi无线网路。

Selçuk酒店

最近几年内部全面装修，Selçuk酒店距离阿拉伊丁清真寺、卡拉塔伊博物馆和印杰尖塔博物馆很近，离主街Mevlâna Caddesi街区也是短短的一段路程，从而很少遭受交通噪音的影响。

Bera酒店

位于科尼亚中心主街道（Mevlâna Caddesi）右边，除了交通噪音问题，这里是一个很好的住宿选择。轻松的向东可以漫步到梅乌拉那博物馆，向西可到达阿拉伊丁清真寺。

事实上，在科尼亚找到一家好酒店的最简单方式是联系当地旅行社，还可以商谈不错的价格。当然，他们也可以帮助您安排在科尼亚、卡帕多西亚、帕莫卡莱、安塔利亚等地旅行的事宜。如果您是驾车旅行或搭乘旅游巴士、火车和飞机从伊斯坦布尔到卡帕多西亚、科尼亚、安塔利亚、帕莫卡莱和艾菲斯，他们都能为您安排好一切。

离开

如果您打算搭车一直向南，从旅游办事处前面的车站（Valilik / Vilayet）乘坐26路公共巴士（Karaman Yolu）前往。26路公车将带您一直向南，离开城市，到达公路。不要下车，直到它离开公路左转进入狭窄的道路。（车费：每人1.10/土耳其里拉）。这里您再换乘城际巴士前往下一个目的地。

开塞利
KAYSERI

开塞利
KAYSERI

开塞利是土耳其中部安纳托利亚的一个城市。古城开塞利位于卡帕多西亚东部边缘，拥有卓越的塞尔柱土耳其建筑和富有情趣的集市。

开塞利是一个古老和大型的城市，拥有强大的经济基础。它承载着大量的古迹，从塞尔柱时期到奥斯曼时期，同时这里也是成就非凡的建筑师Mimar Sinan的家乡。其人口一直在稳步增加，现在市区中心大约有80万人。

概况

开塞利地处丝绸之路之上，有很多像Karatay和Sultanhanı posts这样的古驿站。当时人们曾在这条路线上的Bünyan城市的边界居住，而今天的Bünyan以其地毯著名，这使得开塞利成为游览卡帕多西亚旅游团队的购物停靠站。

在海拔3916米的埃尔吉耶斯（Erciyes Dagi）雪山背影之中是开塞利那悠久的历史性建筑，并与闪闪发光的滑雪场交相辉映。

大部分开塞利的古老楼宇，由昏暗的火山岩石搭建而成，这里不同于阳光普照的白色火山石灰岩构造的卡帕多西亚洞穴民居。

开塞利的堡垒和巨大的清真寺仍然是令人印象深刻的塞尔柱土耳其建筑艺术瑰宝。您可以从乌尔古普（Ürgüp）等卡帕多西亚的小城镇，乘小巴或自驾车前往，并在一个上午或下午的游览中看到大多数开塞利风景。

开塞利是这个地区的一个主要的交通枢纽，拥有每天来往于伊斯坦布尔的航班，火车，以及一个繁忙的公共汽车总站。

到达

飞机

开塞利是这个地区的一个主要的交通中转站，是到达卡帕多西亚的主要机场。土耳其航空公司，Onur航空公司和飞马航空公司运营着每天从伊斯坦布尔到开塞利的航班。Sunexpress航空公司每日有伊兹密尔和安塔利亚到开塞利的往返航班。除国内航班外，也有由飞马航空公司、Onur 和 Oger运营的国际航班飞往杜塞尔多夫，斯图加特，维也纳。机场的名字叫开塞利埃尔基莱特机场（IATA代码——ASR）。

一些航班每天来往于伊斯坦布尔。开塞利的埃尔基莱特机场有一个崭新的现代化航站楼。机场巴士带您往来卡帕多西亚的任何市镇，如乌尔古普等，价格合理。

——Argeus旅游观光公司运营着土耳其航空公司的机场巴士服务。

——岩谷旅行公司设有Sun Express航班的巴士服务。

——乌尔古普的旅行社经营着Onur航空公司的巴士服务。

提前预订您的座位以确保您一路舒适的旅行。如果您没有预订，不能确定车上是否有位子。

火车

火车从安卡拉和锡瓦斯开往开塞利，但他们并不是很受欢迎，因为其他运输方式更加舒适。主要铁路线从安卡拉到开塞利运行，然后分开，东线运行至锡瓦斯，南线运行至尼代（Nigde），卡拉曼和阿达纳，并且从卡帕多西亚再向东、向南发车。

特快列车，全程需时约7个小时，覆盖安卡拉到开塞利之间（从安卡拉到内夫谢希尔(Nevsehir)。巴士只要四个小时）。

Erzurum Ekspresi在下午的早些时候离开安卡拉，傍晚抵达开塞利。Güney Ekspresi在上午从安卡拉离开，中午到达开塞利。Çukurova mavi tren和Dogu ekspresi傍晚离开安卡拉，在半夜时分到达开塞利。

汽车

从其他主要城市去往开塞利相当舒适。新的2x2车道的公路使汽车旅行更为安全。安卡拉到塞利需4小时，科尼亚到开塞利需5小时。

巴士

从其他主要城镇到达开塞利很容易。除了Kent Seyahat是一个以开塞利为停靠总站的巴士公司以外，还有许多其他城市路线通过开塞利，并提供优质的服务。

开塞利有一个繁忙的巴士总站，拥有到安卡拉、内夫谢希尔和锡瓦斯，以及其他城市间频繁便捷的巴士运输服务。

小巴接送旅客从开塞利到大多数卡帕多西亚城镇如阿瓦诺斯（Avanos）等，大概需要一个小时的行程。

到处转转

Hunat Hatun Camii是城市中最有名的清真寺，可追溯到塞尔柱王朝时期。塞尔柱人在这座城市留下了许多学校（Medrese），墓碑（Kumbet）和医院。

埃尔吉耶斯山（Mount Erciyes）是土耳其的第二高山峰（3916米），是国内非常受欢迎的滑雪胜地。现在，外国游客也开始陆续来到这里游览。埃尔吉耶斯滑雪中心离市中心约有25公里。

游览

城堡(Hisar)

在古城的中心地带是城堡（Hisar，Kale），由拜占庭皇帝查士丁尼在公元500年期间修建而成。它的最大部分曾经是这个城市的国防部，其中包括了周围广泛的城墙。

Mahperi Hunat Hatun清真寺

Hunat Hatun清真寺（公元1228年至1237年）位于开塞利的中心，由皇后Mahperi Hunat Hatun hatun 和伟大的塞尔柱土耳其苏丹Alaettin Keykubat（公元1223年至1237年）修建而成。建筑综合体包括大清真寺(Cami)，夫人的八角形墓（Türbe），神学院（Medrese），左边的清真寺现在是一家购物中心和公共澡堂。

双神学院（çifte medrese）

开塞利的双神学院（Çifte medrese）是土耳其令人印象最深刻的建筑物，不只是它的架构，还有它的观念与功能。它是那一时期生态和医学技术上的巅峰，它内置医学中心与外科手术室。声音管道将音乐传送到病人的病室。厚厚的草皮屋顶是绝缘的，雨水被屏障，园圃设计精巧，上面可以生长很多蔬菜和草药，这些都可以用于治疗病人。由塞尔柱（公元1206年）Giyaseddin Keyhüsrev一世苏丹修建，目的是为了纪念他的姐姐Gevher Nesibe Hatun（她的墓就在这里），它还为所有开塞利的人们服务——穆斯林，基督徒或犹太教徒，希腊或土耳其——不分种族，宗教或支付能力。现在它作为一个医疗历史博物馆。

神学院（Sahlbiye Medresesi）

从城堡和双神学院（Çifte medrese）穿过林荫大道，这个神学院建于公元1267年，曾经被严重破坏，现已修复并赋予现代化的设施。通过入口处就像是经过它那些曾经逝去的岁月。建筑的其他部分现如今是个图书市场。

Haci kiliç清真寺

这座塞尔柱清真寺起源于公元1249年，短短几年后大胡尼亚特清真寺（Hatun）就在附近落成。

Ulu Cami大清真寺

开塞利的Ulu Cami清真寺由开塞利的Danishmendid埃米尔在公元1135年开始动工，完成于塞尔柱王朝时期的公元1205年。它有一个前奥斯曼帝国式的，矩形多柱大厅（很多圆柱）。

Döner Kümbet 陵墓

旋转坟墓，正如它的名字，其实它并不旋转，但其圆柱形外形设计使它看起来好像可旋转。建于公元1276年作为Sah Cihan Hatun——一个帝国公主最后的安息地，它的上面布满了浮雕，阿拉伯风格的动物和植物图案装饰。附近的Sirçali Kümbet设计并不太精心。Çifte kümbet（双人墓）沿去往锡瓦斯的路上五公里处，也是一处富有特色的塞尔柱皇家陵墓。

Güpgüpoglu人文博物馆

18世纪精美的巨石建筑（Güpgüpoglu Konagi）已被修复，现在作为开塞利的人文博物馆。除了一些非常有趣的展品外，还考虑到了房子本身的布局，Selamlik房间和Aremlik房间之间的传统分工：Selamlik，一半公用的房子是男士招待客人用的；Aremlik，私人家庭住所。博物馆附近是阿塔图尔克博物馆。现代土耳其的缔造者阿塔图尔克参观这座城市的时候使用过这个房子。

市集

开塞利的市民在土耳其以灵敏的商业嗅觉闻名于世——换言之，他们是精明的商人。如果您参观城市的两个历史性集市建筑，您会觉得他们其实很友善：Bedesten集市和Vezir Hani集市，两者都接近城市中心Ulu Cami（大清真寺）。

在开塞利的近郊是几个大塞尔柱土耳其商队驿站，Sultan Han驿站和Karatay Han驿站，在行走丝绸之路的那些日子里，很多商旅曾从这里上路。

购买

开塞利主要的旅游商品是用手织机编织的地毯，它们会象丝绸一样柔软，光滑，价格相当昂贵。

餐饮

开塞利Mantısı是开塞利最著名的菜式。它有点象包子，由肉馅制成，外面裹上小生面团，然后煮熟，与特殊的酱料和酸奶一起食用。您在餐馆很难吃到像当地人家里一样好吃的开塞利Mantısı。不过，赛尔柱美食被本地人看作是这个城市一个当之无愧的名字，如果您被当地人邀请到家做客，一定要尝尝。

Pastırma是开塞利另一种著名的产品。它是干的、腌牛肉上面放有çemen（一种植物叶子），用一种特殊的过程精制加工而成。Pastırma既可作为辛辣的开胃菜也可作为主菜来食用（如蔬菜汤Pastırmalı kuru fasulye）或类似一种馅饼（Böreks）。开塞利是其在土耳其的主要产地。如果餐馆的太贵，您可以尝试从大型超市或城堡(Kale)后面的古老的购物区买100克尝尝。

Iskender是一种烤肉（Kebap）的变异，其名称与亚历山大大帝有关。它的肉先像肉串（Döner）一样准备好，但是作为一道菜，与奶油一起食用。当地名叫Iskender的餐馆是吃这道菜最好的地方，它位于Hunat Hatun Camii的对面。

Gilaburu果汁是来自中安纳托利亚一种传统的饮料。Gilaburu（类似山楂）是一种微小的，红色的果实。它对人体有很多好处。您可以在Elmacıoğlu iskender（城市中最大的餐厅之一）喝到Gilaburu果汁。

离开

一般游客参观完卡帕多西亚后，从这里乘坐飞机返回伊斯坦布尔。

卡帕多西亚 CAPPADOCIA

卡帕多西亚 CAPPADOCIA

卡帕多西亚地区位于安纳托利亚中部，这里最出名的是那宛如月球地貌一般的天然美景——地下城，洞穴教堂和雕凿在岩石上的房屋。

概况

安纳托利亚中部的卡帕多西亚地区，有峡谷、丘陵和不同寻常的岩石，经过千百年来暴雨和强风的侵蚀，形成独特的地貌。熔岩覆盖的平原位于Erciyes，Melendiz 和Hasan火山之下，当地人将岩石凿刻成房屋，还挖掘了长达百公里的地下城，创造出了一种独特的人文自然景观。

在二百万年前，这些山区，正好处于活跃的火山地质时期，随着大量的火山爆发，最终形成了150米厚度的石灰岩层，这些熔岩在山谷四面形成环型山，再经过河流，洪水常年的冲洗，山谷中强风侵蚀的地质层成为凝固的石灰岩，形成赤、金、绿、灰等各种颜色的圆锥形和蘑菇形岩石，创造出千奇百怪的形状，岩洞、峡谷等最终形成了壮观的超越现实风景，人们称为童话烟囱。

史前居住区的地点是Koskhoyuk（Kosk陵墓）、Asikli、Nevsehir、Civelek地区。在东南方向的开塞利周围包括了Kultepe，Kanis和Alisar地区。

这些不同寻常的地形特点，被视为神圣的，在赫梯语中，称为“Khepatukha”，意思是“国家人民的灵魂”。卡帕多西亚的赫梯艺术作品最早的可以追溯到公元前2000年。

公元前1200年，在此的赫梯人成立了强有力的Tabal王国，直到公元前332年波斯人来到这里。罗马时期这里出现了基督教的传播，其中几个地下城就是初期基督徒作为藏身所在。

据说圣经上有关于卡帕多西亚的一些记录。事实上，在赫梯时代，安纳托利亚中部就一直是个非常重要的地区。这些城镇包括哈吉贝克塔什，阿克萨赖，尼格底和开塞利，在远古时代它被称为卡帕多西亚，今日它名字的发音依然和以往一样。

卡帕多西亚作为土耳其最顶级的景观地区，尤其是“月球地带”周围区域的那些小城镇乌尔古普（Ürgüp），歌乐美（Göreme），乌赤萨（Uçhisar），阿瓦诺斯（Avanos）和穆斯塔法帕夏（Mustafapasa Sinasos）今天已经成为世界各地游客慕名前往的旅游胜地。

不得不去的游览活动，包括探访隐藏在山谷中镶嵌着精美壁画的洞穴教堂，尤其是歌乐美（Greme）山谷和泽尔夫（Zlve）。在早晨，乘坐热气球飞行，欣赏令人难以置信的景观，在玫瑰山谷中徒步旅行，夜间住在一个舒适的洞穴酒店中，欣赏传统歌舞或喝上一杯茶，实在是惬意十足。

虽然在荒凉的土地上有着惊人的火山景观，但是这里的土壤却蕴含着丰富的矿物质，可以种植优良的蔬菜和水果，使卡帕多西亚成为物产富饶的农业地区。它一直是安纳托利亚重要的葡萄种植区，并拥有许多富有成效的葡萄园和酿酒厂。

进行一个完美的一日游，先开车到令人惊讶的地下城市——代林库尤（Derinkuyu）地下城和卡伊马克利地下城（Kaymakli），在您去奥斯曼山区小镇哥兹勒尤特（Güzelyurt）之前，不如花几个小时，在赫拉热峡谷谷地徒步旅行。如果有时间，您还可以去卡帕多西亚南部的索安勒河流域远足。另一个难忘的旅行是拜占庭风格的Eski Gümüsler 地区，靠近尼代（Nigde）。

到达

巴士

大部分巴士公司都有到卡帕多西亚内夫谢希尔（Nevsehir）市和歌乐美（Göreme）镇的巴士服务。乘坐巴士到这里的时间为伊斯坦布尔12小时，安卡拉5小时，布尔萨11小时，伊兹密尔12小时，科尼亚4小时。

飞机

开塞利，土耳其安纳托利亚中部的一个大城市，这里到歌乐美镇大概需要一个小时的车程。开塞利机场每天都有从伊斯坦布尔和伊兹密尔往来的航班。

火车

开塞利是一个繁忙的铁路干线。您在开塞利可以找到合适的车次去往其他地方。您可以从歌乐美地区乘坐公车去火车站。

四处看看

阿克萨赖，开塞利和内夫谢希尔（Nevsehir）可能会正确地被称为城市，但最有趣的地方是卡帕多西亚地区的小镇。农业种植，葡萄栽培，葡萄酒酿造和陶器制作在这里占主导地位，但现在旅游业是更重要的。

卡帕多西亚地区的城镇

阿克萨赖（Aksaray）

在这个区域众多较大的城市中，它处于主要南北和东西公路的十字路口处。尽管它拥有一些有趣的历史建筑，但对于大多数游客来说，这里还是交通枢纽。

阿瓦诺斯（Avanos）

在则勒尔马克（红河）旁的一座美丽城市，其居民多年来以锻铸河流粘土为生，制作罐和屋顶的瓦片和雕像。这里的塞尔柱土耳其商旅驿站位于城镇的郊区。

代林库尤（Derinkuyu）

“深井”是其适当的名称，这个小城镇里拥有一个卡帕多西亚最深和最精细的地下城市。

歌乐美（Göreme）

距离著名的歌乐美露天博物馆仅1公里，歌乐美镇以其惊人的“童话烟囱”火山石锥著名。这里是您参观游览的好地方，因为这里拥有大量各种各样的住宿地点和餐馆。

哥兹勒尤特（Güzelyurt）

引人注目的这个古老的城镇位于山中，通向赫拉热峡谷，拥有一座历史性的清真寺、一些洞穴教堂、一个翠绿的城市广场，以及一个以前的修道院改造的精美客栈。

赫拉热峡谷（Ihlara Valley）

河流贯穿戏剧性的峡谷，它的墙壁似乎被洞穴教堂和小礼拜堂刺穿。您可以从山谷中向下步行顺着溪流游览或花上一天半天的时间徒步旅行。

卡伊马克利（Kaymakli）

同代林库尤（Derinkuyu）地下城一样，卡伊马克利（Kaymakli）是卡帕多西亚巨大的地下城市中最精致最生动的一座。您参观这里需要一整天，游览地点还包括哥兹勒尤特镇和赫拉热峡谷。

开塞利（Kayseri）

卡帕多西亚开车向东大约1小时的行程即可到达，快速发展的开塞利是该区域最大的城市，拥有最繁忙的机场。

奥塔黑萨（Ortahisar）

“中部城堡”（正如所译）奥塔黑萨在卡帕多西亚中部，但它很多时候都被游客绕过了，这也是为什么到这里参观的最好原因：最主要的特征就是没有拥挤的人群。

穆斯塔法帕夏（Mustafapasa Sinasos）

帝国时期，它被奥斯曼居民称之为Sinasos，这个有趣的城镇（现在以大学著名）是卡帕多西亚未被发现的精华，拥有该地区最精美的酒店和最具迷惑力的餐馆。

内夫谢希尔（Nevsehir）

省首府，具有相同的名称并成为卡帕多西亚的中心，内夫谢希尔有一个古老的城堡和一个不错的考古博物馆。

尼代（Nigde）

一个历史性的城市和省会城市，尼代有一定数量的游客，但很可怜，因为它只有一些有趣的旧建筑物和与之相匹配的历史。Aladaglar国家公园有极好的风景和瀑布。

索安勒山谷（Soganli Valleys）

歌乐美和泽尔夫（Zelve）山谷常常都很繁忙，有很多游客，但较大的索安勒山谷游客稀少。非常适合徒步穿越。

乌赤萨（Uçhisar）

大家都知道乌赤萨（Uçhisar），至少看见过它：多峭壁的岩石顶峰是卡帕多西亚“月球表面”的最高点。城镇周围天然石材的“城堡”相当不错，还有一些不错的酒店和餐馆。

乌尔古普（Ürgüp）

内夫谢希尔是省会，但乌尔古普（Ürgüp）才是卡帕多西亚真正的城镇中心，有趣的自然风光，精美迷人的旅馆和卡帕多西亚最值得信赖的餐厅。

景观

歌乐美（Göreme）

歌乐美是最受游人喜爱的卡帕多西亚旅游地区，这里有可以选择的舒适酒店，旅馆和家庭旅社，邻近的歌乐美露天博物馆也是您必去之地。

乌尔古普（Ürgüp）在历史上一直是旅游中心，在卡帕多西亚，几十年前背包客发现了Avcilar 这个小镇，它位于一个陡峭的山谷里，距离歌乐美露天博物馆只有1.5公里。于是，背包客们开始在当地人家中留宿，享受质朴的生活。

Avcilar现在已经改名为歌乐美，更舒适的酒店及旅馆已经建成，并恢复了传统的当地风格房屋，良好的餐厅也开始营业，如今游客熙来攘往，成为旅游中心。您可以看到“童话烟囱”这些奇异的火山岩景观，在镇子中心还有凿刻在山谷中的洞窟房子，歌乐美旅游业目前的竞争对手是乌尔古普小镇 。

作为本地的交通枢纽，您可以乘坐巴士到内夫谢希尔，乘坐巴士、火车、飞机到达开塞利，再转车到达歌乐美镇。

歌乐美露天博物馆（Göreme Open Air Museum）

今天的卡帕多西亚是最吸引人眼球的地方。旅游者从世界各地赶来参观歌乐美露天博物馆，它是一个包罗了数十座中世纪洞穴教堂的世界遗产。许多教堂的内部都装饰有多彩的宗教景象的壁画。其中的黑暗教堂、布鲁克教堂或托卡勒教堂应该算是最好的。

在卡帕多西亚地区最有名的参观景点，就是歌乐美露天博物馆，在歌乐美山谷只要由歌乐美镇步行15分钟（1.5公里），由乌尔古普乘坐汽车大概6.5公里就可以到达。歌乐美山谷有最好的洞穴教堂壁画。中世纪的基督教东正教僧侣（公元1000年至1200年）在火山岩石上凿刻了这个洞窟，并装饰了拜占庭风格的壁画。

山谷中，还有其它的洞穴居民（Troglodyte）居住在卡帕多西亚，也许从赫梯时期就开始居住了，但哥乐美最为著名的还是它那拥有一千年历史的教堂。

最佳的参观时间是在早上（尽可能的早），因为夏天那里非常炎热，尤其是在午间光照更加强烈。而且，小教堂会被游览小组塞得满满的，很难享受参观的乐趣。

有一件事情要注意，游览小组堵在洞口，可能会阻挡自然光，因为入口的光线是教堂中唯一的光源（除非您带着手电筒）。

教堂里的大多壁画都已受损，许多受损严重。由于风吹，水浸，风化，地震以及牧羊人来到洞中寻找避难所，并把图像作为靶子拿小鹅卵石投掷，使其遭到破坏。但教堂内壁秀丽的装饰仍然是显而易见的。

保存最好的壁画在黑暗教堂（Karanlik Kilise），这里要额外收费进入（10土耳其里拉）。这些绘画的修复花费了很大代价，因此人们都很赞成附加收费：这样可以帮助员工恢复薪水。只有那些真正对艺术感兴趣的人才会愿意支付这点附加费，因此教堂通常不太拥挤。

巴克尔教堂（Tokali Kilise）是在山谷外围，沿小山向下走上几步就到哥乐美镇了，在右手边。千万不要错过！那里的壁画非常精美，而且费用已经包括在哥乐美露天博物馆的门票中。

歌乐美露天博物馆每天从上午8点30分至19点（10土耳其里拉）。在冬季，下午5点关闭。停车费用2土耳其里拉。

乌赤萨（Uçhisar）

由自然风化形成的的岩石堡垒乌赤萨，目前是卡帕多西亚的最高点，登上这里，您可以看见该地区的其他城镇，如乌尔古普小镇和阿瓦诺斯镇。

乌赤萨（Uçhisar）有很多酒店，旅馆，出租房屋和家庭旅社，他们中有一些洞穴客房，游客去那里最重要的原因是要爬上顶端高耸的岩石堡垒上，欣赏壮观的景色，这是在卡帕多西亚除了乘坐热气球以外最好的观赏这个地区景观的地点。另一个原因，这里可以提供让人难忘的晚宴——在乌赤萨餐厅享受一顿本地菜肴。

主要交通中转站是该地区的省会城市内夫谢希尔。最近的火车站和繁忙的机场在开塞利。

阿瓦诺斯：11公里，15分钟
歌乐美露天博物馆：7公里，13分钟
歌乐美镇：5公里，10分钟
内夫谢希尔：8公里，10分钟
乌尔古普：10公里，20分钟

奥塔黑萨（Ortahisar）

奥塔黑萨（Ortahisar）的意思是“中央的城堡”，顾名思义，它位于卡帕多西亚地区中央，附近的城镇包括乌尔古普（Ürgüp），歌乐美（Göreme），乌赤萨（Uçhisar），阿瓦诺斯（Avanos）。从这里只有几公里就可以到达歌乐美露天博物馆。

不知何故，在1980年到1990年，随着卡帕多西亚旅游业的迅速增长，尽管奥塔黑萨（Ortahisar）位于这一地区的中央位置但是到这里下榻的的游客却开始下降。今天它为游客提供足够的服务，包括酒店和餐馆，以及一个耐人寻味的博物馆餐厅，为旅客了解这里的生活和丰富传统的历史文化奠定了良好的基础。

因此，奥塔黑萨（Ortahisar）是一个让您真正了解土耳其人生活的好地方，附近的景点如歌乐美露天博物馆，一些古老的教堂，还有几条远足的路线。

地下城市（Underground cities）

地下城市在土耳其的卡帕多西亚？当然。但这并不是在开玩笑！这个奇特地方最著名的是地下城，巨大的隧道迷宫、洞穴和通道有七八层。七、八世纪时当地的基督徒居住在这里，把它当作避难所来躲避入侵的阿拉伯军队。二十六座大大小小的地下城在卡帕多西亚被发现，每座地下城都有厨房、酒窖和橄榄压榨机、饭厅、马厩、卧室、储藏室、深井、通气口甚至教堂。这个完整的建筑可以抵御敌人从入口隧道投放的巨石。

这些地下城足有7到8层深，好像一直伸入到地心一样，地下城周围都是火山石风化而成。当您探索这里的时候，您会感到地下城的通道像海绵的纤维一样错综复杂地交错着。

游览 处地下城是所有旅游社的一个常规项目。

最早在赫梯时代，以及在过去几个世纪里，当地人为了避免各种抢夺和对基督徒的迫害，这些地下城市开始发掘。

用滚动的石门阻止入侵者进入。深水井提供水，高大的烟囱用于通风，使居民可以在地下生活几个星期或几个月，直到安全以后，才返回地面上的村庄。

小地下城：卡伊马克利（Kaymakli）

位于内夫谢希南方20公里，九世纪时基督徒为逃避阿拉伯人追杀而建。深入地下40公尺处，设有房间、教堂及通风气孔等。

大地下城：代林库尤（Derinkuyu）

位于内夫谢希南方29公里，兴建年代和内部与小地下城相若，但规模大两倍以上。开放时间：8:00 – 18:30。

如果您一整天的行程是乌尔古普（Ürgüp），歌乐美（Göreme），乌赤萨（Uçhisar），阿瓦诺斯（Avanos），通常在上午9时到达地下城最好，因为这样可以避免大量游客。

乌尔古普（Ürgüp）

乌尔古普（Ürgüp）镇传统上一直是安纳托利亚中部卡帕多西亚地区旅游业的中心，虽然现在附近的歌乐美镇已经渐渐地成为一个和它同等重要的游览基地。

乌尔古普镇曾经是高档游客和旅游团体的目的地，歌乐美以前更多是背包客，但现在已经有所改变。目前在这两个城镇都有很多精致的酒店和旅馆，乌尔古普会更多一些。乌尔古普中心，拥有许多用火山岩石建造的老房子。雕刻装饰非常精美。小城拥有众多精美的旅馆与洞穴酒店，以及便宜的家庭小旅社。而开塞利拥有更多为团队客人设计的大型酒店。

乌尔古普中心有商店，一个历史悠久的土耳其浴老建筑，以及Temenni山，岩壁就在城市中心的高地上，这里有圣人的陵墓。Temenni山是深受人们喜爱的地方，在那里您可以欣赏到美丽的风景，观看日落。在2007年春天，一段岩石的坍塌砸坏了几栋建筑物，如今观景台已修复完毕。在乌尔古普镇最好的餐馆是Sömine餐厅。

如果您打算乘坐热气球飞行，您最好在在乌尔古普留宿，热气球公司将在早上八点去您下榻的酒店接您，然后再载您到热气球的起飞地点。

穆斯塔法帕夏（Mustafapasa Sinasos）

像许多卡帕多西亚的城镇，穆斯塔法帕夏（Mustafapasa）在奥斯曼帝国时代主要是希腊人聚居。今天这是一个繁荣的城市，有一所大学，一个很好的奥斯曼风格的酒店，附近也有很多观光的地方。对于像旅游城镇乌尔古普（Ürgüp）和歌乐美（Göreme），人们了解的很多，但像穆斯塔法帕夏（Mustafapasa）少有人知道，因此，这里是一个更好的选择，您可以看到当地人真实生活的一面。

如果您想要摆脱人潮如涌的游客，穆斯塔法帕夏（Mustafapasa）是一个很好的选择。该住宿地点是玫瑰大厦（Gül Konaklari），其嘉宾包括教宗和西班牙王后。

穆斯塔法帕夏（Mustafapasa）有点接近索安勒河的山谷，同乌尔古普（Ürgüp）和歌乐美（Göreme）相比，并不太远，从歌乐美山谷到泽尔夫（Zelve）山谷之间，这里其实是一个更中心的位置。

哥兹勒尤特（Güzelyurt）

无论在Karballa，还是在盖尔韦里（Gelveri），哥兹勒尤特（Güzelyurt）都是一个繁荣的奥斯曼-希腊风格的村落，这里专门从事农耕生产，别有一番田园风情。

今天哥兹勒尤特有法律，用以保护老建筑。其中最突出的地方是伟大的清真寺（Büyük Kilise Camii），作为圣格雷戈里教堂建于1896年，但是这里据说最早在公元385年就有了古教堂。从赫拉热峡谷谷地的东部到西部，一直到您的脚下就是地下城代林库尤（Derinkuyu）地下城和卡伊马克利地下城（Kaymakli）。在哥兹勒尤特休息一下，来一杯茶，吃一顿饭，或者在此过夜都是个不错的选择。

哥兹勒尤特在其城市中心下方也有自己的小型地下城，几个教堂改建为清真寺。

赫拉热峡谷（Ihlara Valley）

赫拉热峡谷，有一小部分始于Melendiz山，通过火山延伸45公里，东南自阿克萨赖，拥有约60座拜占庭式教堂，神庙和修道士进行修行的“洞穴”。

在赫拉热峡谷谷地旅行，多为风景，对于教堂，这里规模都不大，大部分都已经毁坏了。最好是用一整天游览整个山谷，其中包括一个地下城市，山区小镇哥兹勒尤特和土耳其塞尔柱时期驿站（Agzikarahan），它在阿克萨赖（Aksaray）附近。

游览山谷的四种方式

1 沿着赫拉热峡谷村南端的河谷，从哥兹勒尤特小镇一直走到地下城代林库尤（Derinkuyu）。

2 您可以到访山谷西面2公里以北的赫拉热峡谷村，这里是赫拉热峡谷旅游中心（Ihlara Vadisi Turistik Tesisleri），这里有停车场，售票处，餐厅，厕所，纪念品的商店。

3 Belisirma村，一个自然村落，在山谷的东边，赫拉热峡谷村以北约4公里处。

4 Selime 村，山谷北面的小山村。

大部分的教堂都位于赫拉热峡谷村（Ihlara Village）和Belisirma村之间 。如果您不介意爬楼梯，您可以在最短的时间内看到大多数教堂 。为了亲眼看一下这些教堂，您要走过360个台阶，花费几个小时，这样的远足的确是值得的，只是您的膝盖可能永远不会原谅您！

另一种选择，就是往下走，请先参

观教堂，然后再到南方的赫拉热峡谷村，去跟您的旅游巴士司机碰头（2至4小时）。

在赫拉热峡谷，您也可以从后面的五星级酒店出发，步行向北去探访Belisirma村（5时小时）。经过艰苦跋涉，您会看到：

Curved Stone Church

（Egritas Kilisesi）

弧形石教堂，现在状况欠佳。

Fragrant Church

（Kokar Kilise）

芬芳教堂，良好的壁画都是圣经新约的场景。

Dark Castle Church

（Karanlik Kale Kilisesi）

黑暗城堡教堂，一个大修道院和最低限度的教堂装修。

Hyacinth Church

（Sümbüllü Kilise）

葫芦教堂，一个修道院的教堂，外墙的绘画，比那些附近的教堂更加精细。

Snake Church

（Yilanli Kilise）

蛇教堂，以展示了三个被蛇折磨的罪人的壁画而命名，这里许多壁画都非常可怕的，生动的色彩颇具更多的东方风格。

蛇教堂以公元四世纪埃及沙漠隐士圣欧诺菲拉斯（St.Onuphrius）命名，他的画像与圣汤玛斯（St. Thomas）、圣巴西勒（St.Basil）并列在拱顶西侧。依照圣欧诺菲拉斯生前形象，他被描绘成披著长发并袒露身体。传说圣欧诺菲拉斯原本是美若天仙的女性，在她虔诚

的祈求之下终于变成男性，并长出胡须。拱顶东侧从门边算起分别是圣阿尼西姆（St.Onesimus）、圣乔治（St.George）与圣特奥多尔（St.Theodore）。赫莲娜（Helena）与其子君士坦丁大帝（Constantine the Great）共同护持十字架（True Cross），站立在壁画最里侧。圣乔治屠龙的传说在这里转化为蛇，象徵上帝战胜邪恶。蛇教堂兴建于十一世纪，并未竣工。

Pine Needle Terrace Church

（Pürenli Seki Kilisesi）

松针梯田教堂，更多的圣经里的场景，包括耶稣受难的画面。

另外，您向北步行，花费2.5小时至3个小时后，您就会到Belisirma村 。如果您有汽车和司机，请让司机在此等候，您将穿过这些教堂：

Kirk Damali（or Dam Alti） Kilise

（Church of 40 Checkers/Roofs）

还称为圣乔治教堂，它受到了严重的破坏，壁画上描绘了圣乔治杀死了三头龙的情景。在圣乔治壁画的两侧分别是塞尔柱土耳其Mesud II苏丹的希腊大臣Basil Giagupes，以及其捐赠壁画的妻子Thamar。该教堂被认为在公元1283年到公元1295年之间建成。

Church of Bahattin's Straw Rick

（Bahattin'in Samanligi Kilisesi）

巴赫丁教堂（Bahattin'in Samanligi Kilisesi）巴赫丁先生在这所小教堂中储存他的秸秆，这里还有一些古老的九世纪装饰遗迹。

Church with Columns

（Direkli Kilise）

带有圆柱的教堂，这样命名是因为其三棵欧洲山杨被圆柱分隔。其装饰风格大约来自公元1000年。

Highest or Spotted Church

最高的有斑纹的教堂（Ala Kilise）

十字广场的建筑平面图，教堂的装饰风格来源于11世纪，受到一些伊朗的影响。步行整个山谷，继续向北从Belisirma行进两个或三个小时，经过Selime修道院来到Selime，漫长的一天远足，总共大约需要七八个小时。

如果您到地下城和哥兹勒尤特（Güzelyurt）进行一日游览，您的下一站是塞尔柱土耳其商队驿站。

从赫拉热峡谷地区北上到达阿克萨赖到内夫谢希尔（Nevsehir）的公路。商队驿站（Agzikarahan）在阿克萨赖的东北方向16公里处。

内夫谢希尔（Nevsehir）

卡帕多西亚省会的别称，内夫谢希尔（Nevsehir）大多是游客的中转站。内夫谢希尔（Nevsehir）城有没有什么不妥之处。（海拔4134米，人口95000）。这里在奥斯曼帝国时代后期逐渐建立起来，这里有一个堡垒，一个大的博物馆和数家像样的酒店，还有卡帕多西亚的主要客运总站。

现代化的城市，但也没有太多能吸引游客的地方。大多数人只是在内夫谢希尔巴士总站转乘巴士到其他城镇，如Ürgüp，Göreme，Avanos或地下城市Kaymakli和Derinkuyu。您可以使用内夫谢希尔作为落脚点，前往卡帕多西亚歌乐美露天博物馆，但乌尔古普却是离的更近和更有趣。

另外，许多巴士公司都出售给您一种通票，以歌乐美为例：但他们的意思是说，您乘坐舒适的巴士从内夫谢希尔出发后，然后用这种票，您可以转移到一个小巴或出租车，到达较小的镇子。通常是包含在您的巴士票价里。主要的巴士公司服务（Nevsehir Turizm），通常提供这方面可靠的服务。

一些不太诚实的巴士公司，把您送到内夫谢希尔后，就不管您了。请事先到票务代理问清楚具体如何操作，您将会到最终目的地。

机场在图兹拉（Tuzköy），靠近Gülsehir，内夫谢希尔西北30公里处，是内夫谢希尔机场。它目前只用于偶尔的包机航班。大部分航班从伊斯坦布尔到开塞利的埃尔基莱特机场（Erkilet），每日3班，这是到卡帕多西亚最便捷的空中航线。

最近的火车站在科尼亚和开塞利，从伊斯坦布尔到科尼亚有直达的通宵卧铺列车，但不到开塞利。

尼代（Nigde）

尼代（Nigde）是一个古老的城市，在卡帕多西亚南部的郊区，包括几个具有特殊的历史价值的建筑物和一个鲜明的拜占庭修道院。

尼代农业中心，著名的土耳其谚语出自这里，如果您在搜索东西，不要放弃。它的意思是坚持！

尼代的历史性建筑是土耳其塞尔柱Alaeddin清真寺（公元1223年），位于小山与堡垒之间。迷人的Süngür bey清真寺，在塞尔柱时期建成。后来蒙古人侵入此地，因此后塞尔柱时期的建筑，很多参杂了一些蒙古风格。

尼代的博物馆里有一个在赫拉热峡谷谷地发现的木乃伊，这是一个有900年历史的金发拜占庭教会中的修女.

Troglodyte修道院是在Eski Güm-üsler，尼代中心以东10公里处 。城市著名的市场在每周四开放，您可以在城市周围的钟楼，小山，堡垒，还有Alaeddin清真寺附近逛逛。

尼代的酒店不是很好。大多数人停留在这里只是旅途中的暂时停靠，主要是看看清真寺和修道院，然后继续赶路。尼代有巴士服务，从安卡拉到阿达纳的列车有一站在此停靠。最近的机场是内夫谢希尔机场（Tuzköy），每周从伊斯坦布尔起飞有两个航班。（开塞利和阿达纳每天都有几个航班从伊斯坦布尔往返）。

索安勒河山谷（Soganli Valleys Cappadocia）

索安勒河山谷位于卡帕多西亚南部，如果您想要探索这里的洞穴教堂，这有一些小路可以帮助您。

的确在歌乐美山谷有保存最好的壁画教堂，但那里的旅游团太多。而索安勒河山谷奇妙怪异的火山地形，使它不那么拥挤，您有大部分的时间去驻足游览。

无论是索安勒河流域上游还是下游，在穆斯塔法帕夏（Mustafapasa）以南36公里，很少有人参观访问。在索安勒河山谷，您可以远足跋涉，尽情探索整个山谷，访问那些隐藏在洞穴中的怪异的教堂。

不仅如此，这里有一个传统的土耳其村子，您可以体验一下当地人的生活，他们在这定居已经几百年了。导游介绍说，这里有几家餐馆，当地妇女手，制作一些手工艺品，卖给游客。索安勒河山谷仍可以使您看到真实的土耳其。

Tokali Kilise教堂

教堂在一个陡峭，湿滑，备受侵蚀的岩石内部，村子右边。教堂已经受到严重破坏，但是攀登上去，还是值得纪念的。

Gök Kilise教堂

教堂在另一边。支付您的入场费，您来村子的中心广场，这有停车位，餐厅，几个小商店，在北部的山谷，看到Karabas Kilisesi教堂，旁边靠到山头尽头的是Yilanli Kilise教堂。

穿过山谷Yilanli Kilise教堂就可以看见Kubbeli Kilise教堂及Sakli Kilise教堂。在其他的山谷，看看Geyikli Kilise 教堂，据说拜占庭时代，有僧侣在这里独居修行。

Tahtali Kilise教堂

也称为教会的圣巴巴拉教堂，有一些得到了很好的保护和重建。在靠近索安勒河山谷中，有一些僧侣，他们喂养了很多鸽子，于是也有人叫这为鸽子谷。

岩面被掏空后，背后的出现了很多洞穴，有的只是一个个小孔，通过刻在墙上的这些小洞，吸引了很多鸽子以此为窝。僧侣们收集鸽子粪，然后给他们种植的葡萄施肥，并酿造甘甜的葡萄酒。

您可以计划花费至少90分钟游览索安勒河山谷，到这里四处探寻那些小教堂，享受远足的快乐，最好是三个小时或半天，多带点水和零食。

游览

乘坐热气球

在歌乐美最受欢迎的活动之一。作为特色，在日出起飞，在空中飞行大概45分钟，然后随风飞向卡帕多西亚的山谷。热气球上可乘坐10个人，飞行员在空气流中驾驶着热气球就像是驾驶着一条船飘浮向下直至山谷，常常低于山脊线并相当接近“岩石烟囱”。如果您曾经冲动地在乘坐热气球上挥霍一把，这将会是一次神奇的空中之旅（大约200欧元），而卡帕多西亚正是进行此次神奇之旅的所在地。当您来到歌乐美，您一定要乘坐一次热气球。一些热气球公司提供黎明热气球乘驾，声称他们的热气球比世界上任何的都要好。的确，一些运营商比起其它同行要好，所以选择乘坐热气球之前您要到处打听一下安全纪录。

在黎明破晓前，工作人员会到您所下榻的酒店接您，然后载您到起飞地点。在寒冷的黎明时分，您会和热气球一起悄然飘浮起来，在村庄、葡萄园、果园点缀的“月球表面”上空徘徊大约1小时，最后在农夫的田地中着陆。工作人员重新找回您和热气球，然后开启一瓶香槟，泡沫四溢，来庆祝您这次成功的空中历险。

热气球飞行一般在4月到10月，每当天空晴朗，微风拂面的黎明，人们仰望天空就可以看到五颜六色的热气球飘浮在蓝蓝的天空中。但最近一些工作人员偶尔在晴朗的冬日里也起飞。

尽量提前几天预订您在热气球篮中的位置。最好把热气球飞行定在您来到卡帕多西亚第一晚之后的黎明时分。如果第一天天气不适合热气球飞行，您会被带回然后等待第二天再飞行。

一次热气球飞行并不便宜，但是支付一次您生命中真正难以忘怀的愉悦是非常值得的。咨询一些比较受欢迎的热气球飞行公司。他们非常优秀而且飞行员经验丰富，拥有一流的设备和无疵的安全纪录。

徒步旅行

沿山谷小路徒步旅行是一次令人惊讶的（免费）选择。与您所在酒店协商或者是向旅游办事处询问一些徒步区域和路线建议。这里有一些不错的山路，到处是泥土、沙子和岩石以及持续的攀登，还可经过风景如画的山谷。

高尔夫

卡帕多西亚是一个国家公园，其自然环境得到保护。高尔夫球场利用了风景如画的自然地貌，挑战大多数经验丰富的高尔夫球手。童话烟囱，迷人的岩石和动植物，在卡帕多西亚独特的环境中并未被一次有力的挥杆所影响。

餐饮

这里的特色水果是干杏和葡萄，还有很多特色菜肴，比如一种带肉馅的混沌与酸乳酪和大蒜汁一同吃（Mantı），烤肉（Testi Kebap Jug Kebap），白豆五香肉（Pastirmali Kuru Fasulye），当地的葡萄酒也是非常出名。

土耳其前菜（Meze）的分类包括：混合蔬菜叶（Stuffed Vine leaves Yaprak Dolmasi），白色绵羊奶酪 (Beyaz Peynir)，辣五香（Acili Ezme "Hot Purée"），圆柱形面粉糕饼（Böreks），塞满了极佳的羔羊肉，蔬菜和可口香料混合的烟熏茄子（Purée Patlican Ezmesi）以及香辣扁豆炸肉（Mercimek Köftesi），都非常好吃，您不妨选择其中的一些尝一尝。

您还应该品尝一下本地最著名的菜肴（Tandir）——泥罐塞满蔬菜和多汁羔羊肉，用泥巴密封好，然后再放在火上蒸煮几小时。这些泥罐的外形就象卡帕多西亚的标志"童话烟囱"一样。

Sömine 餐厅

Sömine（来自法语Cheminée，"壁炉"的意思）这里的确有一个壁炉，在寒冷的冬夜里为您提供温暖的炉火。但大多数用餐者是在夏天来到这里，届时空调开放。

在旺季中的大多数夜晚，亚麻布铺设的桌子放置在室外的阳台上，您可以选择坐在那里就餐。您会发现菜单很有趣，服务很细致，烹饪优秀，价格也很适中。

Sömine餐厅就在乌尔古普的正中心，一幢多用途的大厦中，正好在镇子的中心位置。毗邻一个小但舒适的公园。Sömine 餐厅是一家在卡帕多西亚可以信赖而且不错的餐厅。

地址：Merkez Pasaji Üzeri Ürgüp，Nevsehir

电话：+90 (384) 341 8442

当地餐厅

位于卡帕多西亚歌乐美的一家可信赖、友好、价格适中的用餐地点，叫做Local Restaurant，正好在主路穿过歌乐美与歌乐美峡谷奥塔黑萨（Ortahisar）和乌尔古普（Ürgüp）的交汇处。

这里选择了当代土耳其或奥斯曼古典菜式，点一瓶卡帕多西亚当地自酿葡萄酒搭配，享受这里的空调餐厅或户外阳台。这是一个家庭经营的餐馆，您可以感受到热情的款待。

地址：Göreme，Nevsehir

文化博物馆&餐厅-咖啡馆（Culture Museum & Restaurant-Café）

文化博物馆&餐厅-咖啡馆位于卡帕多西亚的奥塔黑萨（Ortahisar），是一家拥有博物馆的精美餐厅。它正好位于奥塔黑萨中心，以精美古老的弓形石修建，有大量的窗子和木制装饰的房顶。这里有一个户外的阳台就餐区。从它伞形的桌子您可以看到城市广场繁忙的景象，奥塔黑萨的自然石质“城堡”，在晴好的日子里还可以看到东面不远处壮丽的Erciyes山。

令人惊讶的博物馆是一座旧商队旅馆建筑的一部分。拱状房间里装饰着乡村生活风景画。

地址：Cumhuriyet Meydani No. 15，Ortahisar-Ürgüp，Nevsehir
电话：+90 (384) 343 3344
传真：+90 (384) 343 2102
www.Culturemuseum.com
info@culturemuseum.com

Mustafapasa（Sinasos）餐厅

玫瑰大厦（Gül Konaklari）拥有一个精美的餐厅，但这里更以其老式希腊风格建筑而著名。餐厅提供传统奥斯曼和卡帕多西亚烹饪。餐台在庭院里（阳光处或阴凉处，或者在上层的土耳其式房间内，围坐在圆形小桌的地板上），还有西式餐桌，随您喜好。

Old Greek House餐厅

老式的卡帕多西亚石房已经被精美巧妙的修复，还带有一些可爱的装饰性石刻。（鸟和葡萄树的的图案）壁炉中闪耀的火光点亮了寒冷的夜晚。在夏天的夜晚，这里是一处户外天台，可以享受温柔的微风和远处的景色。

酒吧中储存的酒类有常见的也有异国风情的。酒单简短（这也是一家咖啡馆，不完全是餐馆）但很有创意，烛光午餐和晚餐的菜肴非常棒！

地址：50420 Mustafapasa（Sinasos），Ürgüp，Nevsehir
电话：+90 (384) 353 5306
传真：+90 (384) 353 5141
手机：+90 (532) 681 6685
www.Oldgreekhouse.com
info@oldgreekhouse.com

Ziggy's Shoppe & Cafe餐厅

Ziggy's Shoppe & Cafe 于2007年在卡帕多西亚的乌尔古普（Ürgüp）开始营业，后来迅速拥有了很多忠实的顾客。这里的主人，拥有完美的经营理念：4个阳台上的一些桌椅，低矮的沙发和靠背，烛光闪耀，爵士乐萦绕在耳边。五香晒牛肉（Kayseri

Pastirma）或者沙拉鸡肉（Rolled Mille-Feuille Pastry）都是很不错的菜式。如果您并不是很饿，那就在Ziggy停留，喝上一杯落日鸡尾酒（Sunset Cocktail），饭后饮品还有咖啡，饮料和白兰地 。

它的地理位置也很不错，如果您待在Esbelli 附近，这里有许多乌尔古普（Ürgüp）最好的洞穴酒店。Esbelli Evi，4Oda，Serinn，Kayadam，Villa Bacchus，Ürgüp Evi，Yasemin Pansiyon和Yunak Evleri 所有都大约是5到10分钟的步行距离。 Ziggy的和乌尔古普的其它酒店稍微远一点。
地址：Yunak Mahallesi Tevfik Fikret Caddesi 24 Ürgüp
电话：+90 (384) 341 7107
ziggy.cafe@gmail.com

Elai Restaurant餐厅

进入卡帕多西亚乌赤萨（Uçhisar）的Elai餐馆，您会认为在伊斯坦布尔：雪白的餐布上闪亮的玻璃器皿和餐具，微弱的灯光，背景中的爵士乐或柔美的古典乐，良好的服务，精致的菜单和酒水单。没有拥挤的人群、没有汽车的轰鸣声，没有污染、没有高价。您从屋顶的天台上一览无余月球表面般的全景景观，坐在舒适的木火前小酌一杯和主人聊聊天。

Elai很大一部分是“卡帕多西亚的烹饪奇迹”：一家在土耳其排名前三的旅游小城镇中经验丰富的餐馆。饭后甜点是在蛋卷壳中的巧克力冰淇凌（Crème Brulée），或者是带有巧克力冰淇凌的热巧克力慕斯（Crème Fraîche）。
地址：Uçhisar，Cappadocia
电话：+ 90 (384) 219 3181
info@elairestaurant.com

Alaturca 餐厅

在歌乐美小镇的中心，Alaturca是一家大的、通风的、装修精美的餐馆，有良好的服务和烹饪以及适中的价格。其装饰格调来大大增强了古老风格，有乡村文物、卡帕多西亚老式古董，还有一些手工艺术作品陈设其间。

菜肴将典型传统的土耳其菜式与现代技术相结合，服务细致。Alaturca不是一家太昂贵的餐厅，如果在伊斯坦布尔您会发现那里同样的菜式要比这里的贵上许多。
地址：Göreme，Nevsehir (Cappadocia)，Turkey
电话：+90 (384) 271 2882
传真：+90 (384) 271 2176

住宿

卡帕多西亚拥有各种各样的酒店，从简单的廉价旅馆到奢华的五星级酒店应有尽有。但是这个地区真正的特色是洞穴旅店。

洞穴房间从简朴的到装修精美的洞穴套房都很舒适。（例如入住在Esbelli Evi的豪华套房中，里面配备双人淋浴，浴缸、完整的厨房、快速的网络连接，以及500个频道的电视和广播！）这里的价格适合从背包客到奢华旅行者的每个人。

穴居者的生活方式！这些现代的洞穴客栈拥有舒适的房间，内附所有现代生活设备（私人浴室，热水，加热器和空调，甚至是快速的网络连接）。过去在洞穴里生活的人们从来没有这样好的生活条件。

卡帕多西亚的豪华酒店——洞穴套房，奥斯曼式的套房或者是豪华的温泉度假屋：这里是您在这个区域最想待的地方。从设计、设备、华美和别致的装饰，全体员工的数量，他们丰富的服务经验以及专门的客户来看，无不显示其豪华之处。

中等预算

Goreme House旅社

提供探访卡帕多西亚区域的良好设施，热情友好、富于生机的氛围，拥有13个卧室其中两间是套房。

Museum Ho旅社

坐落于乌赤萨（Uçhisar），一个极佳且诡异的村庄，以其卡帕多西亚制高点和像城堡一样的洞穴而著名。

Rose Mansions旅社

位于穆斯塔法帕夏（Mustafa-pasa），曾经叫做Sinasos，由两座老式希腊房子构成，修建于1900年中期。

Yunak Evleri旅社

由六个洞穴房子构成，总共有27个私人洞穴房间可以追溯到5世纪和6世纪。

旅行者旅社（Traveller's Cave Ho）

位于山顶，在歌乐美中心之上，11间私人洞穴房间。其中一些房间可以追溯到拜占庭时期。 旅行者旅社位于歌乐美的较高地点，从天台和房间可以欣赏到伟大的歌乐美国家公园景色。提供不错的早餐，盛情款待，价格适中，24小时入住，退房早上10:00。宿舍/单人间/双人/三人/四人家庭房，全部提供。从歌乐美公车站到这里只需5分钟；在歌乐美公车站有免费的接送班车。

地址：Gaferli Mah. No:28 - 50180 Goreme

电话：+90 (384) 271 2707

传真：+90 (384) 271 2624

pension@travellerscave.com

高预算

Anatolian Houses酒店

别致的款式，后现代的洞穴酒店。歌乐美的Anatolian Houses酒店，在这里穴居者的生活方式达到了顶峰。从Anatolian Houses酒店步行到歌乐美露天博物馆只需15分钟。

卡帕多西亚传统穴居者的住所，掺入一些现代设计：一系列超现实茶色石头洞穴房间和套房安置在歌乐美的童话烟囱之间。客房和套房的设计和雕刻忠实于传统的卡帕多西亚洞穴房子，有圆柱、桶形拱顶和圆屋顶，就像是您在歌乐美古老的居所看到的一样。这里还展示了博物馆品质的文物，例如，木雕，纺织品和服装。突然醒来您会觉得自己是睡在一个文物博物馆中。从户外游泳池到餐馆和酒吧，酒店的所有服务让您感觉都很舒服。
地址：Gaferli Mahallesi 50180 Göreme，Nevsehir，Turkey
电话: + 90 (384) 271 2463
传真: + 90 (384) 271 2229

Rose Mansions酒店

美妙的Rose Mansions 酒店位于卡帕多西亚的穆斯塔法帕夏（Mustafapasa）大学城。淡淡优雅的生活方式！毫无疑问，它拥有吸引当地富裕阶层和国外贵族的能力。

Rose Mansions酒店是卡帕多西亚众多游客渴望到达的美丽宁静的避难所：四个精美、宽敞的奥斯曼希腊石质公寓（公元1856年），修建精细，富于美学特点。设施齐全，舒适便捷。最吸引人的地方除了若干玫瑰花园，就是其保留了高贵的奥斯曼生活方式。

酒店是建筑学上的完美表达。主起居室以现代的风格装饰，拥有舒服简单的椅子，在凉爽的季节有安逸的壁炉。优美的音乐处处流淌，烛光闪烁整晚。除了现代厨房，酒店还有原始的厨房，不仅仅是保留，而且仍然可以用于制作各种菜式：Tandir菜——泥罐塞满蔬菜和多汁羔羊，用泥巴密封好，然后再放在火上蒸煮几小时。

客房各不相同，没有完全相像的的两个房间。主楼拥有7间客房，公寓有12个房间。这其中的4个房间是洞穴房间，剩下的石质房间有精美装修的木质天花板。石质房间的设计在夏天住起来比较凉爽，因此不需要空调。

为了纪念房子以前的居民，两个餐厅分别命名为Atina（雅典）和Selanik （萨洛尼卡）。来自城市的老照片和明信片装饰在墙上。

从城镇中心仅需20分钟车程即到。
地址：50420 Mustafapasa (Sinasos)，Ürgüp，Nevsehir，Turkey
电话: +90 (384) 353 5486
传真:+90 (384) 353 5487
www.rosemansions.com

Esbelli Evi Cave Inn酒店

一千年来，人们在卡帕多西亚柔软的岩石上凿刻出洞穴房屋并居住在这里。甚至直至今天，当地许多人家还有一些洞穴房间。Esbelli Evi酒店被福克斯杂志评选为世界上最好的55家酒店之一。一家小而精美的舒适洞穴客栈，由金黄色的石头削坎而成，可以欣赏到卡帕多西亚美丽的风景。Esbelli Evi酒店是土耳其最精美的客栈—在洞穴中也是! Esbelli Evi是小型的奢华酒店：7间客房和若干间设备齐全的套房，其中包括高速无线网络连接和几乎可以看1000个频道的电视。

不用说每个房间都很凉爽安静，甚至是在仲夏。如果您房间的温度不够凉爽，还有空调提供。套房内有大床和座区，完整的厨房，宽敞的浴缸浴室，外加一个大的双淋浴和私人花园式天台。天台上可以看到卡帕多西亚乡村的全景。

您可以漫步到石拱沙龙（每位客人喜爱的休息地点），打开CD播放古典或爵士音乐。走进现代厨房，泡杯咖啡或茶（免费的），或者来一杯软饮、一杯啤酒或一杯卡帕多西亚当地的葡萄酒。两个自助洗衣机以合理的价格供您使用。使用电脑（英文键盘）阅读您的电子邮件，或者通过酒店的无线网络上网。

建议在当地游览一下，这里提供徒步或自驾游览，以及餐饮和其它服务。

从酒店附近步行下山到乌尔古普中心需要10分钟，但是走回上山路程会相当长，所以您可以选择乘坐出租车。

地址：Esbelli Sokak，8 (P.k) 50400 Ürgüp，Cappadocia，Turkey
电话：+90 (384) 341 3395
传真：+90 (384) 341 8848
www.esbelli.com
esbelli@esbelli.com

Kelebek & Pension度假村

Kelebek Boutique（Kelebek“蝴蝶”）是著名的Kelebek Cave Pension质高价优的版本，他们为旅行者提供了多年服务。

起初这里只是简单的背包客旅社，内附基本的房间，Kelebek Cave Pension 共有16间古老的奥斯曼风格的房间，其中少部分是在洞穴中，每个房间都带有私人浴室和中央空调。（在卡帕多西亚的冬天最重要）餐厅和天台可以看到美丽的乡村和山谷景色。

Kelebek Boutique HoPhone (也称作Kelebek Suites)附近是传统的卡帕多西亚石头房子，被良好保存。石头上的颜色可以说明它的真正年代。

这里有九个带有手工雕刻装饰的房间：一些在洞穴中，全部都有电视和非常精美的私人浴室，许多都覆盖了大理石。室内陈设的家具是当地手工制作的家具和手工艺品。

地址：50180 Göreme，Nevsehir，Cappadocia，Turkey
电话：+90 (384) 271 2531
传真：+90 (384) 271 2763
www.kelebekhoPhone.com
ttpinfo@kelebekhoPhone.com

Les Maisons de Cappadoce酒店

Les Maisons de Cappadoce 酒店是Jacques Avizou的梦想，一位法国建筑师，几十年前他发现了卡帕多西亚，并陷入了对其的迷恋，于是这么多年来，他一直不断的在这个地区设计出有趣的别墅。每一幢别墅都有自己的私人入口，有迷人的沙龙、起居室和天台花园。别墅被精美的修复，拱形天花板，美妙的建筑细节吸引人们的眼球，地方特色地毯和基姆里地毯，还有来自附近阿瓦诺斯（Avanos）的一些陶制品。

在这个区域的最高点可以欣赏到卡帕多西亚迷人的乡村风光。每个别墅都可看到卡帕多西亚壮观的景色。尽管别墅用亚麻布装饰，还有厨房设备。门房中有服务人员会随时等待为您服务。

Les Maisons de Cappadoce酒店提供舒适、迷人的私人度假酒店，在这里可以不受任何干扰。
地址：Semiramis A S，Belediye Meydani No. 6，PK 28，Uçhisar，Nevsehir，Turkey
电话：+90 (384) 219 2782

Yasemin Cave House酒店

Yasemin 在土耳其语中意思是茉莉（Jasmine）。这是一位女士的名字，其拥有并经营这家小型的4间房子、充满艺术气息的Yasemin Cave House酒店。

Yasamin Özkan女士，旅馆的主人会非常热情的欢迎您的到来。如果您是女性旅行者，这里会比较适合您。简单装饰才是真正的卡帕多西亚风俗，每间客房是各不相同的、美丽的。所有房间都有现代浴室。

Yasemin Cave House酒店最特别的是其质朴的品质，还有吸引人的艺术品：生动的油画被放置在大多数公共区域和客房中。它们鲜活的色彩给房子增添了不少活力。您可以在葡萄藤下的庭院中享用早餐，或者是在阳光下、享受上层天台的风景。

从乌尔古普（Ürgüp）中心到Esbelli附近需要向上行走15分钟的路程，因此您可能会选择乘坐出租车，特别是如果您有行李。步行下山到乌尔古普中心比较舒适。
地址：Dulay Sokak No. 8 (Club Ürgüp Arkasi)，50400 Ürgüp，Nevsehir，Turkey
电话：+90 (384) 341 5555
传真：+90 (384) 341 4804
www.yaseminpension.urgup.com
yaseminpension@yahoo.com.tr

Ürgüp Evi Cave 酒店

乌尔古普小山顶上的Evi Cave位于乌尔古普的Esbelli区，是一处非常有趣的集会天台，客房和公共场所沿着陡峭的山峰向下可以看到卡帕多西亚美妙的乡村景色。

用多彩的垫子点缀的绿色草坪，是吸收热情的卡帕多西亚阳光的绝佳地方。在遮阳篷下的桌边，喝上一杯咖啡，茶，酒，再吃上一些甜点。凉爽、微暗的洞穴沙龙远离明亮的光线和燥热。

客房拥有全套现代舒适的设施，当地手工艺品装饰和许多精美的雕刻画。
地址：Esbelli Mahallesi No.54，Ürgüp，50400 Nevsehir，Turkey
电话：+90 (384) 341 3173
传真：+90 (384) 341 6269
www.urgupevi.com.tr
info@urgupevi.com.tr

Kale Konak Guesthouse旅社

Kale Konak意思是"城堡大厦"（Castle Mansion），因此Kale Konak Guesthouse是一处漂亮的重建洞穴客栈，在乌赤萨（Uçhisar）小山的的斜坡上，可以看到卡帕多西亚的乡村全景。

乌赤萨，是隐现在卡帕多西亚的村庄之中显著的自然"堡垒"。从乌赤萨的自然城堡到Kale Konak Guesthouse仅需几分钟的路程，城镇中心有商店和餐馆。

尽管您这里离城镇中心非常的近，房子的位置却不受噪音的干扰。坐在罗马拱形天台注视着破晓的光芒映满天空，轻松地在凉爽安静的洞穴房间中欣赏卡帕多西亚的山谷，Kale Konak 就是您的家。
地址：Kale Sokak No. 7，50240 Uçhisar，Nevsehir (Cappadocia)，Turkey
电话:+90 (384) 219 2828
传真:+90 (384) 219 3006
www.kalekonak.com
info@kalekonak.com

Cappadocia Cave Suites酒店

鉴于主人对民间传说的喜爱，您可以想象每个房间的装饰都结合了许多民间手工艺，包括主人到土耳其各地旅行时搜集到的东西，很神奇。这并不是一间普通的民宿。内部的18间客房在去往童话烟囱的半路上。其中4间是套房，内有起居室、小厨房、按摩浴缸、网络连接；一些房间内部还可看到美妙的风景，大多数客人都很喜欢从就座区远眺山谷风景。
地址：Gaferli Mahallesi，Ünlü Sokak No. 19，Göreme，Nevsehir，Turkey
电话：+90 (384) 271 2800
传真：+90 (384) 271 2799
www.cappadociacavesuites.com
info@cappadociacavesuites.com

Serinn酒店

每一个来到卡帕多西亚的游客都想住在洞穴旅店中，原因是：凉爽、宁静、传统的氛围和让您仿佛置身于历史的感受。

不像卡帕多西亚的大多数洞穴房间，这里的房间以传统的家具、古董、手工艺品装饰，很吸引人，但又富于不过分张扬的现代形式。私人浴室很圆滑很现代，带有浴盆和淋浴。房间内阅读时的灯光很柔和。Serinn位于乌尔古普旁边宁静的Esbelli区域，距离镇中心大约1公里。从城镇下山走上15分钟即到。（可以在Temenni Hill lookout驻足停留享受一下美妙的景色）。您或许更愿意乘坐出租车回到酒店。

地址：Esbelli Sokak No. 36, Ürgüp, Nevsehir

电话：+90 (384) 341 6076

传真：+90 (384) 341 6096

www.Serinnhouse.com

eren@serinnhouse.com

Assiana House 旅社

Assiana House是一家家庭经营的小型公寓，在乌尔古普的Esbelli区域，城镇中心的山上。这里很宁静，从Assiana的阳台可以看到美丽的全景景象。

这里的装饰格调是奥斯曼式和老卡帕多西亚式，陈设着古董和复制品，地板上是土耳其地毯，全然是一种舒适的家庭氛围。5间客房中的3间是由岩石雕琢出来的。另外两间是由茶色Esbelli火山石修建而成。所有房间都有私人浴室，一些还有卡帕多西亚式的壁炉。

地址：Esbelli Mahallesi, Dolay Sokak No. 150400 Ürgüp, Nevsehir, Turkey

电话: +90 (384) 341 4960

传真: +90 (384) 341 6324

info@assianahouse.com

4Oda Cave House旅社

4Oda Cave House是一家很小的岩石雕琢的膳宿公寓，在卡帕多西亚的乌尔古普，拥有很好的声誉，是卡帕多西亚最友好和最热情的小旅馆之一。

4个房间，实际上现在5个，舒适、愉悦，包括私人浴室，在房间的阳台上您可以小坐、小酌、读书、享受阳光还可以聊天。4Oda最大的优势是从您的客房中，可以欣赏到卡帕多西亚的全景。（大多数客栈可以看到这样的风景只不过是在阳台而不是客房）

这里还以其丰富多样的早餐而骄傲：地方奶酪和水果果酱、面包、面粉糕饼，以及一些不寻常的装饰。主人是一位经验丰富的私人导游，她可以为您提供很多建议，在卡帕多西亚做什么，看什么，还甚至会提供给您一次私人游览。

在Ürgüp与Esbelli的临近处，4Oda就位于此地，一处相当安静的私人房子。
地址：Esbelli Mahallesi No. 46，50400 Ürgüp，Nevsehir，Turkey
电话：+90 (384) 341 6080
www.4oda.com

Local Cave House旅社

Local Cave House位于歌乐美镇，拥有现代洞穴居住者所需要的一切：

在温暖的月份里，这里拥有九间凉爽、大气的洞穴房间，而在寒冷的日子里这会有中央空调。

一个漂亮的游泳池，即有阳光也有阴凉，很适合放松心情。 一间小的咖啡餐馆就在游泳池旁边。一镇上美妙的“童话烟囱”和山谷景色。一家大气的休闲区域用土耳其地毯覆盖地面，早上在这里喝杯咖啡，夜晚在这里喝杯酒聊聊天，非常惬意。

除了它舒适的洞穴房间外，当地洞穴房子还拥有两间家庭套房，两间卧室和一间浴室，以及一间蜜月套房。房间的价格适中，令所到游客惊讶。从歌乐美中心上坡行走几分钟即可到达Local Cave House旅社，在这里还有 Local Restaurant，提供一些歌乐美最好的正餐。经过短暂的行走来到这里享受美好的景色同样也是十分值得的。
地址：Gaferli Mahallesi，Cevizler Sokak No. 11，50180 Göreme，Nevsehir，Turkey
电话：+90 (384) 271 2171
传真：+90 (384) 271 2498
www.Localcavehouse.com
info@localcavehouse.com

Sacred House 旅社

一个真正的希腊和亚美尼亚古董博物馆，全都是来自奥斯曼传家宝般的艺术品，Sacred House的氛围完全不同于卡帕多西亚其他镇子上的石制房屋。

工作人员们的热情招待，让您感觉宾至如归。这里的一切让您感觉到仿佛回到了早期时候，整个世界远离现代的眷顾，当然是非常舒适的，甚至是奢华的。

来到这里您可以逃避城市生活，然后全身心投入到迷幻的过去时代，在这里童话仿佛都成真。这里的神圣并不是指宗教，是爱、记忆、想象、浪漫。不管五个独特卧室中的哪一间，每一间都拥有自己浪漫的名字，富于个性和装饰，或者在阳光充足的庭院中吮吸自制的樱桃利口酒，或是在具有中世纪风格的石

制弓形餐厅品味难以忘怀的希腊、亚美尼亚和切尔斯克佳肴，享受乐趣。此时您会仿佛觉得自己置身另一地方，一个让您魂牵梦萦，直到您发现了Sacred House，才知道原来正是这里。

Sacred House是一家很小但很特别，可以寻找浪漫的地方。最好提前预订。
地址：Karahandere Mahallesi, Barbaros Hayrettin Sokak No. 25, 50400 Ürgüp, Nevsehir
电话：+ 90 (384) 341 7102
传真：+ 90 (384) 341 6986
www.sacred-house.com
info@sacred-house.com

Yunak Evleri酒店

Yunak Evleri 意思是“冲洗的房子”，这里正是过去的洞穴旅馆：乌尔古普洗衣服的地方。房间传统与时髦并存，品味不错，有精美的古董陈设，还有现代的便捷。旅馆内部有30间客房，一些在洞穴中，一些不在，土耳其式的地毯、刺绣和手工艺品、老式铁铜床、立体声音乐设备、直拨电话和传统样式的淋浴浴室，内有吹风机和梳妆镜。很多洞穴房间可以由石制楼梯到达。

落日餐厅是您吃早餐时可以欣赏到镇子和山脉景色的地方。

一些客人聚集在洞穴沙龙，人们可以在那里聊天，谈谈一天的历险或者是第二天的计划，听听爵士和古典音乐，或者是看看电视或DVD电影。

其中还有一间提供上网的房间，内有免费的无线网络和供客人使用的电脑。24小时服务，厨房里有水、软饮料、葡萄酒和啤酒，您可以尽情享受，最后别忘记在前台给您喝的东西结账。

到乌尔古普中心只需下山走上一小段路即可。

注意

在Yunak Evleri酒店的一些房间在较高的峭壁面。如果您觉得爬楼梯很艰难（大约爬40级楼梯才可到达一些房间），记住向旅店前台请求在一楼的房间或者是只需爬很少楼梯的房间。

离开

您从卡帕多西亚可以去附近的开塞利机场，飞往伊斯坦布尔。这里也有很多巴士到全国任何地方。

黑海地区
BLACK SEA

黑海地区
BLACK SEA

黑海沿岸地区

黑海沿岸高山森林？茶叶种植园？美味大榛子？世界上最古老的樱桃园？土耳其黑海沿海地区是一个惊喜。

天空灰暗，但由于丰富的雨水这里的土地是绿色的。肥硕的奶牛用力咀嚼着青翠的小草，生产出最好的牛奶和牛油。新鲜的沙丁鱼味道无比美妙。

黑海海岸从来都不拥挤，因为这里的云多于太阳，海水异常的寒冷。您来到这里可以品味其深刻的历史，美丽的风景，独特的烹饪，当然还包括最初的传说：杰森带领他的亚尔古英雄们沿着这条海岸探寻金羊毛（Golden Fleece）。

集中在东海岸的锡诺普，这的城市有着悠久的历史。（唯一的例外，锡诺普的西部是小而美丽的阿麦萨海岸城市（不是阿马西亚），其本身也是个富于戏剧性和历史性的堡垒）。

黑海沿岸的主要目的地是特拉布宗（Trebizond）。其他城镇也值得一看，良好的过夜地点是奥尔杜（Ordu）和吉桑（Giresun）。萨姆松是大，繁忙和现代的城市，有很多服务，但可看的很少。

从阿马西亚开始，您可以行驶130公里（2小时）向北到达萨姆松，然后继续行进365公里（ 6小时）到达特拉布宗，享受自然风光，所有都在一天进行，但两天会更为宽松，三天时间可以深入探索了。

从特拉布宗，进入群山之中到高山温泉去疗养，去埃德尔乡村远足，然后到安纳托利亚高原与埃尔祖鲁姆作为您的目的地。短途路线是经过居米什哈尔（Gümüshane）和巴伊布尔特（Bayburt）；时间更长，更有趣的路线是翻越卡克喀（Kaçkar）山，经过里泽，阿尔特温到达优素费利的旅行。

黑海沿海城市

阿麦萨（Amasra）

阿马萨是一个美丽的小城镇，地理上从内陆突出一部分土地并向北进入黑海。因为沿海向东和向西的道路都不是很好，阿马萨只有一定数量的夏季游客，舒适，但相对不发达。

在阿麦萨您可以访问迷人的历史性小镇萨弗瑞博卢（Safranbolu），这是一座保护得很好的奥斯曼小镇，被世界教科文组织（UNESCO）评选为世界文化遗产之一。当地的人们喜好传统的工艺品，到现在都经常收集藏红花，亮黄色的药草赋予了这座小镇美妙的名字。镇上于18、19世纪以及20世纪早期遗留下来的2000座保存完好的土耳其传统房屋中，其中有800个在法律上规定不能改动。

您还可以在海边轻松的度过一两个晚上，探寻堡垒，并在寒冷的黑海海水中泡一泡。

巴士和小汽车是到达这里的唯一方式。城际巴士（Bartin）服务在城市以南16公里处。最近的机场在安卡拉，最近的火车站在宗古尔达克（Zonguldak）。

顺便说一句，不要混淆黑海城市阿麦萨（Amasra）与安纳托利亚中部山区城镇的阿马西亚（Amasya，萨姆松以南130公里处）。

如果您打算乘车从阿麦萨一直向东去锡诺普（Sinop，312公里），大部分的行程将会是沿狭窄、曲折的道路行进。如果您乘坐点对点当地小巴（这里没有直接的巴士）要一天以上。乘坐内陆巴士可能会更快，更舒适，途经巴坦和卡斯塔莫纽到达锡诺普。

离开

安卡拉：310公里南，6小时
巴坦：16公里南，25分钟
伊斯坦布尔：374公里西，7小时
卡斯塔莫纽：197公里东，4小时
萨弗瑞博卢：90公里南，2小时
萨姆松：480公里东，9小时 乘车
锡诺普：312公里东，7小时 乘车（没有直达巴士服务）
宗古尔达克：100公里西，2小时

锡诺普（Sinop）

中世纪的锡诺普是一个有城墙的城市，人们居住在高地上，可以俯瞰到黑暗寒冷的黑海。在公元前800年锡诺普由来自爱琴海港口米利的殖民者建立，锡诺普（人口30000）由于其优良的天然港口位置成为了主要的海港。今天，它仍然是一个港口，以及一个首府。

除了中世纪的城墙，锡诺普还有Alaettin清真寺（公元1267年）及其Medrese（神学院）；被破坏的拜占庭教堂（Balatlar Kilisesi），它是由一个罗马神庙改建而成的；Cezayirli Ali Pasha清真寺（公元1297年）。一些古老的塞拉皮斯庙宇（Serapis，古希腊，古罗马崇拜的神）遗迹依然耸立在锡诺普博物馆的旁边。尽管黑海海水很寒冷，在最热的日子里这里还是有一些可以游泳的海滩。

巴士服务大多是途经安卡拉或萨姆松，所以您可能必须在这里换乘巴士。锡诺普没有火车。最近的机场在萨姆松。

离开

阿麦萨：263公里南，7小时乘车（没有直接的巴士服务）
阿马西亚：263公里南，5小时
安卡拉：434公里西南，8小时
乔鲁姆：307公里南，6.25小时
吉雷松：377公里东，7小时
萨姆松：168公里西北，3小时
特拉布宗：514公里东，9小时

萨姆松（Samsun）

萨姆松是土耳其北部的一个现代化城市，重要的黑海港口及运输中心。这有几处可以留住您的景点，尽管它很古老，在公元1400年热那亚人的侵略把它夷为平地，所以古老的萨姆松没有留下什么。

萨姆松将肥沃的土壤和天然港口理想的结合在一起，发展了众多商业贸易往来。殖民者在公元前6世纪定居这里并与安纳托利亚建立了蓬勃发展的贸易关系。在那个时期，萨姆松是阿米苏斯殖民地的一部分。公元前3世纪，萨姆松归入Pontus王国扩大的统治之下。Pontus王国已经成为亚力山大大帝建立的帝国的一部分。然而，公元前4世纪亚历山大大帝死后不久，帝国崩溃。王国控制了安纳托利亚中北部地区和黑海海岸的商业重镇。

1919年5月19日阿塔图尔克在萨姆松登陆，集结人民反对侵略者的占领，打响了土耳其独立战争。后来由于经济的蓬勃发展，古朴的十九世纪萨姆松被高耸的现代化建筑所覆盖。

考古博物馆就在附近，阿塔图尔克博物馆很值得一看。萨姆松有许多不错的旅馆和餐馆。

离开

阿马西亚：130公里，2.25小时
安卡拉：420公里西南，8小时
吉雷松：209公里以东，3.5小时
伊斯坦布尔：733公里，11小时
开塞利：450公里，8小时
锡诺普：168公里西北，3小时
锡瓦斯：338公里以南，6小时
特拉布宗：346公里以东，5.5小时

文化宫（Kultur Sarayi）

音乐会等演出都在这里举行，它的形状很像滑雪跳台。

考古博物馆和阿塔图尔克博物馆

考古博物馆部分展示了在萨姆松地区发现的古代文物。阿塔图尔克博物馆展示了阿塔图尔克的生活照片以及一些他的个人物品。博物馆的开放时间8:30至12:00和14:00到17:00。

俄国市场（Rus Pazari）上的阿塔图尔克雕像是奥地利雕塑家Heinz kriphel在1928年至1931年完成。帕扎尔（Pazar）清真寺，萨姆松现存最古老的建筑，它于13世纪由蒙古人建成。

Karadağ Geçidi（Karadag Pass）在海拔940米处的山地，可看到阿马西亚沿途的风景。

另外，您还可以从萨姆松一直向西到锡诺普，向东到吉雷松和特拉布宗，向南到阿马西亚，这些都是很有趣的城镇。

萨姆松的巴士服务频繁便捷。少数列车从锡瓦斯经由阿马西亚到萨姆松，但需要一倍的时间而且还不舒适。土耳其航空公司每天有从伊斯坦布尔飞往萨姆松的航班。

奥尔杜（Ordu）

奥尔杜是奥尔杜省的首府，土耳其黑海沿岸的一个港口。

在这个区域发现的文物可追溯到公元前15000年，但奥尔杜在公元前8世纪成立，当时叫做Cotyora，是沿黑海海岸的一系列殖民地之一，在古希腊爱琴海城市Miletos附近。

今天，这座城市是巨大的榛子加工中心，包括Sagr，土耳其最大的榛子加工和出口商之一，并且还有Fiskobirlik，世界上最大的榛子合作商。Sagra工厂店出售各种各样的榛子巧克力，这也是这所城市吸引人的地方之一。

奥尔杜同东部海岸地区相比有着比较自由的氛围。当地的音乐是典型的黑海地区音乐，乐器包括Kemençe。烹饪是典型的土耳其菜式，如Pide和Kebab，还有著名的“燃烧冰淇凌”，其有两种口味——普通或焦糖。

周围的农村，包括山区高原牧场，以及黑海海岸伟大的自然美景。受欢迎的地点还包括：博兹泰佩（Boztepe）——城镇上的小山，可以领略到当地的风景。传说中的卡普杰森神庙（Cape Jason）——亚尔古英雄去海外寻找金羊毛的故事。

吉雷松（Giresun）

吉雷松是吉雷松省首府，位于土耳其东北部的黑海地区，特拉布宗以西约175公里处。它以盛产樱桃而著名。

吉雷松的历史可以追溯到公元2世纪，当时由从Sinope来的希腊殖民者建立。城市的名字最初是引自色诺芬的《长征记》叫做Kerasus。历史记录显示，城市曾先后由Miletians，波斯人，罗马人，拜占庭和Trebizond帝国统治。罗马时期这里称作樱桃（Cerasus），城市较古老的部分坐落于半岛上，有一个被破坏的拜占庭堡垒，庇护着小的天然海港。附近就是吉雷松岛，在远古时代被称为Aretias，土耳其领土上唯一主要的黑海海岛。根据传说，该岛因亚马逊而神圣，他在这里捐赠了一所战神寺院。即使到今天，每年5月庆祝仪式依然在这里举行，按照当地人的做法，有着四千多年历史的庆祝活动将继续延续下去。

在中世纪时期Kerasunt是拜占庭帝国和后来的Trebizond帝国的第二大城市的一部分。从公元1244年起，塞尔柱土耳其人迁移到这片区域，在蒙古人的统治下生活，直到公元1461年整个海岸被纳入由穆罕默德二世苏丹统治的奥斯曼帝国。

保存完好的吉雷松城堡在城市中心。吉雷松岛——土耳其仅有的黑海岛屿。欣赏着古老的奥斯曼房子和城市博物馆（City Museum）。除了游览，您还可以吃樱桃，榛子，以及含有榛子的巧克力棒。

吉雷松是往来特拉布宗（Trabzon）的一个非常方便的停靠地。巴士服务良好频繁。最近的机场在特拉布宗，最近的火车站在萨姆松。

特拉布宗（Trebizond）

曾被称为Trebizond，这一历史性港口城市在土耳其黑海海岸的东端附近，比一般的土耳其城市有趣。

特拉布宗古老的城寨内有许多拜占庭教堂，其中包括保存完好的索菲亚博物馆（Hagia Sophia，公元1263年）。其他著名的教堂包括圣安教堂（Küçük Ayvasil，公元885年），圣尤金纽斯教堂（St Eugenius），公元1200年改为了清真寺（Yeni Cuma Camii）和法蒂清真寺（Fatih Büyük Camii，公元1200年）。

特拉布宗也是一个参观周边景点的良好出发地，如山姆拉黑色圣母修道院（Sumela Monastery），高山村庄埃德尔（Ayder），以及种植茶叶的东部城镇里泽（Rize）。

土耳其航空公司有每天从安卡拉和伊斯坦布尔飞往特拉布宗的航班，巴士服务也很频繁，尤其是Ulusoy公司的巴士服务。

乘飞机

从安卡拉或伊斯坦布尔可到达。

巴士

从伊斯坦布尔乘坐巴士（50土耳其里拉，17小时）每天多次。

乘船

土耳其海运航线运营两个每周从伊斯坦布尔到黑海各港口的渡轮。然而，目前，这项服务已被取消。

游览

索菲亚博物馆（Aya Sofya）

一个美丽独特的教堂现改为清真寺，但内部仍有极好的壁画。有一个宁静的露天茶园的。您可以乘坐“Aya Sofya”合租车，从北面的阿塔图尔克广场出发，需时5-10分钟，费用约1土耳其里拉 。

山姆拉黑色圣母修道院（Sumela Monastery）

特拉布宗以南50公里处。它于6世纪建于山腰之中。修道院依附在深深的峡谷上方300米的岩石边上。这个精巧的建筑群包含了教堂、宿舍、食堂和储藏室。游览山姆拉修道院也很有意思。一个山姆拉修道院的来回游览在淡季费用是15土耳其里拉，不包括导游费或5土耳其里拉的入场费。在旺季，游览费用是12土耳其里拉，包括英语导游在内。门票5 土耳其里拉。

餐饮

特拉布宗的凤尾鱼在整个土耳其都很著名，它是这座城市许多餐馆的主要膳食。特拉布宗主要的出口产品是榛子和茶。

这里有好吃的当地饭食，非常值得一试。特别是在土耳其非常著名的Pide和Köfte（Pide是种匹萨，由特殊的面包和奶酪制作而成），味道非常好。您也可以尝试一下“Kiymali”，用肉制成和黄油一起食用。特拉布宗拥有这个国家最好的面包（Vakfikebir Ekmegi）。尝试一下，您绝不会后悔的。

您可以找到一个便宜但很好的用餐地方就在市中心附近叫作“Cardak Pide Salonu”。

Kuzen是一个不错的选择：虽然没有一流的烤羊肉串，但美味的鸡肉塞满了热香肠（Merkez）中，非常可口。餐馆紧挨着时髦的商店（Cevdet Akcay Sokak），在Kahraman Marash Cad的北面。

另一个特拉布宗的特色是肉丸（Akcaabat Koftesi），由肉、大蒜和面包制作而成，加上Ayran（酸奶和水混合）

以及Piyaz（豆类，生菜）一起食用则更加美味。

在阿克恰阿巴德（Akcaabat）镇还有一些干净和漂亮的餐馆，如Nihat Usta，Keyvan，Cemil Usta，Korfez餐馆。您可以吃过晚饭后步行到阿克恰阿巴德费舍尔渔人码头（Akcaabat Fisher Port）去喝茶。另一个不错的地方是烤肉餐厅（Harran Kebap），在主广场不远处（Kahramanmaraş Caddesi）。

酒吧

最受欢迎的酒吧Beer Time在主广场。来一杯真正的欧式咖啡，您可以到Keyif咖啡和茶小店，这里拥有众多可选的茶叶和一流的卡布奇诺咖啡（3土耳其里拉）。他们隐藏在商场综合建筑（Canbakkal İş Merkezi）之内，离西面的Attaturk Alani广场有几个街区的距离。

住宿

Nur旅馆

在旅游办事处附近，单人间35土耳其里拉。早餐包括在内，工作人员可以说一些英语。

埃尔祖鲁姆旅馆

可以接受的，是背包客经常光顾的旅馆。它位于广场下100米，在Yuvam和Anil旅馆之间。双人间有一个浴室，一台电视和阳台，费用为20土耳其里拉。

离开

公共汽车在午夜离开特拉布宗公共交通总站（Otogar）开往卡尔斯（阿尼古代遗址附近），抵达时间大约在早上8点到9点。

特拉布宗开往多乌巴亚泽特（Doğubayazıt）的直达巴士在晚上10点发车，第2天上午10点到。

黑海内陆城市

居米什哈尔(Gümüşhane)

居米什哈尔(Gümüşhane)土耳其东北部的一个城市，居米什哈尔省首府，海拔1500米，特拉布宗西南约40公里处，城市沿哈尔希特(Harsit)河而建。名字的字面意思是“银城”，源自于附近的银(Gümüş)矿。

老城最早在公元前700年固定下来，由来自特拉佩祖斯的爱奥尼亚商人首先在该地区找到了银矿。古希腊语中，他们称这片定居地为“门口”(Thyra)。这银矿曾被马可波罗提及过。

银矿被发现之后，居米什哈尔又成为了水果种植基地(主要是苹果和梨);这里作为特拉布宗港口和伊朗西部之间的一个中转站对其繁荣起到了很大作用。第一次世界大战期间(1916年—1918年)被俄国占领，使得一半的老城区成为废墟，之后新城建立，现在这里已经成为商业和行政中心。附近的历史性建筑，包括部分城堡废墟，土耳其浴室，清真寺和几个拜占庭式教堂。

巴伊布尔特(Bayburt)

巴伊布尔特是土耳其巴伊布尔特省的首府。

巴伊布尔特曾经是古老的丝绸之路的一个重要中心，被马可波罗和土耳其旅行者Evliya Celebi探访过。这里仍然有一些拜占庭城堡遗迹。城市中有几个有趣的清真寺，土耳其浴室和墓碑，以及Catalcesme地下城和自然奇迹Sirakayalar瀑布。

历史

巴伊布尔特建立的确切日期目前还尚未有定论。据估计大约在公元前100年。众多周知，巴伊布尔特被罗马帝国占领，后来分属东罗马。在拜占庭时期，巴伊布尔特是国家边疆防御重镇。巴伊布尔特城堡被拜占庭国王Justinian一世和后来入侵的阿拉伯人修复。土耳其人最早在公元1054年掌控此地，后来的200年它又被许多不同的帝国占领。

巴伊布尔特城堡

巴伊布尔特城堡的历史可以追溯到公元前2000年。城堡目前正在由土耳其文化部翻修。

清真寺

这里有几个不错的清真寺。

Ulu Camii清真寺，被普遍认为是该区域最重要的清真寺，由Ghiyath ad-Din Mas'ud II二世（Sultanate of Rûm的统治者）修建。清真寺在1967年完全修复。

Ferahşat Bey清真寺，城市中的另一个重要的清真寺是在公元507年由土库曼人（White Sheep Turkomans）修建的。其单一的圆穹顶是土耳其安纳托利亚清真寺建筑的典范。

Yakutiye清真寺，完成于1915年，奥斯曼晚期建筑中的良好典范。

公园

巴伊布尔特有很多令人愉快的公园，如青年公园（Gençlik Parkı），烈士花园（Şehit nusret Bahçesi）和奥斯曼公园（Genç）。在这里，有茂盛的巴伊布尔特森林。这里还有两个洞穴，游客可以看到一个有趣的自然形状石头。这些洞穴是"Çimağıl mağarası"和"Helva Köyü Buz Mağarası"。

里泽（Rize）

里泽是里泽省的首府，在土耳其东北部，黑海海岸。

里泽是一个加工和运输茶叶的中心，茶叶生长在其周边地区。早在19世纪40年代和50年代，茶叶就被引进到该地区，从此改变了该地区贫穷的命运。城市中在1958年建立的一个茶叶研究所和茶园风景园，是城市中主要的风景地。城镇周围的花园也种植了茶叶还有猕猴桃。第二大活动是钓鱼。

里泽连接着特拉布宗道路以西66公里处，在格鲁吉亚边界和埃尔祖鲁姆以北。最近的机场在特拉布宗。

埃德尔（Ayder）

土耳其的东部黑海沿岸类似于那不勒斯，甚至比欧洲中部的山区还漂亮，其厚厚的冬青树木，冰凉的瀑布溪流，高山区的牧场（"alps"，在土耳其叫yayla），还有面色红润居住在高海拔（海拔1300米）的当地居民。

美妙的风景，新鲜的空气，登山和徒步旅行，温泉浴都是人们要探访这里的主要原因。从地下喷射的温泉水流入游泳池，然后流经森林，冷却，最终流入黑海。

如果您有自己的车，可以从特拉布宗到埃德尔进行一整天的游览。您也可以搭乘巴士或小巴从特拉布宗向东到海岸城市帕扎尔。在夏季，巴士每天下午从特拉布宗出发到埃德尔。

埃德尔有很多酒店和小旅馆供游人过夜，但在夏季的周末要提前预订。在夏季的周末（尤其是周日），大批本地游客翻山越岭，来这里享受清新空气和凉风。在其他时候，您要乘坐出租车，在Çamlihemsin 和埃德尔之间行驶19公里。

阿尔特温（Artvin）

阿尔特温是土耳其东北部的一个城市，在格鲁吉亚边界的Çoruh河上。在悬崖顶上的阿尔特温绝不是一座庞大的城市，它只是一座安静的省级城市。

同土耳其的大多数城镇一样，从20世纪70年代以来，阿尔特温不受控制的水泥公寓大楼和政府办公大楼拔地而起，其已经失去了一些有吸引力的历史性感觉。

阿尔特温Livana（livane）城堡，修建于公元937年 。一些奥斯曼帝国时期的房屋和公共建筑物包括：Salih Bey清真寺，修建于公元1792年，çelebi efendi喷泉，修建于公元1783年。以上地点周围的乡村提供了许多爬山和徒步旅行的地方。

巴坦（Batan）

土耳其巴坦省的首府，位于宗古尔达克省80公里以东，巴坦河（Çayı）内陆14公里处，巴坦河是适合城市和黑海沿岸船只航行的河流。巴坦在土耳其黑海沿岸，是个拥有很多木制房子的平静城市。

巴坦是土耳其黑海地区的一个中心，其拥有丰富的建筑遗产，对游客越来越有吸引力。它是土耳其最新的省份之一。城市的历史可以追溯到公元前1200年，当时Gasgas部族居住在周围。在随后几年，该地区不断被以下部族统治：赫梯人，Frigs，Kringens，Kokons，Enets，Kimmers，吕底亚人，波斯人和马其顿人。

历史在前进，在公元11世纪和13世纪之间巴坦继续由罗马帝国和拜占庭帝国以及稍后的土耳其塞尔柱王朝统治。在公元1392年，巴坦被奥斯曼帝国Yildirim Bayazit苏丹征服。

木制的巴坦房子展示了保护法令（Tanzimat Fermani）后的建筑艺术特色。夏季炎热，冬季寒冷，大量的雨，给与这个地区提供了丰富的绿色植被。巴坦河流经城市，在游船上进行游览可以瞥见完美的景观。

这座可爱的城市每年春季都会举办草莓节。城市中也有品质良好的海滩。印库姆（Inkum），一处不错的渡假村，有沙滩。Çarkaz，一个渔村，有极好的沙滩。阿麦萨是始建于公元前6世纪，其古老的名字为Sesamos 。这里是黑海海岸最高的地点之一，展示出让人难以置信的迷人景观。城市位于一个半岛，东边特别适合游泳。考古博物馆和Çekiciler大街很有趣。作为纪念品，您可以购买手工雕刻，木制的工艺品。

在历史上著名的帕夫拉戈尼亚地区边界有很多古城遗址，古代城市Sesamos（阿麦萨），Kromna（库鲁贾希莱）和位于巴坦边界内的Erythinoi（Cakraz）。

城堡，两座教堂，世界上独一无二的Kuskayasi道路纪念碑。城市中心是古城中栩栩如生的部分，古城内如古罗马城市中心广场，会议宫，荣誉大道，剧院，雅典卫城，大墓地都在地下。

库鲁贾希莱（Kurucasile）也是其中一个地点，有最美丽的风景。20世纪发生于1999年8月11日日全食的最佳观赏地。

卡若布克（Karabük）

卡若布克（Karabük）是土耳其黑海地区卡若布克省的一个城镇。卡若布克是土耳其最新的省份之一，在安纳托利亚北部位于安卡拉北部约200公里处。人口是12万。土耳其钢铁主要生产地，Kardemir钢铁工程（Karabük）所在地。

在古时，卡若布克是沿海阿马萨和安纳托利亚中部之间的一个重要干线。城市的历史可以追溯到共和国的最初几年，当时它是萨弗瑞博卢的Oglebeli村，由13间房屋形成的一个小村子。此外，这里还有一个小火车站，路线是从安卡拉到宗古尔达克。1939年建立了共和国的第一个钢厂，之后这里迅速发展起来。直到几年前，它成为了宗古尔达克的一个区而不再是1995年时的城市本身。卡若布克位于Filyos河附近。城市地区有：萨弗瑞博卢（Safranbolu），耶尼杰（Eflani），埃夫拉尼（Eflani），埃斯基帕扎尔（Eskipazar），奥瓦哲克（Ovacik）。

卡斯塔莫纽（Kastamonu）

卡斯塔莫纽是土耳其卡斯塔莫纽省的首府，位于省的南部。根据一项2000年的人口普查，其人口约10万，面积1482平方公里。

城市被认为成立于公元前18世纪。古罗马时期城市被称为Timonion。在该地区内的城市（Taşköprü）建立了帕夫拉戈尼亚（Paphlagonia）要塞，今天这里以生产大蒜而著名。

Dress Code革命在卡斯塔莫纽开始，由阿塔图尔克于1925年8月23日发起，他于1925年访问卡斯塔莫纽期间在Cumhuriyet halk partisi大厦发表了关于“Hat and Dress Revolution”的历史性讲话。这座建筑现被作为考古博物馆。阿塔图尔克在卡斯塔莫纽访问期间的演讲材料也在博物馆中展示。

城市附近是卡萨巴村（Kasaba），有一个重要的清真寺，Mahmut bey清真寺，在公元1366年修建，塞尔柱传统风格。它被认为是土耳其最优秀的木制清真寺之一。大门上有精美的木雕。

阿马西亚（Amasya）

阿马西亚（Amaseia的古代遗址）是土耳其北部阿马西亚省的行政区，涵盖面积将近1730平方公里，人口13.3万，其中7.4万居住在城市和周围村庄。海拔是411米。

概况

阿马西亚矗立在黑海沿岸的山脉之上，城市修建在沿Yeşilırmak河岸的一个狭窄山谷里。虽然靠近黑海，这个区域却高出海岸很多，属于内陆性气候，非常适合苹果的生长，其中阿马西亚省的苹果就很著名。

在古代阿马西亚（Amaseia）是一座发达的城市，位于河流之上的悬崖上面。这个区域作为省会城市有着悠久的历史，也是一座历史上拥有很多国王，王子，艺术家，科学家，诗人以及思想家的富裕城邦，从本都国王，地理学家斯特雷波，到世代奥斯曼帝国王朝一直在这里存在，直至阿塔图尔克，他在这里度过一段岁月。

奥斯曼帝国时期的木制房屋和阿马西亚刻在悬崖上的本都国王葬墓仍然吸引着许多游人前来参观。

历史

它位于陡峭的峡谷，使得城市成为一个山脉要塞，很容易防守，因此阿马西亚拥有漫长而卓越的历史。考古学研究表明阿马西亚最早由赫梯人建于公元前5500年，后来又被佛里吉亚人、西米里族人、吕底亚人和波斯人占领。

众所周知，阿马西亚省生产高品质的苹果。其他作物包括烟草。在该地区的经济活动还包括采矿，纺织，水泥制造，但阿马西亚并不是一个非常富有的城市。不过，它是一个具有吸引力的，保存完好的城市，尤其是当您坐在河边，它具有一种神秘感，特别是在冬季的傍晚时分，雾气弥漫整个山谷。铁路线从锡瓦斯到萨姆松贯穿阿马西亚，这里还有一个具吸引力的奥斯曼帝国时期的火车站。

这里也有一些夜生活，主要是酒吧和为学生提供的网吧，还有一些餐馆。其美食，包括本地特有的一种含有酸奶的汤（Toyga çorbası），加热喝或冷饮均可。其他的娱乐还包括在河堤旁吃糕饼、喝茶。

景观

城镇岩石上的 Harşena，是有露台的皇家宫殿和本都国王陵墓（夜间有照明），虽然没有保存在最佳状态，但依然可以给人留下深刻的印象。

要塞（Harsene Kalesi），中世纪由斯特雷波重建，位于城镇露出地面岩层以上的废墟上。在内尔基斯区有另一个城堡的遗迹——Enderun Kalesi。

城镇本身有很多具有历史性的建筑物，包括 Ferhat 沟渠，13 世纪塞尔柱 Burmali 清真寺，14 世纪伊尔克汗 Bimarhane 医院，15 世纪学者 Pir Ilyas 的墓地和 15 世纪的 Yildirim Beyazit 清真寺。不幸的是，阿马西亚很容易受到地震破坏，许多古迹和纪念碑都在地震中被毁坏（最近一次是在 1939 年）。

这里有一些保存完好的传统奥斯曼土耳其房屋，其中一些是土耳其国内建筑中最好的例子。19 世纪 Hazeranlar Konağı 已经审慎恢复，并包含一个小型美术馆和民族志博物馆。其他的木制房屋被修复成酒店和招待所。

阿马西亚考古博物馆拥有大量有趣的文物收藏，许多时代的古物，包括阿马西亚统治者 Ilkhanli 的木乃伊。

Yatır 地区有许多穆斯林圣人的墓葬，据说这一带的泉水有治疗疾病的功能，一些患病和垂死的人们会来到这里呼吸空气，饮用附近温泉的泉水。

Borabay 湖（阿马西亚东北 65 公里，Taşova 区）是一个火山口湖泊，拥有令人印象深刻的风景和新鲜的空气。这里是进行钓鱼（尤其是鳟鱼），野餐和体育活动的完美地点。其他阿马西亚旅游景点还包括 Yedikir 水库及 Omarca 国家公园。

东部地区
EASTERN REGION

土耳其东部

概况

土耳其东部就像一个庞大的国家公园，拥有辽阔的平原和壮丽的自然风光。您在土耳其东部旅行除了一览自然景色之外，还能探索许多惊人的考古遗址，该地区拥有很多具有历史价值的建筑，您还可以看看早期居住在此的人们的生活。

夏天是游览这里最好的时候，因为该地区属高原区域，冬季下雪，夏季则凉爽舒适。当地中海度假胜地安塔利亚还笼罩在闷热的酷暑之中时，埃尔祖鲁姆（Erzurum）却空气干燥，风景宜人。如果您在冬天来到这里，还可以滑雪。

土耳其东部同西部相比属于不发达地区，您可以看到当地农民们以非常古老的方式晾晒粮食。

近东—东南部

概况

土耳其东南部平原向北延伸到叙利亚，这意味着炎热与单调。不同于大多数的土耳其东部地区，东南部不是山区，而是一处大约海拔600米的干旱高原。该地区或多或少被两条伟大的河流所穿越：东部的底格里斯河（Dicle）和西部的幼发拉底河（Firat）。

该地区是圣经时代的文明交汇处。甚至更早，亚伯拉罕在桑尼乌法南部的哈兰生活过一段时间。

这是一个单独的气候区，不同于东部地区，这里游览的最佳时间是春季（三月、四月、五月）和秋季（10月、11月）。7月、8月和9月，太阳灼热，很少有云。冬天这里会很寒冷。如果您把它与游览东部其他地区相结合，就可以感受到其中的气候差异了。

纳姆茹特山 (Nemrut Dagi)

“纳姆茹特山（Mount Nimrod）”，位于马拉蒂亚南部和阿德亚曼北部以及卡塔地区之间。地质学家于1881年重新发现了这个山顶，这里是土耳其最惊人的景点之一：由一位狂妄的国王，两个带有庞大雕像的神庙构成的人工山顶。

在山顶上耸立着两个露天的神庙（Hierothesiums），有巨大的石灰岩阿波罗雕像、福尔图纳雕像、宙斯像、赫拉克勒斯雕像以及卡美琴尼（Commagene）国王安太阿卡斯一世（Epiphanes）雕像。卡美琴尼王国只是罗马帝国和波斯帝国之间的一个较小缓冲国，但安太阿卡斯一世相信他是天人合一的神，所以他自己的巨幅雕像与众神平等的矗立在这里。

在神庙之间是人工碎石山峰，下方可能是真正的安太阿卡斯墓。目前我们不知道，可能永远也不会知道。猫王（Elvis Presley）真的是安太阿卡斯的灵魂转世吗？

您可以攀登上纳姆茹特山（2150米），如果您从南方来，把卡塔（Kahta）或阿德亚曼（Adiyaman）作为您的基地；如果是从北方来，马拉蒂亚（Malatya）为基地。这都既有优点也有缺点。

7月或8月或至少在5月下旬和10月中旬之间来这里游览，否则您可能会被大雪阻挡。一定要带上保暖的衣服！至少是温暖的毛衣和风衣，因为山顶的风很硬很冷，即使在8月也是如此。

旅行团在卡塔（Kahta）和马拉蒂亚（Malatya）都有运营。

纳姆茹特山和其庞大的雕像位于山中而不是在平原之上，从城市的东南部进入容易到达，阿德亚曼（Adiyaman）、卡塔（Kahta）和马拉蒂亚（Malatya）更多的属于土耳其近东地区，因此您可能需要结合起来游览这一地区。

桑尼乌法(Sanliurfa)

百科全书中的桑尼乌法（Sanliurfa），曾被称为伊得撒（Edessa），土耳其东南部的一个城市，也许是土耳其东南部最有趣和历史文化最悠久的城市。桑尼乌法省的首府乌尔法（Urfa）坐落在平原之上，大约在幼发拉底河以东80公里处。在开阔的天空之下，这里气候特点明显，夏季干热，冬季凉爽、潮湿。乌尔法的城市人口主要是土耳其人，而边远地区居住着一小部分阿拉伯人。

乌尔法（Urfa），这的中心有一个岩石山岬，其顶上是一个古老的堡垒，底部是著名的亚伯拉罕诞生地，还有一个神圣的水池。这里是一个受穆斯林欢迎的游览地，拥有迷人的集市和一些精美的旧式楼宇。同时，这里也是前往游览哈兰的最佳出发地。

可以肯定的是乌尔法（Urfa）（人口300，000），一如它的俗称，很古老，至少可以追溯到公元前3500年直至赫梯时代。因为它正好处于前往欧洲、亚洲和非洲的十字路口，人们通过此地并留下足记，其中包括巴比伦人、埃及人、亚历山大大帝、希腊人、罗马人和萨拉丁（Saladin）之后的塞尔柱土耳其人。

十字军战士们，毫无疑问被城市容易防守的地理优势所吸引，称它是伊得撒（Edessa），并使其成为伊得撒拉丁郡的首府，由布伦（Boulogne）的Count Baldwin统治。

土耳其人称之为先知的城市，因为传说中亚伯拉罕就出生在这里的一个洞穴中。如今的洞穴以及其他著名景点，每年都吸引数以十万计的穆斯林来此游览。

在这里至少停留一晚，让您有时间去看看朝圣区的中心（Dergah）；令人惊奇的中世纪集市；堡垒与充满鲤鱼的神圣水池（Throne of Nimrod）；不错的小博物馆；一些精美的老房子。

乌尔法不是一个庞大的大都市，而且在许多方面它让人感觉更像是一个保守的地方城镇。在乌尔法用餐时不提供酒类，甚至茶馆（乌尔法唯一的公共社交场所），也会严格将家庭成员与单身男性隔离开来。一个当地的传统是Sıra Gecesi，尤其是在冬天的夜晚，那里的男子集体聚集在家里一边弹琵琶（Ud或Bağlama）一边唱民歌。随着新经济的增长，再加上日益涌现的大学，乌尔法的社会基础设施肯定会发展的越来越快。如今您在几家高档的酒店里可以得到一杯饮料，但是对于游客来说，其实传统文化更吸引人。

景观

传说中的亚伯拉罕出生地——城市南部的一个山洞中。

乌尔法城堡

修建于古代，目前的墙壁由阿巴斯王朝统治者在公元814年兴建。

传说中的神圣鱼池（Balikligöl）

亚伯拉罕在那里被扔进火中。水池在Halil-ur-Rahman清真寺的庭院内，于公元1211年由Ayyubids修建，现在被富于吸引力的花园环绕着，此花园由建筑师Merih Karaaslan设计。鱼儿并不是这里漂亮的风景线，因为他们只会疯狂地吞食旅客抛下的面包屑。庭院内非常静谧，据说如果您在这里看到一条白色的鱼，那么您死后会上天堂。

Rizvaniye清真寺

修建于公元1 716年的奥斯曼清真寺，毗邻Balikligöl综合建筑群。

Ayn Zeliha水池

附近的另一个水池，此水池的命名来源于一位亚伯拉罕的追随者。

乌尔法大清真寺

修建于公元1170年，在一座基督教教堂遗址上，阿拉伯人称为“红色教堂”，可能结合了一些罗马土木工程。在南面墙壁毗邻清真寺的是Firuz Bey喷泉（公元1781年）。

古城墙遗址

这里有8个修建于奥斯曼帝国时期的土耳其浴室。传统的乌尔法房屋被分成家庭（Harem）部分和游客的（Selam）部分。向公众开放的是Kara Meydan区紧挨着邮政局旁边的部分民宅。

Nevali Cori神庙

可追溯到公元前8000年的新石器时期居所，在阿塔图尔克大坝建成之后被淹没在水下，有些文物被搬迁到堤坝之上并重新修复。

Gobeklitepe神庙

世界上最古老的石制寺庙（可追溯到公元前9000年）。

Kaçkars山脉

土耳其东北端山脉的一处陡峭地带。Kaçkars是最东北的山脉。山脉斜向垂直落下并进入黑海。在陡峭的、肥沃的山谷中，农民在乡村和小城镇里过着不稳定的生活。他们的主要生活来源来自种植水果和坚果的果园，山地和牧场。特别是桃子和杏仁。

今天，人们来到山区，顺着汹涌的河水（çoruh）漂流，参观有趣的格鲁吉亚风格教堂。您可以在山中跋涉或干脆在山谷中驾车享受美丽的风景。白水竹筏漂流运动就诞生在Kaçkars地区。

餐饮

这里的烹饪是典型的东南部风格；面包和肉类是重点，无论是烤肉（Kebab）、烤羊肉串（Doner）或油炸的肉类或肝脏（Kavurma），大量的使用茄子、番茄、辣椒，包括传说中当地的红辣椒（Isot）。其他菜式包括：辛辣开胃食品（çiğ köfte，在乌尔法，甚至比红辣椒还辣）；丰富的甜食如热黄油和糖浆（Künefe）或核桃糕饼（Sillik）；有点苦的阿拉伯式咖啡（Mırra）以及由松节油制成的像咖啡一样的饮品（Menengiç Kahvesi）。

传说中的红辣椒，据说在20世纪20年代法国占领期间，乌尔法人民起初

不是很关心这座后来被侵占的城市，只是当他们失去了家园，看到在辣椒田地里行进的法国军队后才开始抵抗。现在他们甚至制作出红辣椒味道的冰淇凌。

在夏季土耳其东南部非常非常的热，因此，建议您选择一年中的其他时间来此游览。

土耳其航空公司飞往桑尼乌法的航班每天从安卡拉出发，每周两次从伊斯坦布尔出发。这里没有火车服务，但巴士服务很频繁。优素费利（Yusufeli），埃尔祖鲁姆以北130公里处，正好在最好的徒步和泛舟的区域中心。它是一个比起附近省会（Artvin）更加舒适的城市。

离开

安卡拉：718公里，11.5小时
卡帕多西亚：595公里，9小时
迪亚巴克尔：190公里，3小时
加济安泰普：145公里，2.5小时
卡赫拉曼马拉什：218公里，3.25小时
伊斯坦布尔：1274公里，19小时
开塞利：504公里，7.5小时
马拉蒂亚：268公里，4小时

哈兰（Harran）

哈兰看起来就像从远古一直存在到今天一样，惊人的景象，拥挤的像蜂箱一样的泥房子，不断从叙利亚平原涌现出来。哈兰从那时到现在至少拥有《创世纪》一书（Book of Genesis）。

概况

哈兰（Harran），也称为Carrhae，土耳其东南部桑尼乌法（Şanlıurfa）省的一个地区，桑尼乌法以南47公里处，一个非常古老的城市，美索不达米亚主要的商业、文化和宗教中心。哈兰拥有宝贵的考古遗址，看起来像《圣经》一样古老。事实上，它的历史更悠久。在《创世纪》中（第11章，31节）写着亚伯拉罕曾在这里居住过一段时间，它常常被认为是亚伯拉罕到达迦南之前曾经生活过的地方。

哈兰（人口7000）最显著的方面是它的泥蜂箱房，您可以在哈兰文化中心（Kültür Evi）参观一下这些房屋的模型。哈兰的贸易伙伴是提尔（Ezekiel）。哈兰最特色的物产是来自 Stobrum树的散发气味的橡胶。

景观

哈兰（正式的名字为阿尔滕巴沙克，Altinbasak），也有一个堡垒（kale），这个堡垒至少可以追溯到11世纪法蒂玛王朝时代。这里还有古城墙，八世纪的大清真寺（Ulu Cami）。在哈兰以东一小段路，您所看到的景象就如同塞尔柱土耳其的商队驿站（Han el Ba'rur）一样，这里是古老的Shuayib城，以及拥有1800年历史的太阳神庙（Sogmatar）。

哈兰是以其传统的“蜂窝”土坯房著名，建造完全放弃木材。这样的设计使得其内部非常凉爽，被认为至少三千年没改变。直至20世纪80年代，其中的一些房屋仍被用作住宅使用。然而，在今天，这里都已作为旅游景点，而大部分哈兰人都居住在距离主要遗址2公里外的一个新建的小村庄里。

在巴比伦甚至到罗马时期，这所城市是美索不达米亚月亮神的家园。Carrhae是一个不存在的古镇，其名称来自Carrhae战争（公元前53年），是源于古罗马军团和帕提亚帝国之间的战争。

哈兰的遗址从古罗马一直到奥斯曼帝国时期。T. E. 特劳伦斯在1951年勘测了这里的遗址，并出土了大量的文物。

从桑尼乌法前往哈兰很简单，白天有每小时一次的小巴从桑尼乌法开向叙利亚边境的Akçakale，车子将停在哈兰路的交叉口，然后，您在酷热的天气下向东行走10公里或者您幸运的话，还可以搭乘过往的车辆。最近的机场在桑尼乌法。

离开

Akçakale（叙利亚边境）：25公里以南，25分钟
桑尼乌法：47公里以北，1小时

比尔西克（Birecik）

比尔西克据说是以前的罗马Osrhaene省，可能和现代比尔西克（Birecik）一样，位于幼发拉底河左岸伊德萨（Orfa）以西62公里处，阿勒颇（Aleppo）以北95公里处。据说是古罗马军团用于镇守东部的城堡（Hierocles）。

近东—南部

加济安泰普(Gaziantep)

土耳其东南部的商业和金融首府，安泰普（Antep）最著名的是他们的开心果（Pistachios）和果仁蜜饼（Daklava）。虽然这是一座非常古老城市，但只有少数文物保存下来。现代办公大楼耸立在城市中心，高层公寓在郊区不断涌现，人口直冲100万，但这里仍然种植着世界上最好的开心果。尝一尝他们的果仁蜜饼，简直棒极了。

概况

一座沉睡的城市，以其坚果——开心果(Pistachios Nuts）而著名，加济安泰普（Gaziantep）现在已经成长为土耳其东南部的商业重镇。

城市中心的城堡（Kale）非常古老，可追溯到大约九千年前；但加济安泰普的其他部分是新的。考古博物馆保存了精美的罗马镶嵌工艺。

Hasan Süzer人类博物馆是一个有趣的地方，这是一座古老的、被修复的加济安泰普房屋，内部是19世纪末和20世纪初装饰风格。

这些地方不用您停留过久，但您可能会发现贯通土耳其东部和东南部的安泰普（通常这样叫）是一个值得您打破旅行计划的好地方。如果您想待在具有独特氛围的地方，那就去阿纳多卢(Anadolu Evleri)。

尽管加济安泰普由托罗斯特快列车连接着伊斯坦布尔、科尼亚和阿达纳（每星期3天，27小时），但还是巴士服务更快更好。土耳其航空公司每天有从伊斯坦布尔和安卡拉飞往加济安泰普市奥乌泽利（Oguzeli）机场（GZT）的航班。

离开

阿达纳：220公里以西，3.25小时
阿德亚曼：151公里东北，3小时
安卡拉：700公里西北，10小时
安塔卡亚：200公里西南，4小时
伊斯坦布尔：1140公里西北，16小时
开塞利：450公里西北，7小时
桑尼乌法：145公里以东，2.5小时

泽乌玛

泽乌玛是一座古老的城市，位于土耳其的加济安泰普省。这是一个富于历史的地方，被认为是四个最重要的Commagene王国统治地区之一。它穿越幼发拉底河，被命名为"zeugma"。

概况

古城泽乌玛原本由Seleucus / Nicator作为一个希腊的殖民地而创立（公元前300年，Seleucus /Nicator是亚历山大大帝的将军之一）。国王Seleucus以其自己名字命名了这座城市塞琉西亚后；不管该城市在幼发拉底河被称为塞琉西亚（Seleucus）或在泽乌玛被称为塞琉西亚都是颇具争议的。城市人口处于高峰时大约在8.0万左右。

公元前64年，泽乌玛被罗马帝国征服和统治，把城市名字转变为泽乌玛，意思是"桥通道"或"船桥"。在罗马统治之下，这所城市就成为该地区最具吸引力的地方之一，由于其商业潜力源自其战略位置，这里是丝绸之路横跨幼发拉底河连接安提俄克到中国的中转地。

在公元256年，泽乌玛历经侵略，并完全被Sassanid国王沙普尔一世摧毁。入侵是如此戏剧性，泽乌玛在相当长的一段时间都无法恢复。情况更糟糕的是，猛烈的地震又把这座城市埋藏在瓦砾之下。事实上，在罗马统治时期，这所城市就从来没有得到过繁荣。

在4世纪，泽乌玛和周围地区成为新的罗马领土。5、6世纪时城市被早期的拜占庭统治。由于后来又被阿拉伯袭击，该城市再次被遗弃。后来，在10世纪和12世纪，一个小阿巴斯领地设立在泽乌玛。

在罗马时代，Legio四世Scythica在泽乌玛扎营。约两个世纪，这所城市就成了罗马帝国高级官员和军官的家园，他们改变了自己的文化和生活方式进入该地区。因此，军事的构成成为了罗马的特性并产生了一种墓地雕塑艺术趋势。在这些方面，有以美丽的艺术造型出现的碑石、岩石浮雕、雕像和神坛。这种雕塑艺术的独特趋势使得新兴的泽乌玛艺术在整个地区得到公认。泽乌玛已成为相当丰富，生机勃勃的古罗马军团所在地。那时，有一座木制的大桥连接着泽乌玛和幼发拉底河另一面的Apamea市。目前的发掘显示，这座城市曾经有一处相当大的边境贸易区。

泽乌玛博物馆，2005年6月22日，来自古城泽乌玛（Zeugma）的珍贵马赛克文物在土耳其南部城市加济安泰普市新建成的泽乌玛博物馆正式安家，成为世界上第二大马赛克艺术品汇集地。

该博物馆里收藏的这些马赛克壁画描绘了古罗马城市泽乌玛遗迹的一部分。这些珍贵的马赛克壁画是在1987年土耳其政府开启GAP东南安纳托利亚工程修建Birecik水坝时被发现的，土耳其文化旅游部和加济安泰普市政府的拨款支持成立了专家组来发掘这些珍贵文物。1996年在土耳其内阁的关注下，引入了外国专家加入到发掘工作中，成立了一个由Kutalmis Gorkay副教授率领的发掘队，并具体制定了挖掘时间表，加速了发掘进程。当时，考古学家们为了尽可能多的保留遗迹，几个月间不停的发掘，到2000年11月大坝的水位达到了最高点，最终有1/4的考古工程陷入水底。由于发掘的文物种类繁多，数目可观，因此建立了泽乌玛博物馆。

考古中有很多重大的发现，诸如：一个战神雕像，3700个硬币，1000平方米的马赛克图案，150平方米的壁画，100000张图章邮票，12座别墅，一个土耳其浴池和一个档案室。部分文物已经陈列在该博物馆内。

远东—东北部

概况

埃尔祖鲁姆（Erzurum），东部地区“首府”和最大的城市，拥有一所大学、一处巨大陆军基地、机场、帕兰杜肯山（Palandöken）滑雪场，以及几座精美的塞尔柱和奥斯曼建筑。这里是去往Kaçkar山，杜古贝亚兹特（Dogubeyazzt）和阿勒山（Mount Ararat）游览的起点。

Kaçkar山，埃尔祖鲁姆以北的Kaçkar山脉，非常适合徒步旅行和江河漂流。其小山区城镇（如Yusufeli）出产丰富的农作物和水果，而且还有从中世纪的格鲁吉亚王国遗留下来的具有1000年历史的教堂。

卡尔斯（Kars）& 阿尼（Ani），由俄国统治了42年，卡尔斯给人的感觉就像是一个帝国前哨。它与伊斯坦布尔不同。这里是一个非常有趣的地方，有美味的蜂蜜和黄油。卡尔斯是您到访伟大的中世纪古城阿尼的基地，向东45公里处。您也可以从波索夫（Posof）到格鲁吉亚（Georgia）一游。

卡尔斯(Kars)

大多数人认为的卡尔斯（Kars）是一个偏远的边境口岸，土耳其东部的尽头。那里有很多可看、可做的有趣事情，还有很多好吃的东西。

卡尔斯（Kars）（海拔1768米，人口90000），位于高高的、寒冷的高原之上，在灰色的天空之下是呆板的、令人难以亲近的城堡，游客们或许并不会立即爱上它，需要些时间。

这里拥有一些有趣的事情可看：15世纪的奥斯曼石桥(Tas Köprü)，威严的城堡（公元1579年），19世纪的俄罗斯大教堂，还有一些不错的当地博物馆。数百年来，俄罗斯帝国曾试图攫取土耳其东部土地，在1878年夺取了卡尔斯统治至1920年结束，这也是卡尔斯之所以拥有一些俄罗斯风格建筑的原因。

这个地区生产土耳其最好的黄油，蜂蜜和由不同自然色羊毛织成的厚重粗糙的地毯。您最好在卡尔斯停留一晚。尽管这里的酒店可以让您做一晚停留，

但还是不要对其酒店奢望过多。大多数来卡尔斯的人都是为了途径此地去往阿尼（Ani）——伟大的中世纪古城。

卡尔斯有飞机、巴士和火车服务。土耳其航空公司每周有从安卡拉到卡尔斯的航班，但许多旅客都是飞往埃尔祖鲁姆（Erzurum），然后租一辆车或搭乘巴士到卡尔斯。实际上，所有的长途巴士服务都会途经埃尔祖鲁姆。小巴将带您到阿尔达罕（Ardahan），伊迪尔（Igdir）或Sarikamis。

尽管东部（Dogu）特快列车每周多次来往伊斯坦布尔，但还是巴士和飞机比较快捷。如果您选择乘坐火车，这是个不错的主意。您要在埃尔祖鲁姆乘坐火车并要提前预订卧铺。

离开

阿尼：45公里东，1小时
安卡拉：1086公里西，16小时
阿尔特温：207公里西北，4.5小时
多乌巴亚泽特：290公里东南，6小时
埃尔祖鲁姆：206公里西，3.5小时
伊迪尔：235公里东南，5小时
伊斯坦布尔：1435公里西，25小时
波索夫：123公里北，4小时
特拉布宗：434公里西，8.5小时
优素费利：204公里西，4小时

远东—东南部

马尔丁(Mardin)

马尔丁（Mardin）位于土耳其东南高原的边缘地区，可以远眺到迪亚尔巴克尔（Diyarbakir）南95公里处酷热的美索不达米亚平原。马尔丁拥有几处令人印象深刻的建筑（1300年及更早），Tur Abdin区域的麦迪亚特（Midyat）周围是亚述人的寺庙，一直延伸向东甚至更远，其中一些可以追溯到公元5世纪。

概况

马尔丁是一个省会城市（人口6.2万，海拔1325米），用古老的沙岩石砾建筑而成。这里有一些有趣的老建筑，其中包括中世纪的Isa Medresesi苏丹清真寺（公元1385年），Kasim Pasha Medresesi清真寺（公元1400年），Ulu Cami大清真寺（公元1000年），还有一个漫长的集市。

但大多数人都来这里参观东部6公里处的德茹尔扎拉凡修道院（Deyrul Zafaran），又称为藏红花修道院。这里一直都是一个神圣的地方。修道院自从公元495年起就一直在这里。这里现有的一些地板马赛克镶嵌工艺已有1500年的历史。

阿尼(Ani)

以古代Urartian生育女神Anahid命名，国王阿什德三世（Ashot）在公元961年选择此地作为首都，并建立了城堡，修筑了伟大的教堂和修道院，在旁边的深河峡谷内还修建了威武的城墙，数百年来一直矗立在此。

在公元1045年被拜占庭征服之前，阿尼蓬勃发展了不到一个世纪，后来又被塞尔柱王朝（公元1064年）统治，接下来是格鲁吉亚国王。在1239年，蒙古人横扫席卷此地，驱逐了所有其他人，后来这里在公元1319 年的一次地震中倒塌，地震使蒙古人离开。自此以后阿尼成为废墟，沉睡在绿草如茵之下，是土耳其一处能唤起人们回忆的旅游目的地。许多阿尼的教堂都是非常庞大的建筑物，它们在地震中幸存下来并且持续了几个世纪。城市中的其他遗迹是飘浮在草木之上的倒塌碎石。

到阿尼参观不再需要官方许可。只要买张票就可以了。如果您没有自己的车，在卡尔斯乘坐往返阿尼的出租车或小巴，记得一定要与司机讲价，也可以与其他旅客共同分担费用。如果您遇到麻烦，旅游局会帮助您。在阿尼参观游览至少需要半天时间，带上午餐和一瓶水是个不错的主意。

曾经的亚述古老宗教所在地（现在在大马士革），藏红花修道院（Deyrul Zafaran）现在主要是一个有少数僧侣开办的孤儿院。其他亚述的寺庙分散遍及该地区东部（Tur Abdin），特别是在麦迪亚特（Midyat）和Mor Gabriel。

土耳其航空公司每周有多次从伊斯坦布尔途经安卡拉到达马尔丁的航班，Onur Air也一样。比较频繁的航班是到达迪亚尔巴克尔（Diyarbakir）的。最近的火车站在申尤尔特（Senyurt），叙利亚边境南部25公里处。每周还有连接加济安泰普（Gaziantep）和巴格达（Baghdad）的火车会在午夜前在申尤尔特（Senyurt）停靠小巴全天频繁的从迪亚巴克尔开往马尔丁。

离开

阿德亚曼：280公里以西，4.5小时
安卡拉：1005公里西北，15小时
迪亚巴克尔：95公里北，1.5小时
伊斯坦布尔：1459公里西北，22小时
桑尼乌法：172公里西，2.25小时

迪亚巴克尔 (Diyarbakir)

迪亚巴克尔（Diyarbakır），在底格里斯河（Dicle）河岸，一个古老的、热情的城市。其强大的黑色玄武岩城墙笼罩着肥沃的底格里斯河堤岸，迪亚尔巴克尔是充满戏剧性的，历史也非常丰富。城墙围绕的城市仍然保留有许多中世纪的氛围，连街道的模式也是如此。

概况

迪亚巴克尔是土耳其共和国东南部的一个主要城市，坐落于底格里斯河河岸，它是迪亚巴克尔省的所在地，人口54.50万。它是土耳其东南部安纳托利亚地区第二大的城市，排在加济安泰普（Gaziantep）之后。在土耳其，迪亚巴克尔（Diyarbakır）最著名的是它的传统文化、民间传说和西瓜。

迪亚巴克尔（海拔660米）以其庞大的黑色玄武岩墙而著名，环绕着老城区的城墙，仍然呈现出了它的罗马城镇设计；有趣的旧阿拉伯式的清真寺，一些占星术教堂和一些精美古老的历史建筑，还有沿底格里斯河岸茂密的花园也很值得一看。

南方（Güney）特快列车运营从伊斯坦布尔途经安卡拉到达迪亚巴克尔的列车，每周三天，旅程需要近两天的时间。乘坐巴士到达迪亚巴克尔会更快，更可靠，更舒适。土耳其航空公司飞往迪亚巴克尔的（Kaplaner机场，DIY）的航班每天从伊斯坦布尔和安卡拉出发，与Onur Air一样。

艺术与文化

虽然一些知名度极高的迪亚巴克尔工匠们早已远去，一些珠宝制作和其他工艺仍延续至今。击鼓和吹奏唢呐的民俗舞蹈是该地区婚礼和庆祝活动的一部分。

烹饪

迪亚巴克尔众所周知的丰富菜肴是羔羊（以及羔羊的肝，肾等）；香料如黑胡椒，香菜；米、碾碎的干小麦和黄油。

景点

迪亚巴克尔的城墙，在公元367年—375年由罗马皇帝康斯坦丁二世兴建，后来又被Valentinian一世扩建，从未间断地延伸将近6公里。

城墙——迪亚巴克尔被完整无缺的、富于戏剧性的黑色玄武岩高墙包围着，并形成了长达5.5公环绕着周围老城区的圆圈。城墙上有4个城门可以进入老城区，以及82个大钟。城墙修建于古代，并在公元349年被罗马皇帝康斯坦丁修复、扩建。

礼拜场所——迪亚巴克尔拥有众多中世纪的清真寺和宗教学校，包括：

Ulu Camii大清真寺

由塞尔柱土耳其Malik Shah苏丹修建于11世纪。土耳其最古老之一的清真寺，由黑色玄武岩与白色的石灰岩交互构建而成。16世纪的Deliler Han Madrassah运用相同的图案装饰。毗邻的Mesudiye Medresesi修建于同一时期，是Zinciriye Medresesi这所城市的另一间神学院。

Hazreti Süleyman Camii清真寺

公元1155年至1169年，Süleyman Halid Bin Velid的儿子，从阿拉伯人手中夺取了这所城市，死后与他的同伴一起被埋葬在这里。

Safa Camii清真寺

公元1532年由Ak Koyunlu土库曼部族修建。

Nebii Camii清真寺

另一个Ak Koyunlu清真寺，1 6世纪单穹顶石制建筑。Nebi Camii 的意思是“先知的清真寺”，其如此命名是因为尖塔上有很多为了纪念先知们的题字。

Dört Ayaklı Minare（四足尖塔）

由Akkoyunlu的Kasim Khan修建，据说他为了达成愿望曾在四个圆柱之间经过七次。

Fatihpaşa Camii 清真寺

公元1520年由迪亚巴克尔的第一个奥斯曼帝国统治者修建，Bıyıklı Mehmet Paşa（“髭八字须的穆罕默德帕夏”）。城市中较早的奥斯曼建筑，瓷砖装饰精美。

Hüsrevpaşa Camii清真寺

第二个奥斯曼帝国统治着修建的清真寺，修建于公元1512年至1528年，建造的原意是作为一个学校（Medrese）

Iskender Paşa Camii清真寺

另一个由土耳其帝国统治者修建的清真寺，修建于公元1 551年，用黑白石头修建的颇具吸引力的建筑。

Beharampaşa Camii清真寺

土耳其帝国清真寺，由迪亚巴克尔的统治者Behram Pasha修建于公元1572年，最著名的是其入口处建造的精美拱门。

Melek Ahmet Camii清真寺

另一个16世纪的清真寺，著名的是这里用瓷砖装饰的礼拜大堂和双重楼梯的尖塔。

古叙利亚东正教圣母教堂(Meryemana Kilisesi)

目前的建筑可追溯到三世纪，已经被多次修复，现在仍然是一处礼拜场所。

博物馆

考古博物馆包含新石器时期，经过古青铜时代，亚述人、乌拉尔图、罗马、拜占庭、塞尔柱土耳其、以及奥斯曼帝国时期的文物。

Cahit Sıtkı Tarancı 博物馆

已故诗人Ziya Gökalp的出生地。诗人的家是传统的迪亚巴克尔家居装饰的典范。他一直在这里生活和工作，作为博物馆保留至今。

离开

花费一整天的时间看一看迪亚巴克尔足够了。在其他天里，您可以向南到马尔丁进行游览。

凡湖(Lake Van)

这里是内陆河流的唯一出口，被数千年前火山喷发出来的火山灰掩盖，因此，湖水碱性很高，就像以色列的死海。它的周围有几座古老城镇，包括凡城（Van）及附近的Çavustepe考古遗址，其拥有的楔形文碑铭可追溯至三千年前Urartu王国时期。在北岸的阿赫拉特（Ahlat）有一处奇异的塞尔柱土耳其坟场，土耳其仅此一种。

凡城(Van)

土耳其东部辽阔的、高度碱性内湖被称为凡湖（Lake Van，Van Gölü)，被历史感与鲜明的美感所包围着。

凡城（Van）是许多旅客的目的地，因为它的历史景点、酒店、交通和美丽的小猫，而塔特凡（Tatvan），位于西部海岸，是向西到安卡拉和伊斯坦布尔火车线路的最后一站。

塔特凡（Tatvan）以北，小纳姆茹特山（Nemrut Dagi，2935米）是一座死火山，内环有一个美丽的火山口湖泊。这并不是有庞大石雕的纳姆茹特山（Nemrut Dagi），其在西边500公里处的马拉蒂亚（Malatya）附近。

在哥瓦斯（Gevas）附近，塔特凡东90公里处和凡城（Van）西南44公里处，您可以租一条船进行一个向北到阿克达玛岛（Akdamar）3公里20分钟的航程，看一看10世纪带有精美雕刻装饰的神圣十字教堂。

埃德雷米特（Edremit），凡城（Van）以西15公里处，有沙滩，您可以把脚放入高度碱性湖水中凉爽一下——但如果您的脚上有晒伤或是刀伤，那会有一些刺痛感。如果您有脏衣服，您可以在湖中清洗不需要任何肥皂。

在阿赫拉特（Ahlat）西北海岸上是不寻常的塞尔柱土耳其古墓。现在的马拉兹格特（Malazgirt），位于凡城

（Van）西北的87公里处，曾经的曼济科特（Manzikert）。公元1071年8月26日，塞尔柱土耳其Alp Arslan苏丹在此地打败了拜占庭帝国皇帝罗麦纳斯四世戴奥真尼斯，所有被塞尔柱征服的安那托利亚地区，后来逐渐演变成奥斯曼帝国的疆界。

凡城（Van）亦是参观山区城镇哈卡里（Hakkâri）和尤克斯库瓦（Yüksekova）的出发点。比特利斯（Bitlis），省首府，塔特凡（Tatvan）西南17公里处，其被引人注目的建设在山谷间，并拥有几个塞尔柱土耳其清真寺和商队旅馆以及一个城堡。

除非您喜欢长途巴士或汽车旅行，甚至是更长时间的列车旅行，当然最好的方法乘飞机到达。

多乌巴亚泽特(Dogubayazit)

在阿勒山（Mount Ararat）的遮蔽下，从这个镇子行进4小时到埃尔祖鲁姆一直向东可以进入伊朗。在这里您还可以参观戏剧性的伊萨克帕夏皇宫（Ishak Pasha），在城镇以东6公里处。充满戏剧性的多乌巴亚泽特（Dogubayazit），位于崎岖山脉的荒凉平原之间，是从土耳其去往伊朗的高速路上隶属土耳其的最后一个城镇。

您可以凝视传奇的阿勒山，或是边境向西4公里处的巨型流星坑，或是远古居民的住所（Eski Beyazit），这里最早可追溯到公元前800年Urartian时期。

巴士和汽车是到达这所城市的唯一方式。最近的机场和火车站都在埃尔祖鲁姆（Erzurum）和凡城（Van）。

离开

安卡拉：1210公里以西，17小时

埃尔祖鲁姆：285公里以西，4小时

伊迪尔：53公里以北，1小时

伊斯坦布尔：1560公里以西，28至34小时

卡尔斯：223公里（经过Sarikamis）以北，4小时

凡城：307公里以南（经过Via & Patnos），5小时

如何在土耳其旅行
HOW TO TRAVEL IN TURKEY

如何在土耳其旅行

如何计划您的土耳其之旅呢？这里有您自己旅行或跟团旅行都要了解的信息。在土耳其的游览介绍中，跟团游览 & 个人旅行的经典土耳其 14 日游线路最佳。

城市观光或短程旅行

在您自行游览之前，到一些城市作一个半天或者全天的短程旅行，游览一下主要的风景地也不错，或者是采取有人陪同的短途游览——从土耳其的一个主要城市到附近区域的一些有趣的地方。在您选择自己设计独特的路线的同时，您也可以自己混合和搭配这些服务。一家好的旅行社会很愉快地帮您计划和安排所有接待服务。

自助旅行以及团队旅游

游览从伊斯坦布尔开始：

1～5 日游

从伊斯坦布尔开始 1～5 天的土耳其探险之旅。

6～10 日游

您可以尝试的游艇巡航或热气球飞行，这样可以让您看到所有土耳其的顶级风景而且还能够享受到其中的乐趣。

11～15 日游

更多的时间意味更多的深度旅行和更多的乐趣。品味一下路边的咖啡馆，海滩，古老的遗迹等等。

16～23 日游

这一段时间足够一次难忘的旅行，甚至您可以自己探索出一条新的旅游路线来。

24～30天以上的游览

整个国家都是您的，甚至可以到东部进行探险旅程！如此足够的时间您足以玩转整个土耳其。

伊斯坦布尔一日游

伊斯坦布尔最棒的风景都在苏丹艾哈迈德老城区（Sultanahmet）附近，因此您在第一天就可以全面地参观一下。这里会推荐一下行程，聘请私人导游更佳。

早晨

托普卡帕宫开放时间：09:00—17:00，星期二关闭；可逗留2～3小时）。上午08:45到达那里然后直接进入Harem（后宫），那里会很拥挤。

圣索菲亚博物馆开放时间：09:00—16:00，星期一关闭；可逗留1小时）。它正好在托普卡帕宫旁边。不要错过上层最棒的镶嵌工艺。

附近有很多餐馆如，苏丹客栈，Sultanahmet Köfteci等等。

下午

蓝色清真寺可逗留半小时。从圣索菲亚博物馆横跨公园，走到对面就到了。蓝色清真寺要求每个访客只有25分钟的礼拜时间，星期五为最佳参观时间。

拜占庭式的竞技场可逗留半小时。公园的方尖碑值得一看。

地下水宫在竞技场的东北端，小公园的下面，开放时间：09:00—17:00可停留半小时。

大巴扎开放时间：09:00—17:00，星期天&假日关闭；可逗留1～2小时，如果您真的需要购物，时间可以延长。从竞技场上坡步行到Divan Yolu，可以看到沿途的风景或沿着它乘坐电车到达Çarsikapi。

晚上

土耳其浴（需要1～3小时）可以消除您一天旅途中的疲惫。伊斯坦布尔有许多优秀餐馆为您提供丰盛的晚餐。

伊斯坦布尔3天2晚周末游

您可以在2 天或3 天之内游览到所有伊斯坦布尔的顶级风景，或许还可以带上一个私人导游（推荐有导游资格证的正式导游），然后用一个白天或一整夜的时间到其他地方游览。

第1天：伊斯坦布尔

同前面的伊斯坦布尔一日游的内容

第2天：拜占庭式的君士坦丁堡

今天您会参观伊斯坦布尔拜占庭（4—14世纪）景点，还会去购物。

Divan Yolu，1个小时徒步游览，从竞技场上沿这条历史上著名的林荫大道步行，参观古老的Roman Mese，看看土耳其帝国苏丹陵墓，奥斯曼土耳其帝国时期的建筑，Çemberlitas（康斯坦丁广场），Beyazit 广场（Theodosius广场）以及伊斯坦布尔大学。然后乘坐公共汽车或出租汽车到Edirnekapi 和Kariye 博物馆参观。

Kariye 博物馆开放时间：09:00—16:00，星期三闭馆；可逗留1～2小时。参观一下天花板和墙壁都镶嵌着金色马赛克的拜占庭式建筑。附近就是Tekfur Saray——伊斯坦布尔唯一现存的拜占庭式的宫殿。乘坐公共汽车或出租汽车回到Beyazit 广场和大巴扎。

大巴扎开放时间：09:00—17:00，星期天关闭；可停留1～2 个小时，如果您真的需要购物那可以延长时间。市场内有4000 家商店，物品种类繁多，应有尽有！发现它简直就是一件伟大的宝藏。可以在市场内的小餐馆吃午餐。然后沿着长长的市场街道徒步下坡，或乘坐电车，或出租汽车到埃及市场。

埃及（香料）市场开放时间：09:00—17:00，星期天关闭；可停留0.5～1 小时的时间）正好紧挨着Galata大桥的南端，它比大巴扎要小，但周围地区全是一些商店，这些商店有卖食物的、卖衣服的、卖厨房器具的等等，琳琅满目，很有趣。最后乘坐电车返回到酒店。

第3天：十九世纪的伊斯坦布尔

在Beyoglu 徒步游览，探寻奥斯曼土耳其帝国时期浪漫的伊斯坦布尔，参观苏丹最豪华的宫殿。

Galata 大桥（可逗留半小时）连接着新老伊斯坦布尔。看一看，然后向北步行通过Karakö（Galata）然后向上步行游览。

Galata 城堡开放时间：09:00—19:00，星期一参观打折；可停留0.5～1 小时的时间，从城堡的热那亚锥形塔顶可以俯视到整个城市的美丽风光。继续上行可到达Tünel广场 。

Istiklal Caddesi（Grande Rue de Péra；可进行1～2小时的徒步游览），沿着19世纪的伊斯坦布尔林荫主道有很多风景可看：一个旋转的伊斯兰教苦行僧大厅、庞大的老使馆建筑、Pera Palas旅馆，还有许多精品服装店。这儿还有许多可享用午餐的餐馆。

Taksim广场是现代伊斯坦布尔的中心，下行来到多尔马巴赫切宫（Dolmabahce Palace）或向北来到军事博物馆。多尔马巴赫切宫开放时间：09:00—16:00，星期一和星期四闭馆；可逗留1～2小时）建筑的正面差不多有400米长，这里是所有奥斯曼土耳其帝国宫殿之母，是一处必去的景点，您会被她的壮美所迷住。

军事博物馆开放时间：09:00—17:00，星期一和星期二闭馆；可停留1～2小时。Taksim北部沿Cumhuriyet Caddesi通过伊斯坦布尔希尔顿酒店。博物馆内记载着一千多年的土耳其军事历史，相当的迷人。在下午3点和4点的时候，您可以穿梭于过去那一时期的服装和乐器当中聆听奥斯曼土耳其帝国的Mehter——世界上最原始的军乐队演奏。

伊斯坦布尔的4天3晚游

游览伊斯坦布尔的顶级风光，1天（2天/1晚）会有些匆忙；3天/2晚是比较舒适的；4天/3晚是非常美妙的！这些日程安排设计呈现给您的是伊斯坦布尔的顶级风光，还可避免每周一些景点的关闭时间。您还可以雇一个私人导游（必须是有许可证的）。

第1天：蓝色清真寺、圣索菲亚博物馆、竞技场（星期四或星期五）

早晨飞到伊斯坦布尔的Atatürk国际机场（IST），然后到您的旅馆。在一家当地简单的餐馆吃早餐，然后徒步游览拜占庭/君士坦丁堡/伊斯坦布尔历史的中心——苏丹艾哈迈德老城区（Sultanahmet）：竞技场，圣索菲亚博物馆，蓝色清真寺和地下水宫。晚上，在一家不错的餐馆轻松的享受一顿烛光晚餐。

第2天：托普卡帕宫，大巴扎，Istiklal（星期五或星期六）

在开门之前到达托普卡帕宫，然后在导游的指引下直接进入Harem（后宫）。游览观光之后，去探索其他的宫殿或博物馆，还可以在Konyali餐馆吃到较早的午餐。这里能俯视到博斯普鲁斯海峡和马尔马拉海的风光。下午，沿Divan Yolu步行，或乘坐电车到达大巴扎购物，或乘出租汽车到Kariye Müzesi

（在Chora教堂）看一看它们辉煌的拜占庭式的镶嵌建筑艺术。晚上，沿着Beyoglu的Istiklal Caddesi（La Grande Rue de Péra）漫步会发现一些舒适的咖啡馆、酒吧或餐馆，您可以喝上一杯再去享受晚餐。

第3天：博斯普鲁斯海峡巡游（星期六或星期天）

可以从博斯普鲁斯到Sariyer，跳上一条渡轮巡航,。船会在南部停下来，您可以在此享受海鲜午餐，还可以参观Sadberk Hanim博物馆，Rumeli Hisar城堡，Yildiz宫殿和公园。停靠在时髦的Ortaköy，为的是在海边美美的享受一下茶点，然后乘出租车来到Taksim广场散步，沿着Istiklal Caddesi浏览橱窗里的商店。

第4天：不可预见的旅行（星期天或星期一）

如果在您登上返航飞机之前您还有时间，您可以去参观一下考古博物馆，土耳其和伊斯兰教艺术博物馆，埃及市场（星期天关闭，但那天在外面会有一个大跳蚤市场）；或搜索一些Istiklal Caddesi的艺术品和古董；或在著名的Victorian Pera Palas Oteli酒店喝茶；或登上一条渡轮来个从Eminönü穿越Bosphorus到达Üsküdar，Kadiköy或Haydarpasa的大陆间巡游。这一天的确有很多不可预见的旅行体验。

伊斯坦布尔4～5日游

您已经欣赏了伊斯坦布尔的顶级风光，现在离城。这里有周边一日旅行的最佳目的地。

王子岛

从伊斯坦布尔远航到这些海岛是度过一天甚至是整个夜晚的最好方式。

伊斯坦布尔附近的海滩

每个炎热的夏日，海滩上都会非常拥挤，但他们仍然会提供凉爽的避暑场所。

布尔萨

乘上一条快速的双体渡轮向南前行，横跨马尔马拉海，观赏土耳其帝国的第一个首都、杰出的古老清真寺、丝绸市场和热温泉，还能整晚游览尼西亚。

埃迪尔内

舒适的整日游览，乘公共汽车或小汽车，去看一看美好的清真寺和活跃的集市，愉快地游览免受旅游人群的拥挤。

恰纳卡莱&加利波利（Çanakkale & Gallipoli）

乘坐公共汽车或小汽车旅行需要漫长的一天，可以领略到达达尼尔海峡、加利波利战场和特洛伊古城的风光；可能会用一天时间，最好是整晚坐公共汽车或小汽车。

艾菲斯

在爱琴海或地中海地区保存最佳的古典城市，一个一定不要错过的地方；白天或夜晚乘坐飞机去。

卡帕多西亚

一个晚上的飞机旅行，在这个独特的“月球表面”区域，您可以看到洞穴教堂。但是住两晚的时间会比较好，三夜是最佳的选择。

土耳其经典六日游

这条路线是高效率的，呈现给您土耳其的顶级风光——艾菲斯、卡帕多西亚和伊斯坦布尔，仅仅六天让你轻快但不疯狂匆忙的旅行。

秘密：在来土耳其之时，您直飞到伊兹密尔（为了到达艾菲斯），保留伊斯坦布尔为您旅游的最后目的地。在第2天，您还可节省时间晚上飞到卡帕多西亚。

尤其在中国，您到达土耳其必须经过整夜飞行，这个日程安排实际上是八天六日的行程（六天在土耳其，两天飞行）。想要到达更多地方，您可以雇用一个私人导游（必须是合法、有执照的）。

第1天：到达塞尔柱（Selçuk，艾菲斯）

您到达土耳其，飞到伊斯坦布尔，然后换乘飞机到伊兹密尔的Adnan Menderes 机场（ADM）。在机场您租一辆汽车或乘坐团队旅游巴士到达塞尔柱（Selçuk）和您的旅馆。（这里没有直达塞尔柱的公共汽车，只有到伊兹密尔的，火车也少有）。

在这个艾菲斯考古遗址旁边宜人的小镇上，住进旅馆，您就可以尽情享受剩余的日子。如果您到的够早，在塞尔柱的中心可以去参观艾菲斯博物馆，或来到附近的圣约翰大教堂，或乘车到Pamucak 海滩。晚上，在一家宜人的餐馆或者是户外享用晚餐。

第2天：艾菲斯&卡帕多西亚

早早起来徒步行走（30分钟）或骑车（5分钟）3公里来到艾菲斯的考古遗址。

这里是地中海地区给人印象最深的古典遗迹。早晨，在拥挤的人群热潮到来之前是参观这里的最佳时间。如果您愿意，参观废墟之后可以乘车到圣母玛丽亚小屋一游。

如果您还没参观艾菲斯博物馆和圣约翰大教堂，这些将是您的下一站。然后回到伊兹密尔的Adnan Menderes机场，乘坐飞机飞到开赛利，为的是去卡帕多西亚。乘坐土耳其航空公司的飞机或者是旅行社的豪华巴士从开赛利的Erkilet机场到达乌尔古普（Ürgüp）、歌乐美（Göreme）或者是乌赤萨（Uçhisar）。

第3天：哥乐美山谷

如果您想要游览这里，在上午5点钟有一次热气球起飞会降落在卡帕多西亚。否则，探索卡帕多西亚就要以参观卡帕多西亚户外博物馆的彩色教堂为游览的开始了。博物馆09:00开放，当门一打开，您就会感受到拥挤的人群和一股股的热浪。

剩余的时间可以花费在泽尔夫（Zelve）山谷和阿瓦诺斯（Avanos）的制陶中心。在热浪消退之后，考虑步行到乡下或者来到玫瑰谷。晚餐选择一家在乌尔古普或哥乐美的餐馆，或乘车到穆斯塔法帕夏（Mustafapasa）。

第4天：地下城市& 伊斯坦布尔

如果您昨天没有乘上热气球，今天您还会有第二次机会。在您着陆以后，驱车前往卡伊马克利地下城（Kaymakli），或是代林库尤（Derinkuyu）地下城。晚上飞到伊斯坦布入住旅馆。

第5天：伊斯坦布尔

同伊斯坦布尔一日游内容。

第6天：伊斯坦布尔

在这里美美的睡上一觉！然后在旅馆内您可以看到海景的屋顶阳台上（多数旅馆都有），享用一顿较晚的早餐。但如果乘坐电车去Eminönü渡轮码头，您必须在10:00 或10:15左右到达，您可以得到一个好位子。这样您就可以在博斯普鲁斯海峡渡轮上游览了。下午去大

巴扎或埃及市场购物。晚上，享受土耳其浴；或乘车到Beyoglu；在具有浓郁风情肚皮舞表演的餐厅中享用晚餐；或选择在小咖啡馆，音乐俱乐部中度过。

第7天：离开

赶上返航飞机。如果您想要待更多天，这里有两条行程安排，把您从伊斯坦布尔带到艾菲斯和卡帕多西亚，最后回到伊斯坦布尔。

土耳其6～10天旅游行程

这里我们被推荐的日程是在土耳其逗留6到10天，有没有私人导游均可。

土耳其7～10天旅游行程

比起6日土耳其顶级风景游更加轻松，额外的少量天数花费在各种各样的旅游方式上。您的基本日程安排像6天土耳其顶级风景游一样同是6天，但您将会有1～4天的额外时间。这额外的时间您将怎么使用呢？

在艾菲斯的额外时间

探寻Priene、Miletus 和Didyma古老城市，在Altinkum海滩游泳作为结束；或到Sirince作短途旅行，它是位于东部小山上的一个传统村庄；或者是在Kusadasi胜地附近寻找乐趣，那里有海滩，精品店，餐馆和夜总会；或者是花上一整天在Pamukkale的温泉，最后在Aphrodisias沿途停下游览。

在卡帕多西亚的额外时间

游览Soganli山谷，或租车探寻其它传统的卡帕多西亚城镇，比如Uçhisar 和 Mustafapasa；或者一整天到Aksaray附近生动的Ihlara山谷去游览；或者去寻找在Sultanhan和Kayseri之间的古老丝绸之路。

在伊斯坦布尔的额外时间

展开您的观光时间由三天代替两天，让您的脚步更加从容不迫，让您在各个小站点拥有更多参观游览时间；或者是乘坐公共汽车也可以是出租汽车到Kariye博物馆（Chora教堂）去看看它光彩的拜占庭式马赛克，参观强大有力的城墙和Tekfur Sarayi附近的拜占庭式的宫殿；亦或是游览王子岛。您可以拥有一整天或整夜的时间游览布尔萨、特洛伊和达达尼尔海峡。

途中在安卡拉

代替从伊兹密尔晚上飞行到开塞利，早晨飞行从伊兹密尔到安卡拉，去参观安纳托利亚文明博物馆，然后开车或乘公共汽车到卡帕多西亚。

土耳其11～15天旅游行程

两个星期（11～15天）是您在土耳其旅行的最适合的时长。虽然呈现给您的是一次14天的旅行，但是这个日程安排很可能非常容易地就被修改成11～15天的旅行，到时候会去参观伊斯坦布尔、艾菲斯、帕莫卡莱、科尼亚、卡帕多西亚、安卡拉和其它地方。

团队旅经典11～15日游旅行程

这个13日的游览是从伊斯坦布尔开始然后参观安卡拉（Ankara）、安塔利亚（Antalya）、库萨达斯（Kuşadası）和帕莫卡莱（Pamukkale），还有圣经中的卡帕多西亚（Cappadocia）、艾菲斯（Efes）、阿芙罗狄西亚斯（Aphrodisias）、佩尔盖（Perge）、阿斯潘多斯（Aspendos）、西戴（Side）以及特摩索斯（Termessos）这些古老的城市。

事实上，您只需要2个星期的时间就可以游览所有土耳其的最佳景点。

您将停留的精品旅馆是世界各地游客的最爱：小、迷人、历史性。您可以从本地旅行社的服务中受益，他们甚至是在旅行的高峰期间也可以为您预留房间。

团队游览的人员最好是10个旅客左右，更多的是像一个朋友聚会而不是"观光团"。热衷旅行的同伴们在一起还可以共同促进友情。

第1天：到达伊斯坦布尔，游览蓝色清真寺、圣索菲亚博物馆（Hagia Sophia）、托普卡帕宫（Topkapi Sarayi）等名胜古迹

在伊斯坦布尔的Atatürk 机场，旅行社人员欢迎您的到来，然后送您到旅馆——位于苏丹艾哈迈德老城区（Sultanahmet）附近著名的酒店。主要的伊斯坦布尔风景地正好就在您的门

外：蓝色清真寺，拜占庭式竞技场，沉没的地下水宫，圣索菲亚博物馆，托普卡帕皇宫，还有很多很多。在这里您可以自由的漫步、浏览风景直到正餐时间。

您要花些时间在早餐上，因为之后您要步行穿过街道去参观著名的蓝色清真寺、拜占庭式的竞技场，沉没的宫殿水宫和圣索菲亚博物馆（Hagia Sophia）。在参观完这些令人印象深刻的景点后您可以吃午餐，然后您将登上渡轮，从容不迫的享受博斯普鲁斯海峡巡航之旅，一直向北到达Sariyer 的村庄。您返回到城市后，进入到辉煌的托普卡帕皇宫区域——有奢华，令人愉悦的亭台，青翠的花园、神秘的后宫闺房和大量令人难以置信的苏丹财宝。然后步行回到酒店进行短暂的晚餐，但或许这时您已经被古老的历史填得满满的……

第2天：安卡拉、库萨达斯

您将到达安卡拉——一个古老的城市，现在也是土耳其共和国的首都。在参观安纳托利亚文明博物馆之前您先去吃午餐。它曾1997年被授予"欧洲博物馆"的头衔，那里有长达3000 年历史之久的艺术收藏品。您参观之后将飞到伊兹密尔，然后驱车大约1小时路过以无花果闻名的富饶乡村，再到达库萨达斯。您可以尝试下榻这里著名的度假酒

店。正餐时间您可以观看到库萨达斯半岛的日落美景。

第3天：圣母玛丽亚小屋、艾菲斯、圣约翰大教堂

您在松树遮蔽的小山顶处开始今天的探险，由教皇宣布的那栋圣母玛丽亚小屋，然后向下来到古老的艾菲斯大理石街道，印象最为深刻的爱琴海老城，那里还有大理石神庙、马赛克镶嵌的房子、贵族图书馆、容纳25000个座位的大剧院。稍后您将在黄昏时分参观被修造在传道者的陵墓上的圣约翰大教堂。从大教堂，我们能看到伟大的阿尔忒弥斯神庙的遗迹——它是古老世界的七大奇迹之一。然后回到您在库萨达斯的旅馆，享用一顿轻松的晚餐。

第4天：Priene 、Miletus & Didyma

您将驱车前往南部到达Priene，是古老的Panionic 联盟的主要成员之一，也是第一个把街道建在栅格之上的城市。古老的城市，由一座生动的山脉支撑，俯视可见the Meander River（蜿蜒的河流），在远处是古老的Miletus，也就是您的下一站。您去参观巨大的Miletus剧院，然后继续向南去看一看在Didyma巨大的谜一般的阿波罗神庙（太阳神庙）。在当地一家餐馆用完午餐之后，您将去探索巨大的大理石神庙，它就如同特尔斐（希腊古都）在那个古老的时期一样重要。当下午接近今天旅程尾声的时候，您将回到库萨达斯的酒店，在那里享受一顿晚餐和一个宁静的夜晚。

第5天：阿芙罗狄西亚斯（Aphrodisias）& 帕莫卡莱（Pamukkale）

驱车向东沿肥沃的Meander河谷，在到达古老的阿芙罗狄西亚斯(Aphrodisias)——爱神之城的路上，您途经果园和棉花地。这里是众多土耳其保存完好和壮观的城市之一。巨大的大理石剧院，较小的古希腊议事厅、阿芙罗狄蒂（爱与美的女神）雕像、保存完好的露天体育场和巨大的四塔门（凯旋门）都不可错过。

继续开车经过河谷，您将来到Hierapolis——古老的温泉城市，现在称为帕莫卡莱（Pamukkale），棉花堡。您可以去探索废墟，包括凯旋大道，浩大的古墓地，完美重建的剧院，博物馆，温暖神圣的矿泉水池和闪烁的白色自然石灰岩露台。然后，您将在含有矿物质的温泉水池中游泳和享用温泉旅馆的晚餐 。

第6天：特摩索斯（Termessos）& 安塔利亚（Antalya）

驱车路过壮丽的山峦（土耳其语中是Yayla），沿着安纳托利亚平原前往安塔利亚。午餐后绕道去往特摩索斯坚固的山脉，是一个在陡峭的山谷之上的古老城市。它很偏僻，亚历山大大帝曾经经过这里。山脉的景色非常壮观。

当您到达安塔利亚——绿松石海岸的“首都”，您将进入罗马老城（Kaleiçi），您将居住在迷人的游艇码头精品酒店内，视线所及之处就是罗马港

口。晚餐前后可以散步——这时，您所在的位置正是您所见一切的景观中心！

第7天：安塔利亚（Antalya）

今天不开车！到池塘去放松一下。漫步到Kaleiçi 老城或者集市附近，乘坐有轨电车去参观安塔利亚博物馆（Antalya Museum）和美丽的Konyaalti海滩（KonyaaltiBeach）。在Kaleiçi老城或者罗马港自己吃午餐。这里有很多不错的选择，仅仅需要几分钟的路程就可以到您下榻的旅店，悠闲的度过一个下午，傍晚再次聚到码头，相互讲一讲一天中的旅游趣闻和新发现。

第8天：佩尔盖（Perge），阿斯潘多斯（Aspendos）& 西戴（Side）

驱车前往安塔利亚东部郊外去参观古老的佩尔盖（Perge）废墟，这里给人留下了深刻的印象，然后继续向前到达阿斯潘多斯（Aspendos），那里有地中海保存最好的希腊风格的剧院，现在仍然作为表演场所使用。在剧院附近用完午餐后，您将驱车向东来到西戴（Side），据说那里是电影“埃及艳后”中安东尼和克利奥帕特拉曾经见面和约会的浪漫之地。它的大理石神庙和美丽的海滩一直人气旺盛。回到安塔利亚您可以吃一顿丰盛的晚餐、睡上个美美的好觉。

第9天：卡帕多西亚（Cappadocia）& 地下城市

您将乘车前往伊斯坦布尔的机场，然后登上早班飞机飞到卡帕多西亚。不需浪费任何时间，您立即就开始对圣经中提到的这一区域进行探索，通过典型的安纳托利亚农庄到达Soganli 山谷，那里到处都是拜占庭式的洞穴教会、修道院和隐居者住所。在一个富有历史韵味的古老乡村豪宅用过午餐之后，开车来到寓言中的地下城市，然后进入地下迷宫——它曾经在几个世纪以前保护了当地人民免受外敌的侵略和掠夺。可以想象这个巨大的“瑞士乳酪”是由火山岩制成的！漫步在迷宫中会是一次令您难忘的经历。最后您将来到当地的中心乌尔古普（Ürgüp），住在舒适、漂亮的洞穴式旅店中，享受宁静的夜晚。

第10天：Zelve 、Pasabag 、Avanos 、Göreme & Uçhisar

早餐后，您将沉浸在Dervent山谷卡帕多西亚神奇的景色中，然后来到Zelve 露天博物馆，这里是卡帕多西亚最早的僧侣居住地方之一，也是最近被摒弃的僧侣住所之一。观看精灵烟囱的最佳地点是在Pasabag精灵烟囱峡谷，驱车来到Avanos，那里的瓷器最为著名。然后在一家当地的餐馆午餐之后，您将去游览哥乐美露天博物馆，那里有许多美妙的彩色洞穴教堂、修道院、餐厅和其它洞穴住所。最后您可以爬上

Uçhisar的最高峰作为今天旅行的结束，在顶峰您将欣赏到卡帕多西亚月球地貌般惊人的全景，然后回到舒适的洞穴酒店用晚餐。

第11天：伊斯坦布尔& 博斯普鲁斯海峡（Bosphorus）

在用完自助早餐之后，来到Eminönü去参观Rustem Pasha清真寺，土耳其宝石以美丽的faïence（有颜色的宝石）而闻名。然后，继续沿着Hasircilar Sokak走，一条市场街道被卖香料的埃及市场和快餐店连成一体。当年在这里还没有苏伊士运河的时候，威尼斯样式的物品就有售了。这儿的所有香料都来自东方，在埃及装载上船运到此地。

在当地的餐馆用完午餐后，您将去伊斯坦布尔举世闻名的大巴扎疯狂购物：大巴扎内有4000家店，从贵重的古董到日常生活必需品，商品应有尽有。购物者的袋子被塞得满满的，一整条街都是珠宝店，商店的橱窗金光闪闪能让您看得头晕眼花，然后回到酒店吃上一顿轻松的晚餐之后渡过漫漫长夜。

第12天：伊斯坦布尔告别

早晨飞到伊斯坦布尔，住在精品旅馆中，休息一下之后，您就可以独自去商场进行最后的疯狂购物和观光游览。您可能会去参观Great Palace Mosaic博物馆、考古学博物馆或者是土耳其伊斯兰艺术博物馆。它们都距离您下榻的旅馆仅几分钟路程。午餐您喜欢吃什么就吃什么，用餐的地方也是您自选。晚上让大家聚在灯光弥漫的蓝色清真寺共进我们最后的告别晚餐。

第13天：即将返航

本地旅行社陪同代表会送您到机场，并为您送行。

16～23天的旅游行程

如果您有3个或4个星期的时间待在土耳其，那么您就能欣赏到那里相当多的风景：

伊斯坦布尔（4～6天）
卡帕多西亚（2～3天）
艾菲斯及其附近（1～2天）
帕莫卡莱及阿芙罗狄西亚斯（1天）
博得罗姆（1天）
地中海海岸西部（0～1天）
费特希耶及乌卢蒂尼兹（1天）
卡尔坎（0～1天）
卡什（1天）
从卡什到安塔利亚（1～2天）

24～30天以上的土耳其旅游行程

如果您有3～4个星期的时间在土耳其，那么您将欣赏到土耳其的全部：

伊斯坦布尔，艾菲斯，爱琴海沿海，地中海沿海，卡帕多西亚，土耳其东部，黑海沿海这些具体的行程您可以根据本书的指南自己搭配或通过旅行社安排。

在土耳其
九大不得不做的事

蜜月之旅

土耳其是一个真正的蜜月天堂。当您携着爱人踏上这里，相信神仙眷侣般的生活已经不远。在爱琴海，地中海，黑海不同的海滨、景点，你们可以体验蓝色航行、潜水、SPA、美食、探索周边的古代遗迹。古罗马，奥斯曼帝国的建筑让您迷上历史沉淀的味道，对着海边的石头，发一个相爱永远的誓言，把相守的话语放在玻璃樽中，让它带着你们的爱永远在浪漫的地中海中飘荡。

自古以来，这里就有浪漫的故事。在土耳其地中海沿岸安东尼见到了埃及艳后克利奥帕特拉，并送她一个绿松石海滩。如今海水蓝绿晶莹，水清沙白，一流的餐厅，世界级的博物馆，私人游艇码头，当然还有无处不在五星酒店正期待着您的到访。

蓝色航行之旅

在土耳其，“蓝色之旅”可以让您梦想成真！您可以乘坐租来的游艇、小船或蓬船游览土耳其的蓝色海岸——土耳其西地中海沿岸。罗马剧院，中世纪的城堡，石冢和古老的墙垣……这些都是历史尘封的美丽印记。

早上，清新的松树环绕着海湾，您可以在温暖、平静、如同水晶般清澈的海水里畅游。随后，扬帆起航，驾船沿蓝色海岸行驶。中午，船长将船停靠在一个池塘大小的海湾，您可以在那儿游泳，也可以漫步于岸边森林之中。午餐也许是您刚刚钓上来的鱼，有经验的厨师会为您精心烹制。晚上，您或是在甲板上用餐、聊天，或是将船停在一个海边小镇享受一下那里的夜生活。同样令人兴奋的是，您绝对支付得起土耳其蓝色之旅。

ANATOLIAN
BALLOONS®
www.anatolianballoons.com
ANATOLIAN

卡帕多西亚热气球之旅

卡帕多西亚正是进行此次神奇之旅的所在地。当您来到歌乐美，您一定要乘坐一次热气球。在约一个小时的飞行之旅中，您可以看到壮丽的宛如月球地貌一般的卡帕多西亚全景，还有星罗棋布的村庄，葡萄园和峡谷。热气球上可乘坐10个人，飞行员在空气流中驾驶着热气球就像是驾驶着一条船飘浮向下直至山谷，常常低于山脊线并相当接近“岩石烟囱”。

在卡帕多西亚乘坐热气球飞行是一次无与伦比的惊险经历。

安塔利亚贝莱克高尔夫之旅

贝莱克旅游中心（Belek Tourism Center），位于地中海安塔利亚东南沿岸，是土耳其一个海滩、豪华酒店、绿草如茵的高尔夫球场集中的海滨度假胜地。贝莱克旅游中心吸引着来自世界各地的高尔夫选手和爱好者到地中海度假。在这里被设计的森林树荫下，球场环境尽量符合于地中海地形。您可以尽情地打高尔夫球，闲暇之余还可以在安那托利亚蕴涵的希腊、罗马和奥斯曼文明之中探险。

棉花堡温泉之旅

数千年来，在棉花堡的地下不断滚滚涌出温暖的、富含矿物质的溪流。溪流沿着山涧流下，在地表蚀出无数圆形的水坑，并在坡地表面积淀出一层雪白晶莹的石灰岩硬壳。在古人眼中，“此景只合天上有”，这片美丽的地方无疑是上帝的圣地。昔日罗马人在天然温泉附近建起了圣城希拉波里斯，今天这里每年都吸引着无数的旅游者来这个富于祛病效果的泉水中沐浴。

在棉花堡泡温泉是您土耳其之旅的精华所在。

体验土耳其浴

土耳其浴在土耳其流行已经有近千年的历史。它们中许多是从罗马时代遗留下来的。土耳其浴室有三个房间：蒸汽和按摩的热蒸汽大厅，用冷水冲洗的浴室，浴后休息的房间，您可以在这儿喝上一杯土耳其茶。

当您到土耳其旅行，一定要体验一下土耳其浴。伊斯坦布尔老城区的恰阿奥卢浴室（Cağaloğlu Hamams）是土耳其最著名的浴室，建于1741年。19世纪英国画家汤姆斯阿隆曾来此游历，绘制了大名鼎鼎的《恰阿奥卢浴室》铜版画。此后，阿隆的铜版画流传到欧洲各国，恰阿奥卢浴室也成为土耳其浴的象征。

观赏肚皮舞

肚皮舞在土耳其非常的流行。这是一个很古老的艺术形式，可能来自古代安纳托利亚的传统舞蹈。舞者通常是一名受过良好训练的女子。她用小手指扣动着“钹”并敲打着节拍，同时伴随着胯腹强烈的抖动，给人以巨大的视觉享受。您到土耳其旅行，一定要欣赏一次肚皮舞。您还有机会买到很多舞蹈服装、珠宝首饰和音乐影片。

购物之旅

到土耳其旅游，购物是最大的乐趣。各具特色的土耳其手工艺品琳琅满目，令人爱不释手。除了可以买到世界知名品牌的商品之外，还有来自土耳其各地的传统手工艺品。游客可以买到在欧洲负有盛名的土耳其设计家居用品和厨房用具，除此之外还有许多极具传统风格的装饰品。最受旅游者欢迎的当然是地毯和珠宝，许多商店都出售各种皮革，黄铜、青铜器皿，银器，陶器，手工艺品，刺绣，以及著名的土耳其海泡石烟斗和玛瑙。

土耳其世界文化遗产之旅

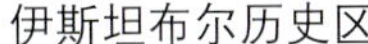

您可以按照以下所述畅游被联合国教科文组织列入的土耳其世界文化遗产。

伊斯坦布尔历史区
（HISTORIC AREAS OF ISTANBUL 1985年）
歌乐美国家公园和卡帕多西亚石窟遗址
（GÖREME NATIONAL PARK & THE ROCK SITES OF CAPPADOCIA 1985年）
迪夫里伊的大清真寺和医院
（GREAT MOSQUE AND HOSPITAL OF DİVRİĞİ 1985年）
哈图莎什
（HATTUSHA：THE HITTITE CAPITAL 1986年）
纳姆茹特山
（NEMRUT MOUNTAIN 1987年）
桑瑟斯—莱图恩
（XANTHOS LETOON 1988年）
希拉波里斯古城—帕莫卡莱
（HIERAPOLIS – PAMUKKALE 1988年）
萨弗瑞博卢—番红花城
（CITY OF SAFRANBOLU 1994年）
特洛伊遗址
（ARCHEOLOGICAL SITE OF TROY 1998年）

土耳其
黑海
地中海
安卡拉
伊斯坦布尔
伊兹密尔
布尔萨
安塔利亚
阿达纳
科尼亚
开塞利
锡瓦斯
萨姆松
特拉布宗
埃尔祖鲁姆
迪亚巴克尔
加济安泰普
马拉蒂亚
凡城
埃斯基谢希尔
埃迪尔内
保加利亚
希腊
格鲁吉亚
第比利斯
亚美尼亚
埃里温
伊朗
伊拉克
叙利亚
阿勒颇
代尔祖尔
贝鲁特
罗马尼亚
俄罗斯